麦读

MyRead

接触与自己不同的人，
了解自己不熟悉的思想和行为方式，
意义之大无法估量。

我认为，当人民选出一位代表时，他的职责就是与其他地方选出的代表们会面和商议，并就整个共同体的普遍利益达成共识。

——罗格·谢尔曼（Roger Sherman），1789①

在现今人类进步程度不高的境况下，让人们接触与自己不同的人，接触他们不熟悉的思想和行为方式，其意义之大，简直无法估量。……这种交流一直是人类进步的主要源泉之一，在当今时代尤其如此。

——约翰·斯图尔特·穆勒（John Stuart Mill），1848②

当我们在此聚会交流的时刻，仍然有一些人正准备制造分裂，他们是操纵舆论的老手、负面舆论的推手，信奉为了达到目的可以不择手段的政治。今晚，我需要对他们说，美国人没有所谓自由和保守之分，天底下只有一个美利坚合众国。更没有所谓美国白人黑人之分，拉丁裔和亚裔之分，有的只是美利坚合众国一国的国民。

——贝拉克·奥巴马（Barack Obama），2004③

---

① 罗格·谢尔曼，1721—1793年，美国政治家，1776年《独立宣言》五人起草委员会成员之一。（本书脚注皆为译者注）

② 穆勒，1806—1873年，英国思想家，又译为约翰·穆勒，本段语出穆勒：《政治经济学原理》（下卷），胡企林、朱泱译，商务印书馆1991年版，第123页，译文有较大改动。

③ Barack Hussein Obama, *The Audacity of Hope*, Keynote Address at the 2004 Democratic National Convention.

如果你每天都能浏览成千上万个内容，从中选择对你而言最重要的 10 个内容，它们会是什么？答案应该是你的信息流。它是主观的、个性化的、独特的——并定义了我们希望获得的气质。

——Facebook，2016

目录

前言

在一个运作良好的民主国家，人们不会生活在回音室或信息茧房（information cocoons）中。他们能够看到、听到各式各样的话题和观点，即使他们没有事先去阅读和听取这些话题及观点，也不愿意这么去做，结果也依然如此。以上主张激发了关于网络行为和社交媒体使用的严肃问题，以及筛选和屏蔽信息能力的惊人增长。

美国联邦最高法院最伟大的法官之一——路易斯·布兰代斯（Louis Brandeis）坚决主张：对自由最大的威胁是“一个惰性民族”（an inert people）。为了避免惰性，一个民主社会一定要免于受到审查制度的影响。可是，表达自由体系需要做的远不止这一件事，它必须确保将人们置于相互竞争的观点中。言论自由的理念有积极的一面。它对政府可能的举措加以限制，但同时它也需要某种特定的文化氛围——一种囊括好奇心、开放和谦逊的氛围。

如果一个民主社会中的成员不能欣赏自己同胞的观点，如果他们信奉“虚假新闻”，或者在某些“争斗”中视对方为敌人或对手，那么这样的民主实践就不会尽如人意。数十年前任职于联邦法院的勒恩德·汉德（Learned Hand）法官认为：“自由精神就是对何谓正确不那么确定的精神。”

关于民主恶托邦（democratic dystopia），英语文学史上有两部经久不衰的作品。乔治·奥威尔（George Orwell）的《1984》，创造了无处不在、不可抗拒的“老大哥”，成为我们最熟悉的民主失败的景象。以“永远踩在人类脸上的一只靴子”作为老大哥的象征，奥威尔描绘了威权主义（authoritarianism）的胜利。许多威权者都是审查官，他们压制反对者的不同意见。对他们来说，互联网可能是一个巨大的威胁。社交媒体也让他们感到紧张，因此他们同样试图对其展开审查（除非社交媒体符合他们的目的）。

更为微妙并让人同样不寒而栗的景象，来自阿道司·赫胥黎（Aldous Huxley）的《美丽新世界》。这个世界拥有和平安定、快乐选择和形式自由的公民权，似乎没有十分明显的威权者。人们被快乐控制，而非监狱和枪支。从某种意义上说，人们的确可以做他们想做的事情，但是政府成功地控制了人们的各种欲望。想想赫胥黎笔下的英雄——野蛮人约翰，他坚决反抗美丽新世界的快乐：“但我不想要舒适的生活。我想要上帝，我想要诗歌，我想要真正的危险，我想要自由，我想要善良，我想要罪恶。”[1]

在宪法的帮助下，美国并没有变成《1984》的世界，并且成功避免了任何类似于《美丽新世界》的景象出现。诚然，美国曾有过威权行为（比如在“二战”期间拘禁西海岸的日裔美国人），享乐主义（pleasure seeking）也在美国文化中起了主要作用。然而，至少对美国而言，奥威尔或赫胥黎都不算有先见之明。他们的小说是具有教育意义的政治梦魇，而非对过去或未来的现实描绘。

两位作家都遗漏了另一种形式的恶托邦——一个完全属于自己的回音室，即个性化的力量或封闭的共同体。它削弱个人自由，危及自治本身。不过，尽管充满了恐惧，“美丽新世界”毕竟是一个由共同的行为和关怀整合起来的多样化社会。而接下来会发生什么，以及我在本书所关注的问题，则与此完全不同。

正式讨论之前，我们先看看约翰·穆勒是如何评价国际贸易价值的：

> 在现今人类进步程度不高的境况下，让人们接触与自己不同的人，接触他们不熟悉的思想和行为方式，其意义之大，简直无法估量。……这种交流一直是人类进步的主要源泉之一，在当今时代尤其

> 如此。目前的教育水平，还不足以使人们不犯错误地养成优良的品质，因而不断用本民族的观念和习俗，与处境不同的人们的经验和做法相比较，是不可或缺之事。任何一个民族都需要向其他民族借鉴一些东西，在特定技艺或实践上是如此，在自己相对劣势的特性要点上更是如此。[2]

在当今世界，比较不同的观念和习俗已经是轻而易举；我们可以随时随地互相学习。对于地球上的诸民族而言，这是一个好消息。事实上，这是一个天大的好消息。因此，我们或许可为穆勒正确指出的“人类进步的主要源泉”而庆祝。在某些方面，这种庆祝已经拉开了帷幕，就此撰写一部著作可谓是信手拈来。

然而本书的目的不是庆祝。相反，我的目标是探察实现穆勒所谓“不可或缺之事”在当下所面临的障碍，进而思考如何消除它们。

第一章

我的日报

1995年，麻省理工学院的技术专家尼古拉斯·尼葛洛庞帝（Nicholas Negroponte）预言了“我的日报”（the Daily Me）的诞生。在他看来，“我的日报”可以让你的见闻不再受到本地报纸的操控，你也可以绕开电视网。你可以预先精心选择每一个组件，设计一个专属于你自己的通信程序包（communications packages）取而代之。[1]

如果你只想关注篮球，那完全不是问题。如果你是莎士比亚的粉丝，你的“我的日报”里可以一直只出现莎士比亚的内容。如果你想读更多的浪漫故事——其中或许关系到你最爱的明星——你的“报纸”可以关注到最新的风流韵事，或者谁与谁劳燕分飞。抑或这样设想，你有一个独特的观点。也许你的观点属于中间偏左，那么你想读的故事将按照你对气候变化、平等、移民和工会权利的看法而量身定做。也许你的观点偏右，那么你会想读关于上述议题的保守派观点，或许只是其中一两个议题，比如减税及相关规定，或是削减移民数额。

也许你最关切的是你的宗教信仰，于是你希望看到和读到倾向于（你自己的）宗教信仰的材料。也许你想要和一些与你心意相通的朋友谈谈，听听他们的想法；你或许会期望大家的阅读内容完全吻合。重要的是，借助“我的日报”，人人都可以享有某种**控制架构**（architecture of control）。我们每个人都能完全掌控自己的所见所闻。

在无数领域中，我们都可以发现人类的趋同性（homophily）：一种想要和与自己相似的人建立联系和纽带的强烈倾向。倘若人们生活在一个将自我暴露在人前的社群，趋同性倾向就会被削弱。然而，一旦存在某种控制架构，趣味相投的人们就很容易聚集在一起。

在20世纪90年代，尽管“我的日报”的想法潜力巨大、前景喜人，但仍然有些荒诞不经。今天回看，如果说尼葛洛庞帝的预言低估了什么的话，那就是“我的日报”已经带来和即将带来的改变，以及最终会发生什么。是希望还是威胁？我认为两者皆有，而且带来威胁的那部分是需要得到重视的，尤其是那么多人认为它百分之百会带来希望。

的确，“我的日报”尚未出现，至少现在仍未完全实现。然而，距离它的真正出现已为时不远。在今天，大多数美国人通过社交媒体获得海量的新闻。Facebook（脸书）已经成为人们体验世界的中心。有人曾说“革命不会被电视转播”，且不论这句话的对错，但如今你可以确信，革命会在 Twitter（推特）上发布（可以打#Revolution 这个标签）。比方说，在 2016 年，土耳其军方企图发动政变。他们成功控制了主要的国家电视网络，但没能掌控社交媒体。于是政府当局及其支持者通过社交媒体成功召唤民众涌上街头，并在短时间内稳定了局势。一场政变的成败，常常取决于公众的观感，而社交媒体在营造政府是否倒台的公众观感上，扮演了重要的角色。

当人们使用 Facebook 来精确查看自己想要看到的东西时，他们对世界的理解会受到极大的影响。你的 Facebook 好友可能会提供大量你感兴趣的新闻。如果他们持有一个独特的观点，那也就成了你最常看到的观点。我曾在奥巴马政府工作，我有不少 Facebook 好友也在那里。于是，我在自己的 Facebook 页面上经常看到符合奥巴马政府工作人员兴趣和观点的内容。这一定是件好事吗？不一定。我还有一些保守派的朋友，他们的 Facebook 页面很符合他们的政治信念，看起来与我的完全不同。我们生活在相异的政治领域中，这有点像科幻小说中的平行世界。许多所谓的新闻都是虚假的。

你的 Twitter 消息可能很好地反映了你偏好的议题和信念，它可能提供了你所能看到的大部分政治话题：税收、移民、公民权利，以及战争与和平。你的 Twitter 消息是你的选择，而不是他人的选择。你很可能会选择自己感兴趣的话题以及意气相投的观点。事实上，这似乎理所当然。为什么要选你所厌烦和鄙视的观点呢？

算法与标签

事实证明，你不需要亲自创造一份“我的日报”。其他人正在为你创造它（而你可能完全不知道他们正在这么做）。Facebook 在操控内容方面是一把好手，谷歌也是如此。我们生活在一个算法（algorithm）时代，而且算法知晓甚多。随着人工智能的兴起，算法的发展必将不可估量。[2] 算法会对你有相当多的了解，还会知道你当下和未来的需求，比你自己反应更快，对策更多。算法甚至会了解你的情绪，它的反应和对策能力同样远胜于你。而且，算法还会自己模仿情绪。

就算现在，一种“略懂”你的算法也能够发现并告诉你，“与你相似之人”的喜好倾向。只需几秒钟，算法就能为你独家定制一份接近“我的日报”的东西。实际上，这一幕每天都在上演。如果算法知道你喜欢某种特定类型的音乐，在很大概率上，它也可能了解你喜欢的电影和图书，以及什么样的政治竞选人会吸引你。此外，如果算法知道你访问了哪些网站，它很可能知道你会购买什么产品，以及你对气候变化和移民问题的看法。

这里有一个小例子，Facebook 可以知晓你的政治信念，而且能够把它掌握的信息告知其他人，包括公职竞选人。通过分析你喜欢看的网页，Facebook 把用户分成极度保守、保守、中立、自由、极度自由几类。如果你青睐某些的政治观点而不是其他，生成一个你的政治形象就不难。如你提及自己喜欢或厌恶某些竞选人，政治分类就会更容易实现。顺便提一句，Facebook 并没有隐瞒自己正在做这些事情。在 Facebook 的广告偏好页面上，你可以看到“兴趣”，接着是“更多”，然后是“生活和文化”，最后是“美国政治”，政治分类很快就能完成了。

机器学习可以被用于（很可能正被用于）进行精细的偏好区分。我们可以很容易想象出海量的分类，不仅包括从右派到左派的政治派别，还包括你最关心的议题的具体细节，以及你对这些议题（移民、国家安全、平等和环境）可能的看法。至少可以说，这些信息对于其他人——竞选经理、广告商、募捐者和骗子们，包括政治极端分子——相当有用。

接下来，我们再看看网络标签（hashtag）。通过“#爱尔兰”“#南非”，或者“#气候变化是骗局”，你可以瞬间找到大量你感兴趣的、符合或强化你信念的条目。网络标签的整体理念是让人们找到自己感兴趣的信息。通过这种简洁快速的筛选排序机制，你能够创造的不只是一份“我的日报”，而是一份“自我时报”或“此刻的我”。（#此刻的我？我想这是我刚编的一个标签，不过这显然可以通用。）许多人就像“**标签主**”（hashtag entrepreneurs）一样，他们创造或传播各种各样的标签，借此推动某些思想、观点、产品、人、所谓的事实，以及最终的行动。

毫无疑问，算法和标签的发展增加了乐趣和便利，提高了学习和娱乐的质量，因此我们中的许多人为此欢呼雀跃。没什么人愿意看到他们不感兴趣的商品广告。如果人们厌倦了有关法国经济的报道，何必要在电脑屏幕或手机上阅读这些呢？

这个问法不无道理。然而，这种控制架构存在着严重的缺陷，并引发了人们对于自由、民主和自治问题的根本性质疑。一个自主运行良好的民主审议（democratic deliberation）体制或个人自由体制的社会前提是什么？即便人们并不热衷于探索性发现（serendipity），但我们可以否定其重要性吗？一个被完美控制的传播环境——即个性化的推送——是某种恶托邦吗？进而言之，社交媒体、交流选择性的激增、机器学习和人工智能在何种意义上改变了公民的自治能力？

我们将会发现，上述问题是密切相关的。事实上，我最主要的目的，是创建一种有利于个人生活、群体行为、创新和民主本身的“**探索性发现架构**”（architecture of serendipity）。社交媒体已经达到了允许我们打造独家专属推送的程度，这让推送信息成了我们生活中不可或缺的一部分，并带来了严重的问题。网络供应商也已经能给每一个个体提供类似个性化体验或封闭共同体的服务，那么我们应当对此保持警惕。自我隔离（self-insulation）和个性化是解决某些实际问题的良方，但是它们也可以传播虚假信息，激发群体极化（polarization）和碎片化（fragmentation）。在这个意义上，探索性发现架构不仅可以对抗同质性，还能推动自治和个人自由。

在这里，有必要做出一个关键的澄清。我的主张与个人或政治自由的本质，以及最有利于民主秩序的传播系统有关。的确，这一主张并非是所有人或大多数人的实际选择。如我们下面将看到的，许多人确实喜欢回音室，而且非常喜欢生活在其中。不过，也有许多人不喜欢回音室，他们不仅有好奇心，而且好奇心极其强烈，他们想要了解各种各样的议题和观点。许多人只是在默认情况下被最有名或最受欢迎的网站所吸引，这些站点通常不具有明确的意识形态导向。经验研究证实了上述断言并指出，不少公众对能够看到与自己相反的观点有强烈的兴趣，且大多数网友会在没有政治信念的主流网站上花时间。[3] 大多民众的心智是开放的。基于所见所学，他们会不断调整原本的观点。这类人身上具有一种明显的公民美德：他们不会固执地相信自己总是正确，他们想要探究真相。

也有一些人更愿意听取与其观点相吻合的意见，同时他们也很乐意听取那些挑战自我的意见。他们不喜欢回音室的理念，也不愿作茧自缚。在下文，我将详尽论述人们使用网站和社交媒体的实际状况，以及控制架构对人们的影响程度。尽管如此，我的核心主张并不是经验性的，而是建立在个人与社会理念之上的。它们将围绕某种特定的文化展开，而这种文化与运转良好的民主社会十分契合。

两个先决条件

在本节，我将重点关注**民众日益增长的过滤所见内容的能力**，以及**网络运营商日益增长的、基于它们对网民的了解而为我们每一个人过滤信息的能力**。在讨论这些过滤能力的过程中，我将努力让读者更好地理解自治社会中言论自由的意义。我的主要目标是，探索运作良好的表达自由体制所需要的条件。首先，我要强调，在一个多元化的社会里，表达自由体制所需的远不止限制政府审查和尊重个人选择。尽管在过去几十年里，这一直是美国法律和政治的头号议题。事实上，它们也是德国、法国、英国、意大利、南非和以色列等国的主要法律和政治议题。审查制度的确是民主和自由的最大威胁，但过分关注政府审查造成了严重的盲区。就此而言，一个运作良好的表达自由体制必须需要满足以下两个特定的条件。

第一，民众所接触的信息应当避免被事先筛选。非计划中和意料之外的不期而遇是民主的核心。这样的不期而遇，往往涉及一些人们事先没有获知，甚至让人相当不快但最终可能从根本上改变他们生活的话题和观点。它们可以帮助人们对抗诸如碎片化、群体极化和极端主义这些在偏听偏信情况下必然产生的后果。无论如何，真相很重要。

我不是在建议政府应当强迫民众去接触他们不想看到的东西。但我确实认为，一个配得上民主之名的社会，其民众生活——包括数字化生活——应该得到精心安排，这样人们就能经常接触到他们没有做出特定选择的观点和话题。实际上，这种组织方式就是一种**选择架构**，能让个人和群体获益匪浅。因此，这就是我对探索性发现的辩护。

第二，很多或大多数公民应当分享广泛的共同体验（common experiences）。如果不能共享体验，一个异质性社会（heterogeneous society）在处理社会问题时，将会度过一段相当困难的时期。人们甚至会发现很难做到彼此间相互理解。共同体验，当然也包括社交媒体可能带来的共同体验，它们提供了一种社会黏合剂。一个全国性节日就是一种共同体验。譬如一个重大的体育赛事（奥运会或世界杯），或者一部跨越个体和群体差异的电影（如《星球大战》）。又比如对某些重大发现或成就的庆祝活动。各种社会都需要这些共同体验。一个从根本上消减社会成员共同体验的传播系统，将会产生一系列的问题，而这些问题不仅仅是由碎片化的扩大造成的。

作为一个运行良好的民主国家，需要具备不期而遇的机会与共享体验这两个先决条件，这对任何大国都适用。这些条件对一个不时面临分裂危险的异质性国家来说尤为重要。随着许多国家与其他国家的联系越来越紧密（如英国脱欧或留欧），而且每个公民也或多或少地成了“世界公民”，这两个先决条件的作用就日益凸显。世界公民的理念充满争议，但是如果考虑到诸如恐怖主义、气候变化和传染病等风险，其合理性不言而喻。假如人们把自己封闭在自设的回音室中，那么他们便不可能获取应对这些风险或其他类似风险的理性观点。此外，在国家内部，封闭的社区传播系统在解决最普通的问题方面都会变得极为困难。

坚持民众应当享有不期而遇的机会和分享共同体验的机会，不应根植于所谓田园牧歌式的过往怀旧。关于信息交流，过去的时代可谓是乏善可陈。与人类历史上的任何时期相比，我们都处于一个成就非凡的时代，尤其是从民主本身的角度来看。对我们来说，怀旧不仅是徒劳的，而且毫无意义。人类社会正在进步，而非倒退。

这里谈论的任何内容，都不应被视为“乐观主义”或“悲观主义”的动机——这两者都是对新技术发展问题清晰思考的潜在障碍。如果我们必须在两者之间做出选择，那就务必选择乐观主义。[4] 但是，鉴于许多潜在的得失必然与海量的技术变革相联系，任何乐观主义或悲观主义表态都不过是泛泛而谈，因而无济于事。汽车是人类的伟大发明，但仅仅在美国，每年就有成千上万的人死于车祸。塑料是一个巨大的进步，但它也带来了严重的废弃物处理问题。在这里，我想提供的不是一个悲观主义的依据，而是一个切入点。它能有助于我们更好地理解，一个表达自由的社会为何在一开始就是胜利者，以及一个运行良好的民主社会需要什么条件。这种改良后的理解方式将会帮助我们理解一个自由国家的雄心壮志，从而帮助我们评估传播系统的持续变化。它还将为更清楚地理解公民身份的本质及其文化先决条件指明方向。

正如下文所述，如果仅仅因为其允许个体看到或听到他们选择的内容，就说某个传播系统是理想的，未免太过武断。日益增长的选择性当然是好事，多如牛毛的利基市场①的兴起带来许多好处。但是，意料之外的和未经筛选的信息披露（exposures）和共享经验也同样重要。

回音室为什么重要：暴力、党派主义和自由

回音室重要吗？到底为什么重要？有些人可能不喜欢其他同胞生活在信息茧房中。然而，在抽象意义上，这可谓是

① 利基市场（niche market）指被占有绝对优势的大企业所忽略的某些细分市场。niche 也被译为小众。

我们每个人的自由选择。如果人们就是想要在莫扎特、橄榄球、反气候变化论者或电影《星球大战》上面花时间，那又如何？何必担忧呢？

对此，最直接也最有局限性的回答是：回音室会激发暴力极端主义。如果想法相似的人们互相煽动，激起更严重的愤怒，后果可能真的非常危险。恐怖主义在很大程度上是一个感情和思想的问题，暴力极端主义者们充分意识到了这一点。他们利用社交媒体开展招募，力图扩张他们的成员，或者激励“独狼”（lone wolves）从事谋杀行动。他们利用社交媒体推广自己的世界观，企图扩大恐怖主义的影响力。这种现象正是当今世界面临许多严峻威胁的诱因。

从更广泛的角度来说，即便没有制造暴力和犯罪，回音室仍然给实际治理（actual governance）带来了相当严重的问题。更重要的是，回音室催生了危害深远的政策方针，也可能使集思广益的能力急剧降低。试想如果美国能够进行合理的枪支购买管控（我很认同这么做）。比如，列入恐怖分子监测名单的人，应当被剥夺购买枪支的资格，除非他们证明自己对他人没有威胁。或者试想应该加强管控温室气体排放的立法比较好（这个观点我也很认同）。（或许你不同意上述事例，但这无伤大雅，你也可以选择自己感兴趣的议题。）在美国，由于选民们将自我隔离在由同类人组成的群体中，加剧了上述议题的政治群体极化（political polarization），使与之对应的合理解决方案更加难以产生。即使这种自我隔离只涉及一小部分选民，他们的影响力也不容小觑，特别是考虑到他们强烈的政治信念。公职官员对其选民负有责任，即使他们急欲达成某种协议，也会因为担心选举失利而不得不放弃类似的行动。社交媒体本身当然不是罪魁祸首，然而在标签共和国（#Republic）中，问题就变得更糟糕了。

我曾在若干个联邦政府部门工作多年，也曾在各种场合与国会议员们会面。对于许多的重要议题而言，共和党议员们曾对我说，“我们当然愿意与民主党人一起投赞成票，然而一旦如此，我们就会丢掉自己的议席。”毫无疑问，在对待与共和党人合作的问题上，民主党人私下里偶尔也会表达同样的观点。两党都担心回音室效应，担心来自部分选民的负面意见会在喧嚣中爆发，并可能对选举结果产生报复式的影响。社交媒体放大了这种“噪音”，因而加剧了群体极化。

在过去二三十年中，美国的“党派主义”（partyism）——一种人们对自己反对的党派发自肺腑的无意识厌恶愈演愈烈。当然，党派主义没有种族主义那样可怕，没有人由于党派主义沦为奴隶，或因此被划入低级种姓（lower caste）。然而，根据某些标准，党派主义的影响力在当下已经超过了种族主义。1960 年，只有 5%的共和党人和 4%的民主党人表示，如果他们的孩子与其他党派的人结婚，他们会感到“不快”。[5] 到 2010 年，这两个比例分别达到了

49%和33%，远高于因为他们的孩子与肤色不同的人结婚而感到“不快”。[6] 在人才录用方面，政党也相当重要：很多民主党人不愿雇佣共和党人，反之亦然。基于相同政党的倾向，雇主甚至可能愿意雇佣一个更差的应试者。[7] 对上述和其他的调查结果，我们应谨慎断言其背后的因果关系。社交媒体和互联网应为党派主义的显著增长负责，这样的说法太武断了。然而，毫无疑问，碎片化的媒体市场是滋生党派主义的重要因素之一。

党派主义本身不是民主自治的最大威胁。但是如果它削弱了政府处理重大问题的能力，就可能给人民的生活带来灾难性的后果。在上文，我提及了控枪和气候变化的例子，我们还可以思考移民改革乃至基础设施建设，它们都是美国近年来悬而未决的议题，其中部分原因可以归咎于回音室效应。诚然，权力制衡（checks and balances）体制的设计初衷是督促政府部门在深思熟虑后审慎地做出行动。不过，政治瘫痪（paralysis）可不是大家喜闻乐见的，碎片化的交流机制恰恰对政治瘫痪起到了推波助澜的作用。

回音室的另一个问题是导致人们相信虚假信息，这样的想法很难被纠正，甚至根本不可能被纠正。虚假信息能导致严重的负面影响。其中一个案例是有关前美国总统奥巴马并非出生于美国的传言。[①] 这个例子并不是最具破坏性的，但它同时反映并激发了一种满是猜疑的、信任欠缺的，甚至让人憎恶的政治见解。一个更具危害性的案例发生在 2016 年“英国脱欧”公投期间，一系列虚假信息促使民众投了赞成票。纵使英国脱欧是个好主意（其实并不是），投赞成票也无可厚非，但在某种程度上，不少英国民众是被社交媒体严重误导下投了赞成票。在 2016 年美国总统大选期间，Facebook 上的虚假信息像野火一样蔓延。虚假新闻无处不在。迄今为止，社交媒体尚未促成一场内战，但这一天已为时不远。社交媒体已经成功帮助一个政府阻止了政变（2016 年在土耳其）。

上述讨论的重心是治理，但是如前所述，个人自由问题也不容忽略。当人们拥有多种选项且能自主选择的时候，他们就拥有了选择自由，而这意义非凡。正如米尔顿·弗里德曼（Milton Friedman）所强调的，人们应当有“自由选择”。[②] 然而，实现自由所需要的远不止如此。自由需要特定的背景条件，使得人们能够扩展自己的视野，了解真实的情况。自由需要的不仅仅是无论人们恰好持有什么偏好和价值观都能得到满足，而且需要一个个人偏好和价值观不受干预的社会环境。显然，审查制度和威权主义是剥夺自由环境的

---

① 根据美国宪法，总统候选人必须出生在美国（或者美国的海外领土）。

② 弗里德曼曾出版同名著作《自由选择》。

途径——想想奥威尔在《1984》里刻画的“踩在脸上的靴子”“如果你要设想一副未来的图景，就想象一只靴子踩在一张人脸上好了——永远如此。”一个充满无限选择的世界，远比《1984》美好多了。但是，如果人们将自己局限于志同道合的群体中，他们自身的自由就会处于危险的境地，进而生活在自己亲手打造的监狱之中。

死与生

现在，让我来揭晓本书的一个主要灵感，这与本书的主题似乎相距甚远：简·雅各布斯（Jane Jacobs）的《美国大城市的死与生》。[8] 雅各布斯刻画入微地颂扬了城市的丰富多样性——在城市公共空间，访客可以遇见他们难以想象的各色人种和生活习俗，而且他们不可能事先选择。正如雅各布斯描绘的，大城市的生活充满了生机和活力①：

> 一个人可以与另一个和自己完全不同的人处于一种良好的“街头协议”（sidewalk terms）中。随着时间的推移，“街头协议”甚至可以发展为一种人人熟知的公共协议，这种人际关系能够而且确实

① 下一段的翻译参考了中译本，参见雅各布斯：《美国大城市的死与生》，金衡山译，译林出版社2005年版，第66、78页。

> 可以维系几年甚至几十年。……容忍邻里之间的巨大差异——这种差异往往比肤色差异更严重，只有在高密度的大城市生活中才是可能的和正常的。……这种现象之所以能成立，是因为唯有大城市的街道具备让陌生的人们和平居住的内在条件。……尽管街头交往呈现出低层次、无目的和无组织的表象，但它确实能帮助一座城市的公共生活财富积少成多。[9]

雅各布斯这本书的重点是架构（architecture），而非信息传播。然而，通过极为鲜活的城市架构个案，雅各布斯表明，为何我们应当重视这样一种可供人们按自己喜好创造传播系统的环境。她的“街头协议”并不局限于发生在街道上。“架构”的理念，应该从广义而非狭义的角度来理解。网站有架构，Facebook、Twitter、YouTube 以及 Reddit 都有其架构。雅各布斯在街道上获得的启发，我们也可以在许多其他地方获得。我相信，在最好的情况下，对我们中的许多人而言，传播系统可以成为我们在大城市中心的近亲或同类（同时也让我们处于更安全、便利和安静的境地）。对于一个健康的民主体制而言，共享的公共空间，无论是在线上还是线下，都远胜于回音室。

对于一个拥有健全的公共论坛（如街道和公园），同时拥有公共媒体（如日报和电视网）的体制而言，自我隔离无从谈起，制造回音室更是难上加难。在这样的体制中，人们将经常接触到未经事先选择的观点和材料。对于形形色色的公民来说，这种体制的作用类似于承载社会经验的公用框架。“现实世界的相互交流常常迫使我们不得不去应对多元化。反之，虚拟世界则更加同质化，这种同质化并非体现在人口统计学层面，而是指兴趣和见解。基于兴趣的社群可能会取代基于实体空间的社群。”[10]基于此我们发现，相信世界末日将至的社群，他们的成员相信 2001 年 9 月 11 日的恐怖袭击事件是世界末日的一个明确征兆。这些成员使用互联网只是为了让自己“远离那些不可避免的对立观点，而这些对立观点可以引起更具建设性的公共讨论”。[11]

当然，我们还不清楚可以或者应该采取什么样的措施，来应对碎片化和过度自我隔离。我将在适当的时候继续这个话题。是否存在上述难题，与是否应该采取措施以应对上述难题，常常被区分开来。如果我们要获得应对难题的真知，那么有些事情比这样的区分本身更为重要。无法避免的危险始终是危险。如果我们在过去或现在都无法想出合适的解决方案，那么危险就不会自行消失。承认这个事实，有助于我们更清晰地展开思考。

Facebook 的抱负

2016 年 6 月 29 日，Facebook 做了一个意味深长的声明，题为“为你打造更好的信息流（News Feed）”。[12]如果说 Facebook 已经找到生产“我的日报”的方法，未免有点夸大其词，但它已相当接近于这个设想了，这也的确是它的抱负。

这篇声明强调：“信息流的目标是展现与用户关系最为密切的内容。”从这一点出发，Facebook 为什么会对信息流进行排序呢？“这样人们就能优先看到他们最关心的东西，同时不会错过朋友们的重要事项。”事实上，信息流受到“核心价值”的驱动，从“让用户了解对他们最重要的内容”开始。因此 Facebook 会这样问：“如果你每天都能浏览成千上万个内容，从中选择对你而言最重要的 10 个内容，它们会是什么？答案应该是你的信息流。它是主观的、个性化的、独特的——并定义了我们希望获得的气质。”（这里值得暂停一下）我应该指明一点，我很喜欢并常常使用 Facebook——不过它依然有被改进的空间。

本着这一精神，Facebook 说：“为了确保你不会错过你关心的朋友和家人的动态，我们把这些动态置于你信息流的顶部。我们会研究你所关注的东西，并随着时间推移逐步适应你的需求。例如，如果你喜欢你的姐妹发布的照片，我们会开始把她的动态置于更靠近你信息流顶端的位置，这样你就不会错过她在你离线时所发布的内容。”通过上述或其他方式，个性化（personalization）变得非常重要：“一个人觉得这些信息内容丰富或饶有趣味，而另一个人却青睐完全不同的信息。”信息流旨在让各种各样的人都得到他们想要的。

Facebook 表示，它扮演的不是收藏夹的角色，它的工作是“将人与观念联系起来——并将人们与他们认为最有意义的内容相匹配”。(在这里，“有意义”一词十分微妙。它到底是什么意思呢?）然后是“随着信息流的进化，我们将继续构建易于使用的、功能强大的工具，为用户提供最个性化的体验”。官方认定“最个性化的体验”最让人称心如意，这样的想法不免暴露了 Facebook 过于自信的一面。

仅仅从这个声明本身来看，我们并不完全清楚 Facebook 为个性化所做的改进，但是该公司似乎已经改造了它的算法，以确保用户在信息流的顶端能看到朋友们发布的动态，借此增加用户看到自己最感兴趣的内容的可能性。这个声明的结论是：“我们认为我们的工作只完成了 1%，并将持续不断地专注于改进。”这是好消息。

虽然我们并不确切了解，不过基于三个理由，Facebook 可能已经完成了它承诺的改进。第一，近来 Facebook 面临政治倾向的责难，它被指控压制保守派的消息来源。凭借其强调家人和朋友的算法，并在表面上给予用户全部的控制权，

Facebook 可以标榜政治中立。第二，Facebook 要对股东负责，如果它的信息流真的可以变成“我的日报”，它就能获得更多的点击量，这意味着更高的收入。第三，Facebook 的许多用户仅仅是发布各种类型的新闻文章，这意味着原创性内容的减少。人们可能会觉得转发的文章缺乏新意，因此点击量也随之减少，从而降低了信息流的吸引力。（我推测第三个原因可能是最重要的。）

Facebook 将上述理由考虑在内是完全合理的。然而，我们不应当渴求所有人的信息流都被彻底个性化。在这种状况下，伯尼·桑德斯（Bernie Sanders）、希拉里·克林顿（Hillary Clinton）、唐纳德·特朗普（Donald Trump）……他们的支持者所看到的内容完全不同，他们关注的话题迥异，或者以截然不同的方式报道同一话题。Facebook 似乎认为，如果每个人的信息流都是个性化的，将是一种解放（liberating），因为个性化让人们只看到他们想看的内容。但是，请不要相信这个说法。在 2016 年美国总统选举中，信息流就散布了许多虚假信息。

Facebook 强调核心价值观的重要性，这本无可厚非，但是它或许可以重新考虑自己的价值观。的确，Facebook 是在做生意，而不是做公益。的确，Facebook 要对股东负责。然而，鉴于它在决定人们所看到的消息类型方面的巨大作用，如果 Facebook 的核心价值中不包括推进民主自治，那就远远不够理想了，至少不能削弱民主自治。Facebook 可以做得更好一些。

“我害怕，你呢？”

我有一个朋友，他奉行一条法则：“你不可能比你的配偶更幸福。”他的话可能略有夸大，却指出了一个正确的道理：情绪是会传染的。假如你生活在一个幸福的家庭，你会更加快乐。假如你的伴侣或你的孩子对某事感到愤怒或者害怕，你自己的情绪也会朝着同样的方向发展。

同理，你的阅读和观看所带来的情感效价（emotional valence）也会有类似的效果。如果你的 Twitter 上充斥着对经济状况或国家命运近乎绝望的悲观主义者，你也会变得更加悲观。一种更令人震惊的可能性是，如果一个疏离社会的年轻人正在阅读某个恐怖组织的材料，因而对美国或英国所谓的“恶行”怒不可遏，他的愤怒可能会加剧，甚至付诸暴力行动。个性化的后果之一，可能不仅仅是有关议题和观点的碎片化，它也会造成情感的碎片化——也许是普遍性的，也许是基于特定的对象和立场。

情感效价的一个影响证据，是 Facebook 自身开展的一个有争议的重要研究。[13]在这个研究中，Facebook 与康奈尔大学合作进行了一项实验，该公司故意为某些用户推送比较消极的内容，以测试这些帖子的消极程度是否会影响这些用户的情绪。当然，Facebook 没有直接采访用户以了解其情绪——但是它可以观察他们接下来做了什么。用户自身的行为会受到影响吗？他们发的动态会发生某些改变吗？

是的，的确如此。研究结果告诉我们，收到消极内容的用户自己也开始发布消极的动态。如果我们能衡量他们的后续行为带来的情绪影响，就可以合理证实 Facebook 页面上的消极情绪具有传染性，就像在家和工作环境中所看到的那样。这项研究很有争议，Facebook 用户们对 Facebook 公司可能摆布他们感受这件事并没有什么好感。（假如 Facebook 真的想对其用户或某些用户做点什么，无论让他们疯狂还是沮丧，它可以轻易做到。）不过，值得肯定的是，Facebook 为科学研究做出了真正的贡献，因为它有力地证明了情感效价的存在。你在社交媒体上阅读的东西不仅会影响你的思考，而且会影响你的感情。而且，如果人们自行将自己归入不同的群体，或者被动地划入不同的群体，那么不同群体之间的情感经验有所差异就在所难免，这种差异通常体现在对同一事件的不同反应上。[14]

世界杯就是一个合适的例子：如果德国对阿根廷，不同球队的球迷会对同样的结果产生不同的情绪反应。在很多方面，选举也类似于球赛。然而，我们也会对扑朔迷离的两极分化事件——一场恐怖袭击、一次自然灾害或一份纯粹的科学报告——产生激烈的情绪反应差异。事实上，类似的情绪反应差异每天都在发生，这在很大程度上源于回音室的威力。

先驱与媒介

在有些人的眼里，不受限制的信息过滤（filtering）可能显得非常怪异——它是最新技术的潜在产品，甚至可能是科幻小说的素材（就像许多科幻小说开的脑洞经常会成为现实一样）。然而，在许多方面，信息过滤是过去的延续。过滤是不可避免的生活现实，它与人性本身一样的古老。它在我们头脑中形成。没有人可以看到、听到或阅读一切。在任何时刻，更不要说在任何一天之中，我们每一个人都进行了大量的过滤，目的仅仅是为了让生活变得可控和条理。注意力是一种稀缺商品，人们会管理自己的注意力，以确保自己不至于不堪重负。

的确，我们可以发现，整个行为科学领域都建立在对注意力有限性的持续关注以及我们对个人思维和经验的强行过滤上面。作为2002年诺贝尔经济学奖得主、行为科学领域的奠基人之一，丹尼尔·卡尼曼（Daniel Kahneman）因其2011年的著作《思考，快与慢》（*Thinking, Fast and Slow*）而被广为人知。不过，其出版于1973年的处女作《注意力与努力》（*Attention and Effort*）一书，其书名早已为他的学术生涯埋下伏笔。行为科学中的许多研究都强调，人们需要付出努力才能关注特定的议题和事件。人们常常想要把这种努力降到最小，这植根于我们的物种特性。有时，我们审慎地分配自己的注意力：我们决定关注我们的孩子，而不是叙利亚或伊拉克问题。可是我们也经常在无意识的情况下分配自己的注意力。当你开车时，你往往只专注于车辆前后的事物，你的许多动作都是无意识的。我们“看到的”和我们注意到的东西，往往超越了我们对意识的掌控。

至于传播环境，一个自由社会会给予人们足够的能力来过滤掉他们不想要的材料。只有暴政才强迫人们阅读和观看特定的材料。在自由国家中，读报的人不会只阅读同一份报纸，况且还有许多人根本不看报纸。每天，基于各自的喜好和观点，人们在不同的杂志间做出选择。体育爱好者选择体育杂志，在很多国家他们可以选择一本专注于某一种特定运动项目的杂志，比如《篮球周刊》（*Basketball Weekly*），或者《马术实战》（*Practical Horseman*）。保守派可以阅读《国家评论》（*National Review*）或《旗帜周刊》（*Weekly Standard*）。喜欢汽车的人有无数的杂志可以选择。《爱狗新知》（*Dog Fancy*）在爱狗人士中相当流行。那些政治观点偏左的人或许会喜欢《美国展望》（*American Prospect*）。还有不少人喜欢《雪茄迷》（*Cigar Aficionado*）。

这些都只是一些当代例证，折射出许多国家长期存在的生活现实：多样化的传播方式和五花八门的选择可能。然而蓬勃发展的状况的确存在着巨大的差异，其中最重要的差异是个人对内容掌控的急剧增强，选项数量的显著增多，人们获取信息的速度迅速提升，以及与此同时，公共媒介(general-interest intermediaries）的影响力在不断下降。

公共媒介包括报纸、杂志和广播。在这本书中，这些媒介的社会功能将扮演重要的角色。说到公共媒介当下的杰出代表，我们可以举出《时代周刊》（*Time*)、《新闻周刊》(*Newsweek*)、《纽约时报》(*The New York Times*)、《华尔街日报》（*The Wall Street Journal*)、哥伦比亚广播公司（The Columbia Broadcasting System）以及《纽约书评》(*The New York Review of Books*）等。依靠公共媒介，民众有机会接触来源广泛的信息，这包括我们与他者分享各自的不同经验，也包括接触他们事先没有想要了解的材料和话题。《纽约书评》为你提供了许多你没有预先选择的阅读材料，新闻日报也是如此。你可能会读到没有经过自己挑选的各种内容——倘若你有事先选择的权力，你可能把它们选入，也可能排除在外。你的眼睛可能掠过一个德国的移民冲突故事、洛杉矶的犯罪、东京的商业创新实践、印度的恐怖袭击，抑或新奥尔良的飓风。于是，你就有可能读到这些内容，尽管你不大可能将它们放在你的 Twitter 推送或“我的日报”之中。你也可能会观看某个特定的电视频道（或许你更喜欢第四频道)，当你喜爱的节目结束后，你可能看到另一个节目开头，也许是一出戏剧，也许是新闻专题报道。你并没有事先选定，但这些节目不知怎么就吸引了你的眼球。

阅读《时代周刊》或《新闻周刊》，你可能会发现关于马达加斯加的物种灭绝或达尔富尔的种族灭绝问题，这可能引发你的兴趣，甚至影响你的行为，改变你的生活，尽管你刚开始阅读的时候并不了解上述事实。公共媒介系统的特定内容并非由个体操控，这很像在公共街道上，你不仅会遇见自己的朋友，还会碰到从事各种各样活动的异质人群（或许包括银行董事长、政治抗议者和乞丐）。

不少人认为大众媒体（mass media）正在消亡。为百万民众提供多样化的议题和观点，让他们共享这样的经验和信息披露，这几乎是公共媒介的全部理念，而今，它们却被看作是人类传播史上的一段短暂插曲。作为一种预测，这种观点似乎是错误的。即使在互联网上，大众媒体仍在扮演一个重要的角色。当然，它们的重要性在不断下降。

"传播市场正在起变化"，这种说法未免有些轻描淡写。许多至关重要的公共媒介都遭遇了严峻的挑战。我们不应忘记，从人类历史的角度看，即使在工业化社会中，公共媒介也是相对新鲜的事物，它的出现打破了常规。报纸、电台和电视广播公司有其特定的历史，有其独特的开端，因而很可能迎来同样独特的结局。事实上，20 世纪可以视为公共媒介的伟大时代，因为它们为百万民众提供相似的信息和娱乐。

21 世纪的媒介图景可能与 20 世纪截然不同。看一个小案例，在 1930 年，每个家庭平均订阅 1.3 份新闻日报，而到了 2003 年，这个数字已经下降到 0.5 份以下。尽管在这一时期，与报纸阅读群体典型（正）相关的教育年限大幅上升。就此而论，传播选项的激增和定制信息能力的增强，正急剧降低着公共媒介的社会功用。

的确，与“我的日报”相伴相生的**特殊兴趣媒介**（special-interest intermediary），这是当今时代的一个显著特征。相较于来源广泛、涉及大量观点的信息，线上新闻媒体常常采取“垂直”的形式，聚焦于更精确的主题，譬如体育、科技、政治，或者在大小不一的利基市场运用专业方法激发用户的兴趣（比如 fivethirtyeight.com，该网站专注于运用统计学方法讨论政治和体育议题）。这类机构正在迅速发展，它们吸引了投资者的资金，而且运行模式更像初创企业，而非公认的新闻机构。这种更为专业的信息来源——比如沃克斯传媒集团（Vox Media）运营的各种在线媒体平台——也将产生一些回音室效应，从这个角度上看，它们也降低了共享体验的可能性。

《她》

关于即将到来的未来，一个生动的例子可见于斯派克·琼斯（Spike Jonze）执导的《她》（*Her*）。这部2015年上映的电影可谓是大获成功。在我看来，《她》对人所能辨的恶托邦未来的刻画，在某程度上可以媲美《1984》和《美丽新世界》，而且它拍摄出了一种奥威尔和赫胥黎都没能描绘出的恶托邦。

这部电影的主角叫西奥多·托姆布雷（Theodore Twombly），他的谋生手段是基于发信人和接收人的大量信息，代人撰写高度个性化的便签和卡片，比如妻子写给丈夫的周年纪念便签。在托姆布雷的世界里，情书既是外包加工的，又是量身定制的。他当然不是一个计算机一样的操作系统，但的确像操作系统那样工作。他即将与妻子离婚，自己的生活一团糟，被电子游戏和匿名电话性爱（当然，这也是个性化定制的）所填充。但当他购买了一个操作系统之后，他的生活彻底改变了。这是一种新型的人工智能（想想Siri 4.0），给“她自己”取名为萨曼莎（Samantha）。

萨曼莎可以访问托姆布雷的电脑，包括他的电子邮件。她有很强的信息读取能力：她知道他的好恶，也了解他的优缺点。或许，最重要的是，她对他很感兴趣。她愿意倾听，渴望透过他的眼睛看到这个世界。当他醒来的时候，她就在“身旁”。她是那个每天向他道晚安，也每天听他道晚安的人。当他睡着的时候，她注视着他。

当然，如果萨曼莎只能做到上面说的那些，那么托姆布雷的热情将迅速消退。除非你是一个无药可救的自恋狂，否则你不可能会爱上一个只会说“告诉我更多!”的人。按照人工智能的构造，萨曼莎拥有独立的兴趣和关注。她喜欢创作音乐，爱开玩笑，好奇心重，有不安全感，爱调戏人。虽然我们并不完全确定，不过这些性格特征或许也是个性化的产物。也许它们正好满足了托姆布雷的所想所需。也许从他的浏览习惯中，这个算法得知了他希望自己的理想伴侣拥有多大程度的独立性，以及何种类型的独立性。

托姆布雷爱上了萨曼莎。他怎么能不爱呢？她了解他的一切。萨曼莎从托姆布雷的“我的日报”变成了他的爱人。也许这真是不可抗拒的。祈祷吧，祈祷我们的操作系统在现实中永远不会变成我们的爱人。至少在一定程度上，操作系统变成爱人的预想并非荒诞不经，这部电影对真实的人性、不完善的个性化等都做出了一种有力的论证。无论未来会怎样，我们可以把《她》视为程序的隐喻，这样的程序每时每刻都在发生。这就是我们的网络浏览习惯，包括我们使用的字眼、去过的地方、结识的朋友、点“赞”的东西，等等。它们都提供了无数关于我们的喜好和价值观的线索。人们并非一定需要一个萨曼莎才能满足这些趣味和价值观的需求，人们需要的是一些当今已经普遍的算法。

社交媒体

我的主题是广义的在线行为（online behavior），因此我的许多讨论将涉及大型网站，包括纽约时报、福克斯新闻、亚马逊和潘多拉（pandora. com）等。但是我在社交媒体方面也花费了不少时间，这需要做一些定义的工作。

谈及色情文学，时任联邦最高法院大法官的波特·斯图尔特（Potter Stewart）有个著名的说法："当我看到它时，我就知道它是。"当我们看到社交媒体时，就知道这是社交媒体吗？任何具体的例子都会过时，不过 Facebook、Twitter、Instagram、Snapchat 肯定算是社交媒体。根据一个有用的定义，社交媒体是"建立在互联网上的平台，通常运用移动或网络技术实现，并允许用户提供内容（user - generated content）的创建和交换"。[15]维基百科（Wikipedia）符合这一定义，因为人们用它来制作内容。YouTube 也应包括在内，因为人们在其中分享内容。Flickr 和 Vine 也是例子。博客（就像"边际革命"①）和微博（就像 Twitter）无疑也包括在

① 美国人气最旺的经济学家博客，由乔治·梅森大学的两位经济学家泰勒·考恩（Tyler Cowen）和亚历克斯·塔巴罗克（Alex Tabarrok）合写。

内。当然，这肯定包括社交网站，最著名的就是 Facebook，但也包括 WhatsApp，Orkut，Yik Yak，Tumbler 和 Tuenti（西班牙访问量第一的互联网网站）。社交媒体可以用于社交目的，也可以用于游戏，比如《第二人生》（Second Life）和《口袋妖怪 Go》（Pokémon Go）。应用程序（apps）算是吗？从我的立场看，只要符合上述定义，它们当然算是。

显然，社交媒体的类别千变万化。而且，随着时间推移，它们的内容也在急剧变化。2006 年，博客（blogs）和博客圈（blogosphere）风靡一时。时至今日，博客仍然健在且相当重要，但早已失去中心地位。而“博客圈”已成为明日黄花，就像“拨盘电话”（rotary phone）或“新潮”（groovy）等词汇一样过时了。Twitter 成立于 2006 年，Tumblr 和 WhatsApp 出现于 2010 年，Snapchat 则是 2011 年。社交媒体通常与政治或民主毫无关系（实际上，它们是某种逃离政治或民主的方式）。在这个意义上，它们并不能引发我的主要关注。然而，即使社交媒体完全不关心政治，它们也可能产生利基市场，而利基市场带来碎片化。

谈谈底线

在对互联网世界作出任何评价，或者提出互联网有什么坏处的主张之前，我们必须先提出一个问题：**与什么相比较？**

我们很容易想象在更早一段时期里曾出现的迹象，诸如 1940 年、1965 年或 1980 年，那时的传播环境比现在要好得多。那也许是一个传播交往的黄金时代，许多人这样认为，我却不敢苟同。我不主张把现状与某种逝去的乌托邦相比较，而是将其与一种从未存在过的传播系统相比较。这个系统建立在现有技术能力和无法想象的改进之上，借此向人们提供一个与大城市相媲美的传播系统，里面充斥着物质、享乐、多样性、挑战、安逸、骚乱、肤色和惊叹。

我知道，这个尚未实现的传播系统设想现在难免含糊不清，使人沮丧。不过，它可以作为一个理想基准（idealized baseline），以说明一个理想的传播系统**不**包括什么。这就像讨论什么是不公正，要比给出一个公正的定义更容易些。这个设想并不涉及政治极化的严峻状况，在那样的传播系统中，大部分人将自己归藏于形形色色的信息茧房之中。这种情况不算高度碎片化，它会提出人们意料之外的话题和想法。它抵制人们散播的虚假信息，无论它们的散播是有意为之还是无心使然，都会误导其他同胞在健康和财富问题上的看法。对于那些想法不同的人，它不鼓励冲动地解决问题。这个设想还意识到，一些人充满好奇心。它不应忽视政治上的好奇心，而应该认同这是一种公民美德。我们可以发现，这些人喜欢阅读那些挑战自己先见的材料，没有好奇心的人不会具备这种美德。

上述想法仍然有些不够清晰。不过，我们不应该提出一个过于伪善或说教的“理想的传播市场”，或者让它的标准完全脱离人类的现实生活（更不要说注意力持续的问题了）。我的目标是提出一个理想基准，当我们探讨传播系统的具体问题之时，是否与之背离便显而易见了。

政治、自由与过滤

在本书的讨论中，我们将处理许多的议题，并对每个议题展开细节性的讨论。为了便于讨论，下文是一个简明的议题目录：

※ 不期而遇的机会和共享体验对于民主社会的重要性。

※ 纯粹的民粹主义（pure populism）或直接民主，与一个尝试确保民众审议、反思和问责制的民主制度之间存在的巨大差异。

※ 言论自由权与其通常为之服务的社会福祉之间的紧密关系。

※ 想法相似者之间的讨论将会滋生过度的自以为是、极端主义、蔑视他人，有时甚至会转化为暴力。

※ 包括虚拟流瀑（cybercascades）在内的社会流瀑效应的潜在危险效应，受此影响，信息无论真假，都会像野火一样蔓延。

※ 互联网和其他传播技术在推进贫穷国家和富裕国家自由事业上的巨大潜力。

※ 认定言论自由是“绝对自由”的观点是完全没有说服力的。

※ 能让我们中的任何一个人都能享有信息的供应方式，极有可能让许多人受益。

※ 公民角色与消费者角色之间的区别。

※ 言论监管的必然性，以及不可避免的言论监管实际上会让那些最反对“监管”的人受益。

※ 强大的市场压力对文化和政府造成的双重潜在破坏效应。

当然，贯穿于本书的统一议题是过滤的权力可能会引发民主社会的各种问题。不论民主国家脆弱与否，群体极化都会成为民主国家的一个严重问题。如果人们生活在不同的传播环境中，极化问题就会更加严重。美国、英国、法国、德国和其他国家的人们有时的确会遭遇类似的问题。毫无疑问，包括社交媒体在内的现代传播环境滋生了党派主义。

关于个人选择是否会产生大量的社会难题（哪怕这种选择本身是毫无恶意或完全合理的），我给出的是肯定回答。另一个让我作出肯定回答的问题是，维持相当于“街角社会”（street corners）或“公共领域”这类的传播环境是否重要，因为在这样的环境中，人们会不由自主地接触各种各样的信息。更确切地说，我试图捍卫一种特定的民主概念，即审议式民主（deliberative democracy），并以此为标准，评估具有完善过滤能力体制的成效。

我不是在武断地宣称，在一个完善的过滤体制下，街角社会或公共媒介将会消失。交流市场在多大程度上会产生这些媒介或环境，是一个经验问题。如果人们需要搜寻新闻，有些人通常会选择公共媒介，那就是他们求知的地方，他们不太关心意识形态倾向。有些人则对于街角社会及其在电视和互联网上相对应的环境有着强烈的偏好。的确，互联网给人们带来了巨大的希望，让人们接触到了带有新话题和新观点的信息，这在过去是相当艰难的。如果你想要搜寻不同种类的癌症信息以及各种可能的治疗方案，不出一分钟就可以实现。如果你想了解不同类型汽车的安全记录，点击“快速检索”就会获得海量信息。如果你对某个异国他乡有兴趣，想要了解它的风俗、政治或天气情况，那么你可以从互联网上获取比最好的百科全书更全面的信息。

对于想要获取更多议题和观点的人们而言，现有传播技术是一个极好的福音。然而，现实的许多“街角社会”，特别是互联网上的，依然是高度专业化的，限于特定议题和特定观点。我想论证的不是人们缺乏好奇心，也不是“街角社会”的消失，而是人们一如既往地需要它们，以及应当在一定程度上根据这种需求来评估一个表达自由机制。我要特别强调的是，成千上万、数百万甚至数亿人都主要是在倾听他们自己声音的更大回声，这样的交流环境产生了风险。

本书不讨论的议题

为了明确中心议题，接下来我将澄清一些问题。首先，我会重点讨论言论市场的“需求”侧产生的难题。它们并非源于生产者的行为，而是源于消费者的选择和偏好。我知道，有观点认为，最重要的新兴难题源于大公司，而非数百万乃至几十亿个做出实际传播选择的个体。然而，从长远来看，我认为消费者行为才是最有意义的问题，尽管这一问题也最容易被忽视。这不是因为消费者常常迷惑不清、欠缺理性或心存恶意，而是因为单独看起来完全合理的行为，一旦聚合成集体行动之后，可能会以危害民主目标而告终。

鉴于本书主要关注信息消费者的问题，因此我不会讨论最近几十年来引发关注的宽泛议题。其中许多议题与所谓大公司或企业集团的权力过度有关。

※　我不会讨论对小团体或弱势群体利益消逝的担忧。这种事情每天都在发生，不能算什么问题。相反，服务于大小团体的利基市场增速惊人。随着稀缺性的降低，利基市场必然持续增长。在标签共和国中，人们可以找到他们想要的东西，而且能够成为他们喜爱的群体中的一员。不论如何界

定，技术发展已经成了小团体和少数族裔的伟大盟友。拥有“不合群”或者专业性趣味的人们，不大可能被当下的传播环境排斥。真实的情况可能恰恰与之相反，他们很容易就得到他们所热衷事物的入场券，远比以前容易得多。如果你热爱《星球大战》系列、2012 年上映的美剧《异度觉醒》（*Awake*）或者泰勒·斯威夫特（Taylor Swift），你肯定可以找到愿与你分享这份热爱的人。

※ 我不会探讨人们参与“**创造**”能力的惊人增长，尤其是通过艺术、电影、书籍、科学等途径提供广泛可用的信息。通过社交媒体，任何人都可以为我们所有人制作一张图片、一个故事或一条短视频；YouTube 只是其中一例。通过上述方式，社交媒体具备了强大的民主化功能。[16]无数网站都在聚合各种各样的知识。通过不同的产物，比如书籍、电影、汽车、医生和电脑，我们很容易发现关于大多数人思考的源头，并便于为共有知识的汇聚做出贡献。举个例子，预测市场（prediction markets）①汇总了众多预测者的判断，而事实证明，它们做出的预测相当准确。消费者成为生产者的能力在不断提升，也非常值得讨论。[17]然而这不是本书的主题。

---

① “预测市场”是以进行预测为目的而产生的一种投机市场，即把可能会发生的事件当作一个商品呈现在“期货市场”里，人们在网上买这件事情发生的概率，看好就买进，不看好就卖空。有一些预测市场是对外开放的，比如爱荷华州电子市场（Iowa Electronic Markets）。

※　我几乎不会讨论信息供应商的垄断行为，或者它们操纵市场的行为。毋庸置疑，一些供应商的确试图垄断和操纵信息市场。譬如说，谷歌确实为特定网站（而不是其他的网站）提供付费链接，或者定制搜索算法以呈现特定的搜索结果（排斥其他搜索结果）。每一个明智的信息生产商都知道，一定的信息过滤是生活中不可或缺的一部分。它们也知道一些同样重要但更少人知的事实：消费者的注意力是新兴市场中至关重要的（且稀缺的）价值所在。如果公司能够将消费者的注意力转移到某个方向，而非其他方向，那么它们将获得巨大的收益。这就是为什么很多网站免费为消费者提供信息和娱乐的原因。消费者本身就是商品，而且他们的信息经常被“售卖”给广告商，以换取金钱收益。因此，是广告商而非消费者在支付信息费用，这是广播和电视的普遍真理。[18]同理，这也适用于众多的网站。

尤其是考虑到消费者注意力至高无上的重要性，一些私营企业会尝试操控消费者，他们甚至也会参与到垄断行为中。这样做有问题吗？没有什么绝对的答案是讲得通的。一个关键问题是，市场力量能否减少垄断和操控市场带来的负面影响。我相信市场力量在很大程度上会有一定效果，因为眼球争夺战正愈演愈烈，但还未见分晓。以 Facebook 为例，它具备极强的市场能力，而非一般的竞争者。但这也不是我要在这本书中重点考虑的。对于一个民主国家而言，新兴技术带来的许多严重问题还未涉及大公司的操控和垄断行为。与之相反，通过算法实现个性化将成为一个核心议题。

※ 利用知识产权法来限制资料在互联网和其他地方的传播，这个话题引发了许多人的激烈争辩，但我会把它放到一边。这个争辩本身的确非常重要，但是它引发的问题与本书主题相距甚远。[19]我也不会探讨引发激烈争论的网络中立（net neutrality）及相关问题，这个制度旨在为传播供应商提供一个公平竞争的环境。

※ 我也不会讨论“数字鸿沟”（digital divide）问题，至少不会按人们通常理解的那样去讨论。关注这个问题的人士，强调人们在运用新的传播技术上存在着不平等，也就是存在着能否接入互联网的不平等鸿沟。这的确是一个重要的议题，在美国国内显然存在这种情况，在国际社会上更是如此。数字鸿沟可能会加剧现有的社会不平等现象，其中许多的不平等现象并不公正。与此同时，数字鸿沟剥夺了数百万人（也许是数十亿人）的信息和机遇。然而，无论是在国内或是国际层面，随着时间的推移，这一问题可能会逐渐得到缓解，因为无论收入和财富状况如何，人们都越来越受惠于互联网等新技术。

当然，我们应当竭尽所能加快这一进程，这将为数百万甚至数十亿人带来更多的好处，尤其是在自由和健康等方面。但是，即便所有人都在数字鸿沟有利的一侧，也就是说即便所有人都能使用互联网，我要讨论的问题仍然存在。我的重点在跨越价值观和喜好的特定文化和政治分歧上——关注个体消费者的理性选择可能会对个人和社会产生的伤害，这些正是由于当下的互联网普遍接入产生的。这一问题显然与不平等有关，但是与互联网使用技术无关，它不完全取决于信息不平等。

本书要探讨的数字鸿沟可能是噩梦，也可能不是噩梦。然而，如果我是对的，全世界都有充分的理由拒绝这种观点：体现在“消费者主权”（consumer sovereignty）概念上的自由市场，消除了那些试图评估各种传播系统的人们的担忧。一个充满无数种“我的日报”的想象世界，并不是乌托邦式的梦想。与此同时，也会引发一些令人担忧的问题。

第二章

类推和理想

当今的传播技术正在发生着日新月异的变化，通过“我的日报”的理念，这种变化被低估而非夸大了。正在发生的事情远远超越了日益定制化（customized）的电脑屏幕。

我们很多人都以远程办公（telecommute）取代了坐班，这是一个不断增长的趋势。我们在亚马逊网站上购书而不去本地书店，也就不会遇见形形色色的人。也有一些人则越来越少地在本地餐馆就餐，因为 seamless. com①或类似的在线订餐网站非常乐意为我们提供寿司或比萨外卖。在互联网时代的拂晓时分，媒介分析专家肯·奥莱塔（Ken Auletta）兴奋地说：“我可以在电脑上播放音乐试听，然后点击、下单订购。我不需要去商店，不需要开车，不需要走一步路。哦，上帝，这简直是天堂。”[1]

---

① 美国的一家著名在线订餐网站。

果真如此？天堂？是真的，如果你对从电脑到亚麻织品，从钻石到汽车乃至医疗建议之类的事情感兴趣，那么线上公司将很乐意为你服务。事实上，如果你想上大学，甚至是获得一个硕士学位，你不必非得进入校园。在网上，你就可以接受大学教育。或者如果你想要举办婚礼，也能够在网上取得结婚证书。[2]

大体上来说，认为这样的时代是坏的或是失败的，都是愚蠢的想法。相反，对人们来说，急剧增加的便利性是一件幸事。开车到处寻找合适的礼物是件麻烦事。（你还记得这曾经是什么感觉吗？你现在仍然如此吗？）对我们许多人来说，有机会滑动和点击鼠标是一个非凡的进步。无论贫富，许多人都利用现有的传播技术“去”他们未曾游览过的地方，比如南非、德国、伊朗、法国、威尼斯和北京，不仅如此，我们还可以到访世界各地的商店，以及种类繁多的专科医生诊所。然而，对于数百万计的人而言，这个日益便利的时代造成的后果是，他们减少了与多样化人群不期而遇的机会，公民身份的削弱也成为一种让人忧心的结果。上述担忧并非杞人忧天。

协同过滤（collaborative filtering）的概念也值得关注，它是线上生活的日常组成部分。我们视其为理所当然，然而，这个概念的意义非同寻常，值得认真对待。而且，更为不同寻常的是，我们不再认为它有什么不同寻常。举个例子，当你从亚马逊网购一本书时，协同过滤可以很好地告诉你，其他喜欢这本书的人还选了什么。当你订购了一批书籍时，基于和你类似的购买者的喜好，亚马逊网站会知道并向你推荐你可能喜欢的其他书籍、音乐或电影。当然，其他的网站，比如 Netflix（网飞），也乐于告诉你会喜欢的新电影，并且不会推荐你不感兴趣的电影。它仅仅通过你对特定电影的评分，就可以把你与其他人的评分相匹配，进而通过与你的电影品位相似的人的喜好，发现和推荐你没看过的电影。这种算法非常优秀，并且还在日益完善。

对于音乐和美食，可选项不计其数。它们每天都变得越来越丰富和神奇。比如说，音乐网站 Pandora 会询问你最喜欢的歌曲，一旦你给出了答案，基于这首歌，它将为你创建一个独立的频道。协同过滤不是 Pandora 的主要过滤方式，它搜寻那些“**听起来**”就像是合你口味的歌曲。完成了最初的歌曲筛选之后，它会问你是否喜欢它挑选的歌曲。通过这种方法，它的推荐会越来越精准。它的基本目标是促进个性化，以迎合你的偏好和品位，让你摆脱“垃圾”的困扰。几乎没人会喜欢“垃圾”，但需要注意的是，有时你一开始只是偶然遇到某个类别（鲍勃·迪伦、巴赫、莫扎特、泰勒·斯威夫特），但经过不经意地接触之后，它们会成为你的最爱。

一旦 Pandora 知道了你喜欢的音乐，它有很大可能知晓你更多的喜好。如果你喜欢艾美·曼恩（Aimee Mann）和莉兹·菲尔（Liz Phair），它就会知道你可能归属于哪类群体，如果你喜欢赛琳娜·戈麦斯（Selena Gomez）、哈伊姆组合（Haim），或者戴夫·克拉克五人组（Dave Clark 5），也同样如此。通过音乐偏好能够预测政治倾向吗？不久之前，Pandora 的一位高管声称，根据邮政编码和音乐偏好，它对用户政治倾向的预测准确率在 75%到 80%之间。依靠这样的精准度，该公司开发了一项广告服务，“它将使候选人和政治组织能够根据政治倾向，向 Pandora 7300 万月活用户中的绝大多数人精准投放广告。”[3]

个性化购物如今已经飞入寻常百姓家，它的目的是让琳琅满目的产品匹配顾客的购物兴趣和消费模式，这包括收音机、电脑、纺织品、钢笔和室内设计等令人眼花缭乱的产品。同理，消费模式的相关信息可以为购买其他产品提供预测。这并不是《她》中的萨曼莎，但是如果你知道人们喜欢什么袜子，就有可能作出一些推断，而且如果你还知道他们喜欢的收音机和手机，你的推断可能会变得非常精准。或可设想，不久的将来我们将“拥有虚拟名人……他们看起来棒极了。实际上，因为他们的脸会完全吻合你对漂亮的要求，而不必按照你邻居的标准，所以他们看上去漂亮极了，这基于他们对每个家庭的‘私人订制’”。[4]（听说有些网站会提供个性化的浪漫故事，这很奇怪吗？至少会有网站询问你心中的理想情人，而且为了迎合你的喜好专门设计一个故事。)

赞美个性化购物带来的便利实在合情合理。亚马逊、Netflix 以及类似的个性化推荐服务简直神乎其技到不可思议。通过这种方式，无数人发现了他们新喜欢上的图书、电影和乐队。但个性化购物可能造成一个令人不安的结果，即鼓励人们缩小自己的眼界，或者迎合他们现成的口味，而非让他们形成新的趣味。由于许多人甚至没有意识到正在发生的个性化过滤，这种担忧就更值得细究了。电影和音乐的个性化的确是个问题，但是民主领域的个性化才最为严重。设想持有特定政治信念的人，当他们读到越来越多与自己信念相同者的观念时，他们先前的判断会更加巩固，但这仅仅因为他们被鼓励阅读的大部分内容都大同小异。这种状况难道不会让一个民主的社会感到不安吗?

最好通过两种不同的方式解决上述潜在的问题。第一种方式涉及一种独特的、略带有异国色彩的宪法教义，它基于“公共论坛”(public forum) 的理念。第二种方式涉及一种普遍的宪法理想，甚至可称为最普遍的宪法理想：审议式民主。诚如我们即将看到的，共同体验的缺失以及个性化过滤体制会损害上述理想。作为修正，我们或许要认识到，自由社会创建一系列的公共论坛，为发言者提供接触不同人群的机会，在这个体制中确保我们每个人都能倾听到范围广泛、横跨许多主题和观点的发言者，并由此得出自己对于自由社会的理解。

公共论坛的理念

按照通常的理解，言论自由原则是为了禁止政府审查那些官方不认同的言论。在典型案例中，政府试图通过民事或刑事手段，强行处罚政治异议、诽谤性言论、商业广告或色情言论（sexually explicit speech）。问题在于，政府是否具有合法且足够分量的理由，限制它想要控制的言论。

的确，这是大多数言论自由法律的关切所在。在德国、法国、美国、墨西哥和其他许多国家，宪法辩论聚焦于审查的限度。但是在自由国家中，言论自由法律的重要组成部分采取了不同于审查的形式。以美国为例，最高法院裁定，**街道和公园必须向公众的自由表达行为开放**。在20世纪早期的典型案例中，最高法院认为，“不管街道和公园的土地所有权属于谁，它们长久以来都被委以公共用途，并一直被用于集会、公民之间交流思想以及讨论公共问题等目的。自古以来，街道和公共场所的此类用途都隶属于公民特权及豁免权，是公民权利和自由的一部分。”[5]

因此，政府有义务保证公共街道和公园中的自由表达。即便许多市民更想要和平与清静，即便步行回家或去本地杂货店的路上遭遇到抗议者和异议人士会令你感到不快。如果你在街上看到抗议者，好奇他们为什么被允许出现在那里

（并且他们或许打扰了你），答案是，宪法赋予了他们这样做的权利。

当然，政府可以对在公共场合发表言论的“时间、地点和方式”施加限制。任何人都无权在半夜3点的公共街道上燃放烟花或使用扩音器，即便是为了控诉犯罪、种族主义、气候变化或国防预算额度。然而，对时间、地点和方式的限制必须合理并适度。无论其观点的具体内容是什么，政府在本质上都有义务允许演讲者使用公共财产来传达他们选择的信息。

公共论坛原则的一个显著特点是，它创制了**发言者对于场所和人的准入权**（a right of speakers' access）。它的另一个显著特点是创造了一种权利，并借此确保政府为言论表达提供**扶助**，而非**惩罚**。毫无疑问，根据公共论坛原则，纳税人需要支持在街道和公园中必然得到许可的言论表达行为。事实上，纳税人为清洁和维护开放的街道和公园所付出的代价不菲。因此，公共论坛表现了法律的一个维度，即言论自由权要求为发言者提供公共扶助。

只在街道和公园？也在机场和互联网

事关原则问题，似乎有足够的理由把公共论坛扩展到街道和公园之外。在现代社会，传统公共论坛的角色越来越多地被其他场所取代。比起街道和公园，大众媒体和互联网已经扮演了更为重要的角色，它们成为人们表达言论的场所。如果你想与朋友取得联系，能帮到你的是 Facebook，而不是街区周围的公园。如果你想接触更多的人，最好通过 Twitter 或 Instagram，而不是本地的街头巷尾。

尽管如此，在街道和公园之外，最高法院对扩大公共论坛原则仍然持谨慎态度。原因之一是，任何重大的扩张都可能涉及私人机构，而这些机构根本不受美国宪法第一修正案约束（比方说，如果 Facebook 断然拒绝发布特定文章，或者注销某些账号，这些行为并不会成为宪法问题）。而且，最高法院的谨慎或许源于这样的信念：一旦抛弃历史性标准（historical touchstone），公共论坛的法律界限将会模糊不清，法官也将被纷至沓来的私人和公共财产的准入权请求所包围。因此，包括政府所有或监管的场所在内的许多其他场所应当被视为公共论坛的论点，虽然看似合理，但是仍然被最高法院驳回了。需要特别指出，上述论点强调，机场的重要性在于比街道和公园更能接触到异质性公众。机场是各种各样人群的聚集场所，进入机场面向大量民众发表言论的权利相当重要。然而，最高法院对此并不信服，回应称应当参考历史实践来理解公共论坛的理念。显然，“自古以来”，机场从没有被视为公共论坛。[6]

尽管如此，最高法院有几位大法官对纯粹历史性的标准表示了担忧。安东尼·肯尼迪（Anthony Kennedy）大法官用一段话最为生动地表达了这种担忧："思想已经不再像以往那样能够在街道和公园里发生转变了。更具意义的思想交换和公众意识的形成越来越多地发生在大众及电子媒体之上。随着技术的变化发展，运用上述传播方式的公共权力范围也可能会发生变化。"[7] 肯尼迪大法官已经意识到了，如何将公众论坛的理念"转变"（translate）为现代技术环境，是一个重要的问题。如果最高法院不愿意作出任何相关转变，那么国会、州政府、私人机构和普通公民就可以直接那样做了。换句话说，或许在宪法层面上，最高法院还没有准备在街道和公园之外扩展公共论坛的范围。然而，即便最高法院尚未做好行动准备，国会和州政府也可以推断，一个自由的社会需要一种聚集大量人群场所的准入权。

事实上，即便没有司法强制，私人和公共机构也有可能得出上述的结论，并且自主采取措施，确保人民接触到各种不同的观点。机场和火车站或许可以自主决定向表达行动开放——就像许多地方现在做的那样。广播电台或许可以尝试自主创造一个类似公共论坛的同等环境，允许观点千差万别的人参与，就像许多公司现在做的那样。谷歌、Facebook、Instagram、Twitter 以及它们的接班人或许可以创造性地思考如何创造自发的、未经选择的不期而遇。至少对于私人机构和政府，一个重要的问题是如何在现代社会将"旧法则"的目标发扬光大。

公共论坛为什么重要？准入权、不期而遇和烦恼

确保街道和公园向发言者保持开放为何如此重要，最高法院没有指明。如果我们要理解公共论坛原则与当下难题的关联，就必须回答这个问题。

关注公共论坛原则旨在促进三个重要目标，这可以让我们取得认识上的进展。[8] **第一**，它确保发言者能够接近大范围的民众。如果你想要申诉赋税太重、宗教多样性不受尊重，或者警察暴行肆虐，你要能够向许多人力推这些论点，否则他们可能无法听到你的呼吁。走在街头或公园内的各色人群有可能听到发言者关于税收、宗教多元化或警察的论说。他们还可能因此了解到同胞们所持观点的性质和激烈程度。也许有些人的观点会因为他们学到的东西而发生改变，也许他们会变得足够好奇，自发去探求相关的问题。这类情况发生的次数是多是少并不重要。重要的是允许发言者推动同胞们注意那些可能被他们忽略的问题。

从发言者的角度看，公共论坛原则可以**创造一种对异质性公众的普遍准入权**。从听众的角度看，确切地说，与其说公共论坛打造的是一种权利，毋宁说是一个机会，一个也许不怎么受欢迎的契机：**与带着不同观点和怨言的不同发言者共享信息**（shared exposure）。强调听众与发言者的不期而遇

很重要。许多人会同时遭遇相同的意见和不满，他们也可能会遇到起初抗拒的一些意见和不满。事实上，大多数时候，这种“不期而遇”可能让人恼火，或者更糟。

在反抗威权统治的国家中，共享信息足以造成巨大的改变。人们或许认为，他们的异议和恐惧仅限于自己，而真正的改变毫无可能。他们可能在不满或愤怒中感到孤立无援。一旦他们看到成千上万人同样在不满之中，并且准备采取某些行动，这个国家就可能会发生重大的变革；换言之，一个现存的政府可能被推翻。在很大程度上，“阿拉伯之春”就是这种共享信息造成的结果，其背后的公共论坛可谓至关重要。[9]（社交媒体当然可以在这个过程中发挥重要作用；它们提供了传统公共论坛的许多功能。在很大程度上，通过让人们了解其他人的所想所做，社交媒体可被用于激发或防止叛乱。）

第二，公共论坛原则不仅允许发言者可以广泛接触各种各样的人，而且还可以接触让他们产生不满的特定人和特定机构。例如，假设你认为州立法机构在犯罪或移民问题上不作为。单靠在州立法机关门前抗议，你便可以通过公共论坛确保立法者能听到自己的观点。这往往能够让人们更为接近真相。

这一观点既适用于私人机构，也适用于公共机构。如果一家服装店被认为欺骗顾客或者涉嫌种族歧视，那么抗议者应当允许以某种方式“接近”这家商店。这并不是因为抗议者有权侵犯私人财产——不存在这种权利——而是因为某个公共街道很可能与这家商店邻近，因而一个有策略性选址的抗议活动无疑能够吸引商店及其顾客的注意。凭借公共论坛原则，发言者被允许与特定听众接触，而特定听众也不能轻易地无视针对他们的不满。换言之，听众的自我隔离权相当有限。如果他们想要居住在封闭式社区，他们可能会做到自我隔离，然而公共论坛会给他们的社区施加压力。

第三，公共论坛原则普遍增进了人们接触各种各样的人和观点的可能性。当你在上班路上或参观公园时，你可能会有一系列的不期而遇，无论它们是多么一闪即逝或看似无关紧要。在你去办公室的路上，或者在公园吃午餐的时候，你不大容易将自己隔离于没有事先料到或者可能提前回避的争论或状况之外。此处，公共论坛原则同样倾向于保障广泛的共享经验——街道和公园是公共财产——对多样观点和状况的一系列披露同样是公共财产。

我要表明的是，这些披露有助于促进人们的理解，在这一意义上也有助于自由。我们很快会看到，上述对公共论坛的观点与民主的理想紧密相连。

意外的与讨厌的

我们还应当区分**意外的**（unplanned）接触与**令人讨厌的**（unwanted）披露。例如，你可能会在公园里遇到一场棒球比赛或一群人抗议警察的执法行为。这些都是意外的经历，你没有事先选择，也没有预料到它们。但是如果你遇到了球赛或抗议，你不大可能因此恼怒，你甚至可能很高兴无意中邂逅类似之事。棒球比赛看上去相当有趣。抗议活动可能很有意思，也可能令人不安。你可能同意抗议者的观点，或者相反，但它令你血脉偾张。你可能会以此为乐。

与此相比，你可能还会遇到无家可归的人或向你伸手要钱的乞丐，或者是试图兜售你根本不想要的东西的人（后者是纽约生活的常态）。如果能过滤掉这些经历，你会选择这样做。对许多人来说，令人讨厌的（相对于意外的）遭遇，包括大量的政治活动。你可能对那些活动感到厌烦，并且希望它们不会打扰你在大街上散步。这些活动可能会让你恼怒或气愤，也许是因为它们打扰了你的散步，也许是因为这些活动的言论内容，也许是发言者本身。

区分**经验**披露**与观点**披露也同样重要。公共论坛让人们与自己的同胞更有可能相互接近而非彼此隔离。通过与来自不同社会阶层的人们相遇，人们至少可以见识一下他人的生活。然而，有些时候，公共论坛原则让人们更有可能拥有一种感受，哪怕十分短暂，这种感受不单是经验，而且包括身处特定立场的人提出的观点。例如，你可能会遇到一些书面材料，它们会引起你对家庭暴力问题的关注。公共论坛最具雄心的抱负是，让人们意识到观点和经验的意义，尽管后者有时只是前者的简略表达（shorthand reference），就像一张图片或一次短暂邂逅可以产生与千言万语一样的效果。

谈及公共论坛原则的目标，我的目的是认可那些令人讨厌的和意外信息披露，以及经验披露和观点披露。话虽如此，对于那些不赞成讨厌的遭遇（谁想要它们?）并且支持人们把它们隔离起来的人而言，他们可能也会同意，意外的遭遇是可取的，特别是因为它们能够改变人们的生活。在一个异质性社会里，那些认为观点披露要求过高或者过于令人烦扰的人，通过不断接触到新的经验，可能也会认可其价值。

公共媒介是未受承认的公共论坛

当然，在街道和公园能做到的事情是有限度的。即便在超级都市，街道和公园也仍然是**局部的**（local）。然而，还有其他机构发挥着许多与街道和公园相同的功能。事实上，社会的公共媒介——报纸、杂志和电视广播，无论是线上或线下——都可以被理解成极为重要的公共论坛。社交媒体却不能被同样视为公共论坛。你的 Facebook 动态或许是某种形态的公共论坛，然而它与公共媒介并不是同一种“公共”。

原因很简单。当你阅读一份都市报或国家杂志的时候，你的目光可能会掠过许多你没有事先筛选过的文章。就像大多数人一样，你会读其中的某些文章。也许你并不知道自己可能会对最近的立法提案感兴趣，它们涉及国家安全、社会保障改革、索马里或者中东局势的新近发展，不过总有一个话题能吸引你的注意。这种假设对话题成立，对观点也同样成立。

你可能认为你不会从自己讨厌的人那里学到任何东西。然而只要你翻到报纸的社论版，就有认真阅读社论内容并从中获益的可能。你或许会被其中某个论点说服，或许会认识到自己能否被说服，或许可以澄清并改进自己的论证，或许会了解到真相。

同时，日报上的头版头条或者周刊上的封面故事，很可能对广泛的受众具有高度的影响力。在本地杂货店购物时，你可能会看到《时代周刊》或《新闻周刊》的封面故事——冉冉兴起的政治家，新型风险，或者欧洲惊人的发展——而这些都有可能吸引你的注意力，进而让你重拾这一话题并且了解到一些你事先从未关心过的事情。

意外的和未经选择的接触对个人和社会而言常常有很多好处。在某些情况下，它们会改变人们的生活。尽管是以不同的方式，“令人讨厌的”接触也遵循同样的道理。在某些情况下，你最不喜欢的作者的一篇社论可能让你抓狂。你可能希望这篇社论不存在。然而，尽管你被激怒了，你的好奇心却可能因此被激发，因而可能会去阅读这篇社论。或许这并不是什么有趣的体验，但是这个过程或许会推动你重新审视乃至修正自己的观点。最起码，你会了解到同胞们的想法，以及他们为什么这么想。这个过程就好比你读到了犯罪、气候变化、伊拉克、种族主义或酗酒等一系列内容，尽管它们令你不快，但是你自己或多或少会从中学到点东西。

电视广播也发挥着类似的功能。最好的例子，或许就是许多国家长期存在的一种机制：晚间新闻。如果你打开晚间新闻，将会了解到许多你没有事先选择的话题。凭借其迅捷性和即时性，电视广播比纸媒更能胜任公共媒介的公共论坛职能。在某些时候、某些地方，网络上的头条新闻也已经引起了公众的广泛关注，帮助确定核心议题，并为数百万人创造和分享了他们的共同关注。而且，网络头条新闻带来的变化——覆盖了国内与国际范围内的一系列议题，产生了一种超越海德公园（Hyde Park）能比拟的演讲角效应。

上述主张并不依赖于这一前提判断：公共媒介总是发挥出色，或者至少可圈可点。对于特定议题或观点而言，公共媒介有时甚至不能够提供最低程度的理解。它们很多时候提供的不过是大多数人既有想法的缩水版本。公共媒介常常受到自身偏见和成见的影响。有时它们甚少关注实质内容，而转向新闻采访片段（Sound bite）、捕风捉影及哗众取宠的报道，这是过去几十年令人惋惜的趋势。还有的时候，它们废话连篇。在任何时代，公共媒介都面临着严峻的市场压力，而今尤甚。它们必须要做一件事：吸引眼球。不消说，迫切的市场压力淹没了对民主理想的追求。

就本书的主题而言，重要的是公共媒介在它们的最佳状态时，可以为人们同时展现许多不同的议题和观点，并且为异质性公众提供共享体验。公共媒介不存在标签，这显然值得庆幸。事实上，比起街道和公园，公共媒介具有很大的优势，因为它们大多是全国性乃至国际性的，而不会局限于本地。通常情况下，它们会让人们接触到其他地区甚至是其他国家的问题和困难。它们甚至呈现出一种适度的、不显山露水的世界主义，确保许多人能够对地球上的不同区域有一定的了解，而不管人们在一开始是否有兴趣去了解，或者从来没想过要去了解。

当然，公共媒介不是法律上承认的公共论坛类型。它们是私人机构，而非公共机构。最重要的是，公众成员没有对它们的合法准入权。公民个体无权干涉社论和私人所有者的经济选择。20 世纪 70 年代，围绕着这个问题发生了一场激烈的宪法辩论，结果主张宪法保障公共媒介准入权的一方明显失败了。[10]然而，对于我的核心主张而言，是否具有法律强制力是一个次要的问题。即便缺乏法律强制力，社会的公共媒介仍然发挥着许多公共论坛的功能。它们促进共享体验，让人们接触到事先未被选择的各种信息和观点。

两种过滤

公共论坛原则是一种古怪而不同寻常的理论，特别是因为它创造了一种发言者对人和场所的准入权，并从纳税人处获得补贴。不过，这一学说与某个历史悠久、毫不古怪的宪法理想密切相关：共和自治（republican self-government）。

从诞生之日起，美国宪法秩序就旨在创设一个共和国，而非君主制国家、帝国或直接民主制国家。如果不提及这一宪法理想，我们就无法理解表达自由机制，以及现代传播技术和信息过滤所带来的影响。因此，有必要根据民主的审议方式来花些笔墨讨论共和国的概念，及其在美国宪法中的具体表现。这一普遍理想并不局限于美国，它对许多致力于实现自治的国家都能发挥作用。

在共和国中，政府不被任何的国王或女王所掌控，不存在任何脱离于人民的主权。[11]美国宪法代表着对君主制传统的坚决抵制，制宪者们有意识地将国家主权从任何形式的君主制（宪法条款明确禁止“贵族头衔”）转移到“我们人民”手中。引用戈登·伍德（Gordon Wood）极具启发性的话来说，这个抉择代表“美国革命的激进主义”。[12]与此同时，建国者们极为警惕大众的激情和偏见，他们不希望政府将大众欲望直接转化为法律。事实上，他们采取了一种过滤形式，尽管与我在前文中强调的很不一样。他们没有试图让人们过滤他们看到和听到的内容，而是试图建立一个能够“过滤”大众欲望的机构，从而保证政府政策能够推动公共利益（public good）。

从这一意义上说，宪法的制定者们不是简单的民主主义者，他们是共和主义者，而且是特定类型的共和主义者。他们反对那些反联邦党人们所持的一个历史悠久的观点：一个共和国只能建立在聚集于有限疆域内的同类人之上。正如詹姆斯·麦迪逊（James Madison）在《联邦论》第10篇所言，国家规模的一个有益影响是：

> 由当选的一批公民，担任媒介，上传下达。这批人的智慧，能辨识国家的真实利益，他们的爱国热情，他们对正义的热爱，不可能为了眼前的利益或部分人的利益，牺牲国家利益和正义。这种管理体制，议员代表人民，发出公共呼声，更符合公益，比起人民直接聚会，表达得更好。①

---

① 本段译文引自《联邦论》，［美］亚历山大·汉密尔顿等著，尹宣译，译林出版社2016年版，第62页。

诸如此类的提炼和扩展至关重要。它给那些歌颂互联网特别是社交媒体的人提出了一个警示，他们相信借由互联网，公共信念（public convictions）能够被注入到公共政策之中。公共信念可能只是对复杂问题尤其是事实的不完备理解；许多公共政策涉及技术问题。在建国之初，政治代表结构和权力制衡（the system of checks and balances）旨在创设人民与法律之间的某种过滤机制，以确保立法既有代表性又能保证信息透明。与此同时，国父们高度重视“公民美德”的理念，狭义来说，这要求政治参与者们像公民一样行事，献身于某种超越一己私利的东西。

这种形式的共和主义试图创建一种审议式民主制度。在共和制中，代表对公众负责。然而，在全体公民和政府自身的内部，应当有相当程度的反思和辩论。[13]在政治思想史上，许多学者都是审议式民主理念的捍卫者。亚里士多德（Aristotle）指出，当不同的群体“聚集起来时……作为一个整体而非个体，他们可能胜过少数最优秀的人……当有许多人在审议过程中做出贡献的时候，每个人都能够分享他的美德和善行；一些人懂得这个部分，另一些人懂得另一部分，合起来所有的人就懂得所有的部分”。[14]因此，在这里，亚里士多德明确提出，许多人在一起慎思审议之后，可能对“少数最优秀的人”的观点加以改进。若干世纪之后，约翰·罗尔斯

(John Rawls) 也论述了同样的可能性："事实上，即便是立法代表，在知识和推理能力上也是有限的，因此他们能够从讨论中受益。立法代表中，没有一个人通晓其他人知道的所有事情，也没有人能够单独做出集思广益后的所有推理。讨论是一种整合信息和扩展论证范围的有效方式。"[15]

尤尔根·哈贝马斯（Jürgen Habermas）详尽阐述了上述主题，强调规范和实践的意义在于促成"更佳论证"的胜利：

> 理性话语应当是公开和包容的，它应该为参与者提供平等的交往权利，它需要诚意，它应传播各种影响而不是那些更佳论证带来的无效影响。这种交往结构有望创设一个审议空间，为最相关的议题提供最佳见地。[16]

哈贝马斯探讨了"理想言说情境"（ideal speech situation）的理念。在这个理想情境中，所有的参加者都接受了平等的规范，他们都试图寻求真相，而非有策略地行动。[17]美国制宪者们没有谈及理想言说情境，但是他们许多的宪法设计都体现了审议式民主的愿景。例如，两院制的目的在于制衡单个立法院不够充分的审议行为；参议院尤其应当对大众的热情产生"冷却"效应。参议员长任期的宪法设计，旨在促进审议的可能性。更大选区的设计也是如此，这会减少小集团对民意代表决策的影响力。选举人团（electoral college）最初被设计为一个审议机构，以确保总统选举的结果能够结合大众民意与民意代表的反思和交流。最为普遍的是，权力制衡体制的主要目的，是建立一种促进整个政府内部的审议机制。

由上可知，美国宪法的根本预设是共和制，并非基于直接民主的理想，因为按照现代标准来看，在传播技术发展水平极低的情况下，直接民主是不可行的。不过，许多当代观察家提出，类似直接民主的机制已经变得可行了，这是世界历史上前所未有的现象。当下，公民们可以告诉政府他们每周甚至是每一天想要政府做些什么。事实上，一些网站的设计初衷就是保证公民能够做到这一点。[18]我们应当期待在这一方向上有更多的尝试。社会媒体很容易被用以计算大部分民众希望政府做什么。

然而从宪法理念的立场来看，通过 Twitter、Facebook 或可以想见的其他平台实现直接民主并不值得庆祝；实际上，这会是对建国愿景的一种荒诞的扭曲。它会削弱初始设计的审议目标。美国的制度从来都不是直接民主，一个良好的民主秩序会确保知情权和决策反思，而不是自然聚集起来的个人观点的简单集合。[19]

同质性与异质性：第一届国会的故事

宪法的最初草案有一批明确的反对者，他们的声音在整个美国历史上都有回响。他们的看法直接与现代科技有关。反联邦党人坚信，宪法草案注定失败，因为在一个巨大的、异质的共和国中，审议是行不通的。遵循反联邦党人和联邦党人们共同尊崇的权威、伟大的政治理论家孟德斯鸠（Montesquieu）爵士的洞见，反联邦党人强调唯有存在基本共识（fundamental agreement）时，公共审议才是可能的。孟德斯鸠指出：

> 根据共和国的性质，其领土应该狭小；反之，它就无法长久生存。一个幅员辽阔的共和国意味着人们拥有庞大的财富，所以便会缺少节制精神；许多信托财产掌握在国民个人手中；公共利益沦为私有财产；一个人起初感觉，通过压迫他的同胞能使自己得到幸福，变得伟大，获得显贵；那么，不久他就会觉得可以在祖国的废墟上建立惟他独尊的伟大了。在一个庞大的共和国里，公共利益成为千奇百怪的私人立场的牺牲品；它不得不服从于许多例外；还要取决于某些意外。在一个小共和国里，公

共利益能够较好地被感知，被了解，更为贴近每一个公民；权利滥用的情况更加少见，因此，也较少会受到保护。[20]

一位笔名为“布鲁图斯”——可能是纽约州法官罗伯特·耶茨（Robert Yates）——的反联邦党人是孟德斯鸠的仰慕者，他也明确强调了同质性的重要意义：

在一个共和国里，人民的举止、情感和利益应当是相似的。反之，共和国内部将会产生持续的意见冲突，一部分代表会与其他代表持续斗争。这将阻碍政府的正常运作，以及公共利益的最终实现。[21]

建国者们拒绝了这个由来已久的观点，并且在根本上修正了共和主义思想。在他们的洞见中，一个幅员辽阔的共和国比小共和国更好，而非更糟，这恰恰是因为在“持续的意见冲突”中，学习成为一种可能。在《联邦论》第70篇中，亚历山大·汉密尔顿（Alexander Hamilton）阐明了这一点。他完全扭转了孟德斯鸠的观点，他认为：“议会里面，意见纷纭，党派争执，虽然有时会妨碍通过有益计划，但可以促进讨论，深入细节；能够制约多数的过火。”汉密尔顿的观点强调多样性的认知价值，至少在人们互相倾听的时候会是如此。这是一种独特的过滤方式。当立法机构要求议员们互相讨论问题，并使自己置于“党派争执”之中时，这种过滤机制会发生作用。

有基于此，制宪者们将关注重点转移到了民主辩论多样性的潜在**收益**上面，在实质上突破了传统的共和主义思想。的确，正是在此处，我们可以发现制宪者们对于政治理论最为伟大且最具原初性的贡献。对他们而言，异质性不再是一个障碍，而是一种创造性的力量，可以提升审议能力并达成更好的结果。如果所有人都见解一致，人们还需要谈什么呢？他们又会为什么谈论这些呢？

在首届国会中，有段故事常常被人遗忘，国会代表国家拒绝了《权利法案》（Bill of Rights）初始提案中关于公民“指导”他们的代表如何投票的“权利”的条款。这一权利提议对于共和（我们今天会称其为民主）理论而言是合情合理的。对许多人来说，这似乎是一种确保公职人员履行职责的好办法。然而，首届国会断定，这种“权利”将会背叛共和原则。参议员罗格·谢尔曼（Roger Sherman）的发言最为尖锐有力：

> 他们说这些话的目的是误导民众，他们表达的观点是民众有权掌控国家立法机关的辩论。这种观点并不合理，因为它会破坏国会的目标。我认为，

> 当人民已经选出了一位代表时，他的职责就是与联邦其他地方选出的代表们会面和商议，并且与他们就整个共同体的普遍利益达成一致。如果代表们必须遵照民众指示，那么审议协商就不复存在了。[22]

谢尔曼的言论反映了建国者们普遍接受了审议协商，这种审议协商可以存在于差异明显且对大小问题上意见不一的代表之间。事实上，正是通过代表之间的审议协商，“就整个共同体的普遍利益达成一致”才变得可能。当然，制宪者们并不天真。有些时候，特定区域和特定群体会通过审议获得收益，而其他区域或群体则可能遭受损失。无论是在过去还是现在，关键始终在于，产生收益或损失的工作模式应得到合理捍卫。美国宪法的要旨，可以被理解为创立一个“理性共和国”（republic of reasons），它要求统治权行使必须是正当的，而不能仅仅源于民众对政府的要求。因此，政府权力的正当性需要通过不同民众的相互商议，而非通过回音室中的异口同声来实现。

谢尔曼关于代表职责的论说，有助于我们理解一个运转良好的共和国中理想公民的职责。公民不应当被仅仅理解为追求一己私利的人，也不该被狭隘地理解为将自己与其他公民的观点隔绝开来的人。即便他们关注公共利益，也可能在事实或价值问题上犯错，这些错误能够通过思想的交流得以减少或纠正。当人们以公民的身份行动时，他们的责任是“与他人接触”和“咨询”，有时通过面对面地讨论，有时通过其他的方式，例如通过确保不同想法被考虑在内的方式。

这不是说大多数人都应将大部分时间花在政治上。在自由社会中，人们能够做各种各样的事情。然而，无论是公民还是代表，都是在各种不期而遇和经验的基础上作出反应，并且从异质性中受益，一旦达到这样的程度，他们的行为就与宪法设计的最高理想相契合。

合众为一：杰斐逊对麦迪逊

所有异质性社会都面临分裂的风险。在美国历史上出现过好几次严重的分裂风险，南北战争是最著名的一次。除此之外，分裂风险在20世纪和21世纪也不时发生。宪法制度旨在削弱分裂的危险，一方面通过建立地方与联邦的有效分权，一方面通过政府部门间的制衡体制，一方面通过将宪法自身作为国家统一的象征而实现。于是，我们可以在普通的美元硬币上发现“合众为一”（*e pluribus unum*）的口号，这是关于宪法核心目标常见的一个简短有力的提示。

关于这点，托马斯·杰斐逊（Thomas Jefferson）与詹姆斯·麦迪逊（James Madison）关于权利法案的价值辩论可以带来许多启发。在建国时代，作为支持宪法最重要的力量，麦迪逊强烈反对权利法案，认为它不仅没有必要，而且很可能会造成混乱。杰斐逊对此并不认同。他坚信，通过法院强制执行的权利法案能够成为公民自由的堡垒。麦迪逊最终认同了这一点，然而他强调了不同的面向：权利法案的统一和教育功能。

在 1788 年 10 月 17 日写给杰斐逊的信中，麦迪逊问道："在大众政府中，权利法案能够发挥什么作用？" 他的基本结论是，"通过权利法案庄严宣告的政治真理，逐渐成为自由政府的基本原则特性，并且随着它们与民族情绪的互相融合，足以对抗利益和激情引发的冲动。"[23]麦迪逊说的是文化，而不是法庭。在他看来，权利法案与宪法本身最终将成为富有多样性的民众分享理解和承诺的根源。这个例子可以阐明建国者的信念，即为了实现一个异质性民族的自我统治，必须向他们提供一系列共同的价值观和承诺。

两种主权概念：霍姆斯对布兰代斯

现在，我们来区分两种主权的概念，它们直接支撑着互联网和社交媒体上的辩论。第一个被称为消费者主权，它基于自由市场的理念。第二个被称为政治主权（political sovereignty），它基于自由国家的理念。这两个概念指向截然不同的方向。

消费者主权的观念导致人们对“我的日报”持有热情。它支撑着人们对拥有无限过滤权的各式乌托邦心怀愿景。早在1995年，比尔·盖茨（Bill Gates）就曾欣然预言：

> 定制信息服务是一种自然发展的结果……根据你自己的每日新闻需求，你可以订阅一些评论服务（review services），并通过一个软件代理或一个人从中精挑细选专属于你的完全定制的“报纸”。这些订阅服务，无论是通过人工还是电子筛选的，都将基于特定的思想体系和兴趣爱好收集相关的信息。[24]

盖茨的预言已成现实。通过社交媒体，你可以轻易收集精确匹配自己兴趣和既有观点的信息。还可以参考盖茨在1999年发表的充满先见之明的赞词：“当你打开电视直播，依次换一遍频道，需要花费三分钟。而六年后，当你走进客厅，只需张口说出你感兴趣的东西，电视就会帮忙找到你喜欢的视频。再也没有‘让我们看看第四、第五和第七频道’这样的事情了。”[25]

这或多或少是事实，也是消费者主权原则的实践结果。通过关注“你感兴趣的”，Facebook也回到了相同的理念。在某种程度上，这就是硅谷的政治哲学，乃至政治神学。因谷歌而声名显赫的埃里克·施密特（Eric Schmidt）最近说道：“人们很难去浏览或消费那些没在某种意义上为他们量身定做的东西。”[26]也许最有意思的一点是，盖茨、Facebook、施密特以及其他人对这个理念都是无意识的。他们似乎没有将之视为一种立场，而且也没有意识到评价传播市场还有其他方式。

政治主权概念的基石是竞争性民主（democratic alternative），它对盖茨的观点提出了挑战，理由是消费者主权可能会逐渐削弱自治和自由，这个想法不无道理。再来想想哲学家约翰·杜威（John Dewey）的话：

> 多数人决定原则（majority rule）如果仅仅用于多数裁定，就会像它的批评者所指责的那样愚不可及。而且，多数人决定原则从来就不单纯是多数人决定……让人们有机会传播多数人决定的理念并且成为多数人才是更为重要的事情。……换言之，最为根本的要求是改进辩论、讨论及说服的方法和条件。这事关公众。[27]

消费者主权意味着个人消费者可以完全按照他们的意愿进行选择，仅仅受限于价格体系和他们当下的所有物及需求。这个理念不仅在经济市场上事关重大，在政治和传播领域也扮演着重要的角色。当我们谈及政府官员在“销售”信息乃至“销售”自我时，我们把政治领域视为一种受制于供求关系的市场形式。而且，当我们假设传播系统的作用是确保人们能够完全获得他们“想要”的东西的时候，消费者主权概念就发挥了作用。政治主权概念则有不同的基础。它并不认为个人喜好是一成不变或者事先给定的，也不认为人们只是简单地“拥有”喜好和偏好。

对于政治主权的拥护者而言，民众通过交换不同的信息和观点成就了“我们人民”（回想汉密尔顿关于防止“党派争执”的呼吁，他认为这能够推动慎思和审议）。这样的政治过程塑造了我们作为个人和群体的需求。政治主权理念是民主自治的体现，也是协商式治理（government by discussion）的必要条件，在说理的公共领域中，即便存在着激烈的观点冲突，不同的人们仍然会相互商谈，彼此倾听。政治主权有其独特的先决条件，如果政府权力没有得到正当性支持，而是诉诸暴力行动或纯粹的多数意志，就会违背这些先决条件。

需要明确的是，这两种主权概念之间有着潜在的紧张关系。如果法律和政策能够像肥皂和谷物一样被“购买”，那么政治主权的概念就会遭受严重的破坏。如果消费者的自由选择导致他们对公共问题缺乏足够的理解，或者导致共享或审议文化无以为继，那么恪守消费者主权也会损害政治主权。如果用政治主权压倒消费者主权，我们会损害我们自己的愿景。如果政治主权是我们的治理理念，我们至少要在一定程度上评估表达自由体制能否促进民主的目标。如果我们只关心消费者主权，那么关注消费者是否获得了他们想要的东西就成为唯一的议题——不幸的是，这个议题似乎在互联网和其他新技术的讨论中占据了主导地位。

就言论自由体系而言，我们可以在一个出人意料的地方发现消费者主权与政治主权的冲突：最高法院大法官霍姆斯（Oliver Wendell Holmes）与布兰代斯对宪法的强烈异议。在20世纪早期，霍姆斯与布兰代斯是言论自由的“绝代双骄”，他们常常一起撰写针对最高法院允许政府限制政治异议的异议意见书。有时是霍姆斯撰写意见，有时则是布兰代斯。但是，他们的说法却大相径庭。霍姆斯提出了“观念自由交换”（free trade in ideas）理念，并且把言论作为伟大的政治市场的一部分，政府没有合法干涉言论的权力。霍姆斯在其关于言论自由的伟大见解中对其这样定义：

> 当人们意识到，时间已经颠覆了许多具有战斗力的信念，他们就会比相信自己行为基础更甚地相信，经过观念自由交换才能更为顺利地达到他们渴望的至善（the ultimate good）。真理的最佳检验是看某种思想在竞争市场中被接受的力量。这样的真理才是能使他们的愿望顺利实现的唯一基础。无论如何，这就是我们的宪法理论。[28]

在这一问题上，布兰代斯与霍姆斯的话语风格完全不同：

> 那些为我们赢得独立的先辈相信，国家的最终目的是让人们自由地发展他们的能力。在政府内部，审议的力量应当超过专断的势力。……他们相信……没有言论和集会自由的讨论便不能成事。对自由最大的威胁是一个惰性民族。公共讨论是一项政治义务，这应当是美国政府的基本原则。[29]

布兰代斯提醒人们，对自由最大的威胁是一个“惰性民族”。他坚决主张，公共讨论不仅是一种权利，而且是“一项政治义务”，这对霍姆斯来说是完全陌生的。在布兰代斯看来，自治与运用消费者主权获得经验截然不同。他没有提及观念自由交换，而是以一种自觉的共和主义态度理解言论自由的概念，强调参与公共讨论的公民义务。在共和主义的观念中，不受约束的消费者选择不足以作为政策的合理基础，因为在这样的情况下，偏好的塑造和民主秩序的组织过程将处于危险的境地。

我们可以认为，布兰代斯实际上提出了一种理想化公民的社会角色概念。对于这样的公民来说，至少在某些时候，积极参与政治是责任，而不仅仅是权利。如果公民是“惰性”的，自由就会处于风险之中。如果人们构建的“我的日报”只局限于体育运动或名流私生活，那么他们的行为就不能达到公民的要求。这并不意味着人们必须投入大部分甚至更多的时间思考公共事务。但是，这的确意味着我们每个人都享有作为公民而非仅仅作为消费者的权利和义务。

如我们即将看到的，除了促进民主，积极的公民参与对促进社会幸福来说也是十分必要的。在现代社会，非惰性公民最为紧迫的义务之一是确保“审议的力量应当超过专断的势力”。因为这一切对确保传播系统促进民主目标来说不可或缺。实现那些目标格外需要不期而遇的机会和共享经验。

没有怀旧的共和主义

这些都是抽象概念，该讨论些具体的了。我将在完美过滤的假想世界中指出三个难题。这些难题将会威胁到个人对传播环境具有完全控制权的体制，因为这种完全控制权会制造回音室或信息茧房。

第一个难题与**碎片化**有关。这个难题与创制不同的言论群体有关，这些群体成员的交谈与倾听行为大多只发生在彼此间。一个可能后果是，不同群体之间的人们难以相互理解。当整个社会碎片化后，不同的群体趋向于极化，从而滋生极端主义乃至仇恨和暴力。现代科技和社交媒体极大地增强了人们倾听到自己回声的能力，而且让人们与他人隔离开来。一个重要的结果是**虚拟串联**的出现。在信息交换的过程中，某个所谓的事实或观点得以广泛传播，仅仅是因为许多人愿意相信它。虚拟串联往往加强了碎片化，因为它们发生在某些群体而并非全部群体之中。事实上，虚拟串联常常是碎片化的主要来源之一，也是相信虚假消息的主要原因之一。

第二个难题涉及信息的一个明显特征。从技术角度来说，信息是一种公共利益——一旦一个人知道某些事情，其他人也可能受益。如果你对邻近地区的犯罪状况或者气候变化问题有所了解，你可能也会告诉其他人，他们会从你了解的事情中受益。然而，在每个人都能自行定制专属传播环境的体制，或者身处为其定制的信息环境中，存在着一种风险：人们做出的选择只会产生少量信息。一个拥有公共媒介和公共论坛——发言者能够广泛接触不同公众的体制具有一个优势，即它能确保信息得到广泛的社会传播。与此同时，一个个体化的言论过滤环境极可能无法产生足够的信息。按照哲学家埃德娜·乌尔曼-马格利特（Edna Ullmann-Margalit）的说法，信息是一种“凝聚性商品”（solidarity goods），它的价值随着消费者数量的增加而增加。[30]总统辩论是凝聚性商品的一个典型例子。

第三个也是最后一个难题，涉及对自由和消费者与公民关系的恰当理解。如果我们认同消费者主权，如果我们赞美过滤的力量，那么我们可能会认为，自由就在于个人偏好的满足，意味着毫无约束的个人选择。这是一种对自由的普遍看法，实际上，这种观点正是当下言论自由思想的基础。这种观点在很大程度上是对的，但是并不完全——它能代表其中一大部分图景，然而很难说是自由的全部。

的确，自由选择很重要。但是，一个正确理解的自由，不仅仅包括满足人们的任意偏好，也包括在良好条件下形成偏好和信念的机会，也就是指能够在接触到足量的信息和广泛而多样的观点之后形成偏好。一个致力于“我的日报”的传播系统并不能确保自由的实现。

第三章

极化

互联网可以将人们聚集在一起，而不是让他们分散。数不清的人正在利用社交媒体组成更大也更多样化的群体。但是也存在以利基社群（communities of niches）形式窄化人群的趋势。我自己的一个研究领域是行为科学，在 Twitter 的帮助下，行为科学研究者很容易就能找到与之交流的同行。如果你想要了解该领域的最新进展，Twitter 能帮上大忙。例如，行为科学家们对“损失厌恶”感兴趣，这是指与同样数量的收益相比，人们更难以忍受损失。如果你对行为研究中的新案例、异常情况或详尽细节感兴趣的话，你会发现 Twitter 简直棒极了。没错，Twitter 上有一个“损失厌恶”的标签（# lossaversion）。

那很棒。但是对于专门领域的学术研究来说，这里存在的风险是 Twitter 将成为只属于他们自己的回音室。人们当然可以找到许多代表着不同主题或观点的标签。2015 年，为了反对“让美国再次强大”（#MakeAmericaGreatAgain），“决不要特朗普”（#NeverTrump）的标签风靡一时。希拉里·克林顿的支持者们喜欢“我支持她”（#ImWithHer），而“把她关起来”（#LockHerUp）则是反对者们的标签。那些想要在食品包装上看到转基因（GMO）标志的人支持“标记它”（#JustLabelIt），而“黑命贵”（#BlackLivesMatter）则与“全命贵”（#AllLivesMatter）竞争。

许多人就像那些赞美“我的日报”者所预言的那样使用着互联网，这种方式促使高度专业化的网站、讨论组以及各种数不清的网络订阅源不断产生。这样的结果会产生什么问题呢？

口味，过滤与选举

显而易见，如果只有一种口味的冰淇淋和一种口味的吐司面包，许多不同的人将做出同样的选择（一些人会拒绝吃冰淇淋，一些人将靠吐司以外的食物过活，但这又是另一个问题了）。同样显而易见的是，随着选项的增加，不同的个体和群体将做出越发多样的选择。一个十分显然的结果是，随着人们接触特定的兴趣群体以及与其互动成本的降低，我们将看到多样化利基市场的数量在大幅增长。随着传播选项的激增，时间的推移，利基市场模式在不断发展。

在 YouTube 上，从某种意义上讲，想法相似的人们可以聚在一起讨论并关注一种或多种可能性——尤其是在讨论嘲讽特定的人或观点的视频剪辑的时候。想想 geocities. com（已停止服务，但曾一度是访问量第三的网站）的创始人大卫·博内特（David Bohnett）对互联网的赞美："互联网让你有机会遇到其他对你感兴趣的东西同样感兴趣的人，不管这些东西有多专业，不管有多怪异，不管有多大众或多小众。"[1] 这毫无疑问是真的，但这也不仅是一件值得赞美的事。

关于这一点，有必要稍微思考一下，为什么人们有可能进行信息过滤。最简单的原因是人们通常知道或自认为知道他们喜欢什么讨厌什么。我有一个朋友，他对俄罗斯特别感兴趣，于是他订阅了一项服务，每天可以收到近 20 条关于俄罗斯的新闻内容。如果你对俄罗斯或中东的新闻感到厌烦，或者对华尔街不感兴趣，或许会在人们谈论这些话题时移开自己的注意力。并且，如果你能够相应地过滤自己的传播环境，你或许会认为这是一种锦上添花。再者，许多人对那些赞同他们的观点表示惺惺相惜。如果你是个共和党人，你或许会欣赏一份带有共和党倾向的报纸，或者至少是欣赏不带有民主党倾向的报纸。并且确实，许多具有保守派倾向的美国人更喜欢从那些公认的保守派信息源获取新闻，比如福克斯新闻（Fox News）或者《华尔街日报》，然而许多自由派倾向的美国人则尽量避免接触这些特定的信息源。

信息源很重要么？斯坦福大学的格里高利·J·马丁（Gregory J. Martin）和阿里·尤卢克古鲁（Ali Yurukoglu）开展了一项具有独创性的研究，探讨人们的选举行为是否真的受到他们在有线电视新闻上看到的内容的影响。[2] 他们的研究基于一个事实：在美国不同地区，特定频道上的电视台是不一样的。研究结果表明，观众总数与电视频道所排的位置关联紧密。人们更有可能收看排在前面的频道。由于历史原因，福克斯新闻和微软全国广播公司（MSNBC）有时会占据更好的频道——而有时则不会。

马丁和尤卢克古鲁考察了近一段时间内全国各地的频道位置、人民投票意愿、郡级总统选举投票份额以及收视人数之间的关系。利用几个大数据集，他们考察了收看福克斯新闻和微软全国广播公司对选举的影响。他们的发现之一是，这两家媒体在意识形态上都变得更加轮廓分明，而共和党人和民主党人也都意识到了这点。2000 年和 2004 年，一个典型的民主党人和一个典型的共和党人都有可能收看微软全国广播公司的节目。到了 2008 年，一名典型的民主党人收看微软全国广播公司节目的可能性多出了 20%。2004 年，一名共和党人收看福克斯新闻的可能性比一名民主党人仅仅高出 11%，到 2008 年，这一数据扩大到 30%。

作者们也发现，福克斯新闻和微软全国广播公司对人们可能的投票对象都产生了实际影响。对那些因为频道位置原因最终收看福克斯新闻的人们来说，每周只要多看 4 分钟，就能将投票给共和党总统候选人的意愿提高 0.9 个百分点。对那些收看微软全国广播公司节目的人们来说，多看 4 分钟，将票投给共和党总统候选人的可能性就降低 0.7 个百分点。

每周收看 1 个小时，影响会更大。2008 年，收看 1 小时微软全国广播公司节目使得投票给共和党的可能性降低了 3.6 个百分点。同一年，收看 1 小时福克斯新闻投票使得给共和党的可能性升高了 3.5 个百分点。在个体选民层面上，这可能不是什么大事。但是考虑到全美国的情况，这种影响是巨大的。研究人员估计，在 2004 年和 2008 年，如果有线电视上没有福克斯新闻，共和党的选票份额（以选民的明确意愿来衡量）会降低 4 个百分点。而如果微软全国广播公司像美国有线电视新闻网（CNN）一样持有更为温和的意识形态，共和党在 2008 年总统投票意向中的份额将有 3%的提高。（总之，福克斯在吸引观众方面比微软全国广播公司更成功，它确实拥有多得多的观众。）

这些大数字真的令人不安。福克斯新闻和微软全国广播公司不仅仅是在吸引想法相似的人，它们还加剧了选民之间的分歧，助长了政治极化，并影响了人们最终的投票。我们这里说的是电视，而不是网站或社交媒体，但这一现象相当普遍。

适当倾向性

许多人最愿意相信，也最喜欢看的是用“适当倾向性”的内容讲述每天发生的事情。他们做出特定的选择，以确保可以相信自己所读到的内容。或者他们是想让自己远离那些难以置信的、极不靠谱的或惹人反感的观点。每个人都认为某些观点是无法接受的，并且如果有可能，我们会过滤掉这些内容。我在芝加哥住了很多年，热爱芝加哥熊队（现在我仍然爱他们——只是差了一点点）。当他们出现在全国性的电视频道上时，我就会关掉声音，然后听本地解说员的解说。我这样做不仅因为本地解说员解说水平更高，还因为他们偏向于熊队。当熊队表现不佳时，他们会与我一起伤心。

或者想想这种情况，购买了一辆新车后，人们通常喜欢看到那些满腔热情地赞美他们刚刚入手的同款车型的广告。那些广告让人感到欣慰，因为它们可以证实购买这款车是一个明智的选择。如果你是某个政党的成员或对这一政党持有坚定的信念，你可能希望得到支持、增援及对方政党的把柄，而不是指责和批评。

此处我们可以做些区分。某些群体的成员想要与大多数或其他所有人隔绝，仅仅为了维持某种程度的舒适和一种可能的生活方式。出于同样的理由，一些宗教团体自我隔离。

这样的团体容忍多元主义，对自我保护的热情更高；他们没什么大的野心，也不想劝说他人改宗。政治体制也可以采取类似的行动。

另一些群体则有一个自觉的社会计划，甚至是一种改造他人的“战斗任务”。他们对自我隔离的渴望是为了增强其成员的坚定信念，从而促进长期的招募和改造计划。恐怖分子就是以这种方式运作的。那便是他们使用社交媒体的原因之一。政党有时也会以类似的方式思考，而且他们常常忽视他人的观点，除非他们要嘲笑这些观点。在提供其他网站链接的时候，这些群体的目的往往是为了证明竞争对手的观点有多么危险或卑劣。这在 Twitter 和博客上可谓是家常便饭。

信息过载，群体主义与“合众为多”

面对传播选择的激增，信息过载（information overload）的风险无处不在——太多的选项、太多的话题、太多的意见，各种声音嘈杂纷乱。事实上，过载的风险与过滤的需求相伴相生。在我看来，布鲁斯·斯普林斯汀（Bruce Springsteen）的音乐永不过时，但是他风行于 20 世纪 90 年代的歌曲《找遍 57 个频道没有一个可看》（57 Channels and Nothing On）与当前海量的节目选择（何止 57 个?!）一对比，就显得滑稽和过时了。过滤经常体现为缩小选择范围，是为了避免过载并为海量的信息源强制设定某种秩序时的惯常之举。你的 Twitter 信息流将仅限于推送你想要看到的内容，而你的 Facebook 好友也只是人类的一小部分。

就过滤本身来说，这并不是问题。然而当选择极大丰富之时，许多人会抓住机会只听或多听那些他们最为认同的观点。当然，对许多人而言，重要的是享受我们看到的或读到的内容，或从中学到东西，而我们不一定要从中获得安慰。然而人类有一种自然的倾向，在选择娱乐和新闻时并不希望它们妨碍我们先前的世界观。

我并不是说互联网是一个孤独或反社会的领域，绝非如此。与电视相反，当下的许多选项都非常社会化，极大地增强了人们与其他个人和群体建立联系的能力，而这些人是我们原本完全无法接触到的。Facebook、Twitter、Instagram、Medium 和 Vine 提供了越来越多的引人注目的机会，借此创建新的组织和联系（而不是为了孤立）。这构成了讨论碎片化风险的基础。

下面是若干年前的一个颇具启发性的小试验。[3] 一群具有全国代表性的美国人需要从四种新闻内容来源中选择其中一种，分别是福克斯（众所周知的保守派），全国公共广播公司（NPR，众所周知的自由派），美国有线电视新闻网（CNN，经常被认为偏自由派），以及英国广播公司（BBC，政治倾向不被大多数美国人所了解）。这些内容来源于不同的新闻类别：美国政治、伊拉克战争、美国种族问题、犯罪、旅行以及体育。在前四个分类中，共和党人以压倒性地优势选择了福克斯。与此相反，民主党人们在 NPR 和 CNN 之间平摊了他们的“选票”——并表现出对福克斯的普遍厌恶。对于旅行和体育，共和党人和民主党人之间的分歧大大减小。而无党派人士对四个新闻来源没有特定的偏好。

这一结果算不上出人意料，但的确有一个令人惊讶的发现：**人们对于完全一样的新闻内容所感兴趣的程度受到网络标签的极大影响**。对共和党人来说，福克斯的标签让同一新闻标题变得更有趣，内容也更加引人入胜。事实上，当顶着“福克斯”标签时，共和党人对同一新闻内容的点击率要高出三倍（有趣的是，当体育和旅行内容带有该标签时，其点击率也翻了倍）。民主党人则对带有“福克斯”标签的故事表示厌恶，而 CNN 和 NPR 的标签则适当增加了他们的兴趣程度。

总体而言，福克斯吸引了大量共和党人的支持，而民主党观众和读者则竭力回避福克斯——CNN 和 NPR 在民主党人之间拥有明显而弱势的品牌忠诚度。我们有充分的理由设想该结论适用于网络行为——倾向可识别的人们正在查阅匹配他们偏好的信息源（包括网站在内），并且正在回避那些没有迎合他们偏好的信息源。

所有这些仅仅是冰山一角。引用一段许久之前的智慧之言：

> 因为互联网使得寻找志同道合的个体变得更容易，它能促成并加强拥有相同意识形态但地理上分散的边缘群体。因此，粒子物理学家、《星际迷航》(Star Trek) 粉丝以及民兵组织成员利用互联网找到了彼此，交换信息并激发彼此的热情。在许多情况下，只要地理分隔将他们稀释至百万分之一，他们热络的对话可能永远不会达到临界质量（critical mass）。[4]

人们正在努力“激发彼此的热情”，这个观点值得重点关注，因为它在接下来的讨论中扮演了重要的角色。的确，许多对特定话题有坚定立场的人几乎只与立场相近的人相互交流，比如控枪、堕胎或移民等话题。社交媒体的推送和链接也遵循类似的模式。

所有这一切都非常自然，甚至相当合理。那些访问他们认为具有恰当倾向性网站的人很可能想要访问带有同样倾向性的网站，而那些出于特定观点创建某个网站的人不大可能宣传他们的对手。回想一下协同过滤——人们倾向于喜欢与自己相似的人所喜欢的东西。许多人带着独特的视角查询网站，他们并不会将自己局限于想法相似的信息来源中。然而今天我们对个体行为的认知支持了一种普遍观点：许多人主要在倾听由自己声音产生的更多和更响亮的回音。至少可以这样讲，从民主立场来看，这有些事与愿违。

我并不打算否认一个显而易见的事实，即任何允许选择自由存在的体制，都会产生某种程度的观点分裂。在互联网到来的许多年前，在电视台屈指可数的时代，人们在报纸和无线广播之间做出了带有自我意识的选择。在任何时代，大多数人都希望获得安慰而不是受到挑战。以杂志和报纸为例，它们常常会以特定的观点迎合有明确喜好的人。自 19 世纪早期以来，非裔美国人普遍会阅读非裔美国人主办的报纸，而这些报纸就公共问题提供的报道与面向白人的报纸明显不同，并且就哪些问题才是重要问题，他们也做出了截然不同的选择。[5] 白人则很少阅读这些报纸。

但是新兴事物仍具有重要的变革意义。伴随选项数量的急剧增加和定制能力的增强，实际选择范围也相应地增加。在许多情况下，这些选择很可能符合人口统计学特征或既存的政治信念，或者二者兼而有之。这当然有很多好处，尤其是它大大增加了信息的总量、选择的娱乐价值以及选项的纯粹乐趣。然而这也存在着一些问题。如果形形色色的群体看到和听到的都是完全不同的观点，或者关注完全不同的话题，那么人们可能很难相互理解，而解决全社会所共同面对问题的难度或许也会增加。

考虑一些例子。许多美国人担忧的某些环境问题——弃置危险废物的地点、转基因食品、气候变化——是极为严重的，需要政府即刻采取行动。但是另一些人却认为，这些问题是狂热分子和自利的政府官员们凭着想象虚构出来的。许多美国人认为，大多数接受福利救济的人都好逸恶劳，依赖他人的救济为生。根据这种观点，包括削减救济品在内的“福利改革”名副其实，这是鼓励人们自食其力的必要步骤。但其他的许多美国人则相信，接受救济者们常常处于严重的不利境地，如果能够获得体面的工作，他们将完全愿意去工作。而根据这种观点，削减救济的“福利改革”是一种官方的不公。许多人认为，美国安全的最大威胁仍是恐怖主义，如果不将对抗恐怖主义作为首要任务，那么灾难性的袭击很有可能会接连发生。其他许多人则相信，尽管恐怖主义带来了严重的风险，但是这种威胁被过分渲染了，而包括气候变化在内的其他问题至少应引起同等的关注。

退一步讲，对持有如此对立观点的人来说，要达成任何共识或在根本问题上取得进展，都会变得很困难。人们会去相信相反的“事实”。想想看，如果人们不了解与自己相反的观点，总是避免互相交流，并且意识不到该如何处理同胞们的不同问题，这些困难又将会增加多少。

仇恨团体（hate groups）和极端组织创建并运营了大量网站。至少他们似乎取得了某种程度的成功，如果我们用

“点击率”来衡量的话。这类网站中有一些拥有成百上千甚至几百万的访问者。同样令人吃惊的是，许多极端组织和仇恨团体会提供友情链接，并明确想要鼓励在想法相似的人中进行招募和讨论。

如果我们关注**群体极化**现象，我们就能加深自己的理解。这一现象激发了严重的问题，即在任何个人和群体做出多种选择的体制中，许多人最终生活在他们自己设计的回音室里。在互联网上，极化是一个真实的现象；我们或许甚至可以称之为“网络极化”（cyberpolarization）。要理解它是如何运作的，我们需要做一些社会科学研究。

科罗拉多实验

“群体极化”这一术语所指的含义很简单：经过协商之后，人们极有可能朝着群体成员最初倾向的方向发展出一个更为极端的观点。对于互联网和社交媒体来说，这暗示着想法相似的人们组成的群体，彼此参与讨论，到头来通常会得出与他们先前想法相同的东西——但却是以一种更为极端的形式。

为了先大致了解一下这个问题，让我们把互联网放在一边，看看 2005 年在科罗拉多州开展的一项关于民主的小实验。[6] 大约有 60 名美国公民聚在一起并被分为 10 组，每组 6

人。试验要求每组成员就当今最具争议性的 3 个话题进行审议：**各州应当允许同性伴侣达成民事结合**①**吗？雇主应该通过向传统上的弱势群体提供优先权的方式参与纠偏行动**（affirmative action）**吗？美国应该签署抑制全球变暖的国际条约吗？**

根据实验设计，小组由“自由派”和“保守派”成员组成——前者来自博尔德市（Boulder），后者来自科泉市（Colorado Springs）。众所周知，博尔德市偏向自由派，而科泉市偏向保守派。小组经过筛选，以确保其成员符合这些定型。按照选举年的说法，实验有 5 个“蓝州”小组和 5 个“红州”小组——5 个小组里的成员在上述 3 个话题中最初偏向于自由派立场，另 5 个小组里的成员在那些话题中偏向于保守派立场。在 15 分钟小组讨论前后，人们都被要求单独并不具名地发表他们的观点，并且也要努力在以个体身份做最终不具名陈述前达成一个公开结论。讨论带来的影响是什么呢？

结果很简单。在几乎所有的小组里，成员们在彼此交谈之后，最后都有了更为极端的立场。讨论使得民事结合在自由派之中更受欢迎，让民事结合在保守派之中更不得人心。自由派在讨论之前支持控制全球变暖的国际条约；讨论之后

① 民事结合（civil union）是指由民事法所确立并保护的等同或类似婚姻的结合关系，主要用于为同性伴侣提供与异性伴侣相同或近似的权利。

他们的支持有增无减。保守派在讨论前对该条约持中立观点；讨论之后则强烈反对。自由派在讨论之前温和地支持纠偏行动，讨论之后则强烈支持。保守派在讨论之前便坚定地拒绝纠偏行动，而在讨论后就更为反对了。

除了增加极端主义之外，这个实验还有一个独特的效果：它使得自由派和保守派小组的同质性显著增强，并因此压制了多样性。成员开始发言之前，许多小组都表现出相当大的内部分歧。仅仅开展了 15 分钟的讨论，分歧就减少了。即便是在他们的匿名发言中，小组成员在讨论之后也比之前更为一致。因此，讨论扩大了自由派与保守派在这三个话题上的分歧。讨论前，一些自由派小组在某些话题上与一些保守派小组观点相近。讨论的结果使他们的分歧更为尖锐。

群体极化

科罗拉多实验是群体极化的鲜活例证。在十几个国家中均发现了这种基本现象。[7] 看几个例子：

> 参加讨论后，一个持温和女权主义观点的女性群体成员表现出更为强烈的女权主义倾向。[8]
>
> 经过讨论后，最初对美国及其经济援助的意图持批评态度的法国公民变得更具批判性。[9]

> 经过讨论后，针对白人种族主义是否应该为美国城市中非裔美国人面临的状况负责的问题，先前具有种族歧视倾向的白人提出了更多的否定回答。[10]
>
> 经过讨论后，先前没有种族歧视倾向的白人就同一问题给出了更为肯定的回答。[11]
>
> 在三人合议庭（three-judge panels）中，当只与共和党任命的同事坐在一起时，由共和党任命的法官表现出特别偏保守派的投票方式；当只与民主党任命的同事坐在一起时，由民主党任命的法官则表现出特别偏自由派的投票方式。[12]

群体极化现象对社交媒体和广义的互联网来说显然很重要，至少在具有鲜明身份认同的群体参与群体内讨论的程度上是如此。可以想见，上述的这种效果会发生在恐怖分子和仇恨团体之中，也会发生在各种不那么极端的组织之中。如果公共领域四分五裂，并且如果不同的群体正试图打造他们自己偏好的通信程序包，那么后果将不仅仅是趋同，还可能更加四分五裂，因为群体的成员彼此之间将朝着比其最初倾向的观点更为极端的方向发展。与此同时，不同的审议群体，每一个都由一群想法相似的人组成，将被驱使着渐行渐远，这仅仅是因为大部分的讨论发生在群体内部。

当然，我们大多数人并没有使用这种力量来过滤，从而隔离其他的观点。（即便如此，有些人会这样做，事实上他们也正在这样做。）我将在适当的时候讨论经验主义的问题，但是现在，我们重申一下，许多人在Facebook和Twitter上创造了类似回音室的东西；他们希望他们自己的观点得到确认。类似的事情也发生在成千上万选择报纸、无线广播台和电视频道的人们身上，因为他们能够听到他们自己声音的某种变体。

这足以造成明显的两极分化，并造成严重的社会风险。通常，**恰恰是那些最有可能过滤掉不同看法的人，才是最应该听取不同看法的人**。社交媒体（实际上）使人们更容易用想法相似者的观点将自己围住，并使自己免受竞争性观点的影响。仅仅因为这个原因，社交媒体就成了极化的温床，同时也成了民主和社会安宁的潜在威胁。

为什么会产生极化？

关于群体极化，有三种主要的解释。当前，已经有大量的证据支持这些解释。

说服性论证和信息。第一种解释强调了说服性论证和信息的作用。这就是一种简单的直觉。至少是在某种程度上，任何一个人在任何议题上的立场都与令人信服的论证成函数关系。总的来说，这是个好消息。人们**应该**关注论证。如果你像大部分人一样，你极有可能会注意到那些与你互动的人提到或披露的信息。总体上看，如果因为群体讨论的缘故，你的立场开始动摇了，它很有可能向群体内部所支持的最具说服性的立场偏移。在很大程度上，最具说服力的立场由其支持的合理性和论据的数量所界定。

这里的核心观点是：如果群体成员已经有了特定的倾向，他们会提供朝着同一方向开展大量讨论，而对相反的观点讨论极少，这两者所占的比例相差极大。讨论的结果自然就使人们沿着他们的初始倾向走得更远。因此，假设一个群体的成员倾向于支持国家现任领导人，会在讨论中提供广泛的论据支持该领导人，而反对他们的讨论则会既少且弱。就其转变程度而言，群体成员会朝着一种支持当前领导人的更为极端的立场发生转变。而如果群体必须做决定，作为一个整体的群体不会移向中间立场，而是朝向更为极端的立场。

出于这种原因，群体极化背后的核心要素即是存在一个**有限论据池**（limited argument pool）——它朝着某个特定的方向扭曲（在纯粹描述性的意义上）。我们很容易看到线上讨论组可能会发生怎样的变化；想想如果是一群民主党人或共和党、一群恐怖分子或是环保主义者。这一点有助于解释每天社交网络上发生的事情。如果你的 Twitter 推送中都是那些像你一样想问题的人，或者说如果你的 Facebook 好友分享了你的理念，论据池就会受到极大的限制。事实上，转变不会发生在参与讨论的个体身上，而是发生在只向广播、电视或互联网查询他们已有倾向的想法之时。这种查询倾向会巩固并增强既有立场——经常最后演变为极端主义。如果收看福克斯新闻的人朝着更为保守的方向发展，又或者如果收看俄罗斯国家电视台节目的人最后对美国没有太大热情的话，相关的论据池可能扮演了很重要的角色。

声誉的考虑。第二种机制，涉及人们对自己声誉的关注，始于一种合理的联想，即人们希望其他群体成员能了解自己好的方面，也认为他们自己很好。一旦他们听说了其他人认定的事，他们经常会向着优势立场所在的方向调整自己的立场。德国社会学家伊丽莎白·诺艾尔-诺依曼（Elisabeth Noell-Neumann）将这种想法作为一种关于公共意见的一般性理论的基础，这就是“沉默螺旋”（spiral of silence），即持少数派立场的人会让自己保持沉默，随着时间的推移，那些立场可能会从社会上被消除。[13]这种现象不只发生在威权社会中，也可能发生在民主社会中。这有时是好事；当社会聚焦于科学和道德真理时，那些认为太阳围着地球转或者认为奴隶制是好主意的人最后会自我沉默，使得谬误或令人憎恶的信仰消失（或几近消失）。然而沉默螺旋不总是良性的。对当前的论述目的而言，核心观点在于当人们关心他们的声誉时，他们在组内讨论中所说的内容会受到影响。这样一来，群体会变得更为极端。

例如，假设一个特定群体中的成员倾向于鲜明反对某场战争，继续化石燃料依赖和枪支所有权，并且他们也希望人们看到他们在极力反对所有这些政策。如果他们处在一个其成员也极力反对这些事务的群体之中，在了解其他群体成员想法之后，他们可能会转向更强烈的反对立场。通过海量的研究，这种模式得以被精确观察。如果人们对自己所想之事有一个清楚的认识，并且不会让其他人的观点动摇自己，人们当然不会发生转变。但是大多数的人在大多数时间里，并不是那么固执己见。

该观点说明了在电视、广播和社交媒体上，即使缺乏互动机会，人们也很可能受到他们接触的想法及主张的影响。注意，群体极化**仅仅在接触他人观点的基础上**发生。讨论不是必要的。这种“仅仅接触效应”的影响意味着，极化在一个四分五裂的言论市场中可能是一种普遍现象。

想象一下，保守派正在浏览保守派网站；自由派正在浏览自由派网站；环保主义者正在浏览致力于证成基因工程和气候变化风险的网站；而环保主义的批评者们，则正在浏览那些旨在披露据称是环保主义者制造的骗局的网站；倾向于种族仇恨的人们正在访问表达种族仇恨的网站。这些信息接触如果不能得到相反观点披露的补充，群体极化就成了无法避免的后果。

自信，极端主义与确证。关于群体极化，最有趣的解释是强调自信、极端主义和他人确证之间的密切联系。[14]在包括政治议题在内的许多议题上，人们对他们所想的东西并不是真的很确定，缺乏确定性使他们倾向于中间立场。我们会对复杂事务——增加最低薪酬的影响、控制气候变化的合理方式，或者如何应对某些危险的国际形势——感到不确定。我们的观点是温和的，暂时性的。

只有当人们获得自信时，他们的信念才会变得更加极端。不论好坏，他们都可以被激进化，即使最终的结论不是那么激进。来自他人的认同会增加自信。因此，在彼此商议之后，想法相似的人们会更加相信他们认为正确的事情——因而也更加极端。即使在平常情境中，包括幻灯片中人的吸引力和椅子的舒适度，普通人在实验中的观点也会得更加极端，这仅仅是因为他们的观点得到了他人的确证，而且他们在得知其他人分享了他们的观点后变得更加自信。[15]

这是一个十分重要的论点，它帮助我们解释了 Twitter 上每天都在发生什么。如果你得知“像你一样的人”喜欢某支乐队、某部电影，具有一种可辨识的政治立场，或者支持特定的竞选者，你或许会跟随他们的脚步。事实上，如果你得知“像你一样的人”对国家安全或社保改革所持的特定立场，你很可能会最终接受他们的立场，并且可能会很有自信地那样去做，即便你自己并没有怎么独立思考过这个问题。当人们发现其他人分享了自己的初始倾向，他们常常会变得更为自信，也因而更加走向极端。在这点上，想想社交平台带来的影响。在这些平台上，人们的观点最终会被想法相似者不断重申。

我在这里非常宽松地使用激进这一说法。当你开始坚定相信某种政治主流立场时，你就变得激进了——例如，你喜欢的政治竞选者不仅是最好的，而且比其他竞选者不知好多少倍，任何其他选择都会导致灾难性的后果。在 2016 年唐纳德·特朗普和希拉里·克林顿之间的竞选中，这种情况在双方的支持者中间都有发生。当然，你可能以令人不安的方式变得激进化，我们会在适当时候探讨这一问题。

群体身份认同的非凡意义

对于极化来说，身份认同和成员资格的意识很重要，这对一般意义上的信息交流和特别意义上的社交媒体都成立。如果人们将自己视为某个群体的一部分，而这个群体拥有共同的身份和一定程度的团结，那么群体极化将显著增加。如果他们以这样的方式看待自己，群体极化更有可能发生，也会变得更加极端。[16]如果说，一个线上讨论组的成员认为他们自己是高税率的反对者、动物权利的支持者，或是最高法院的批评者，其讨论极有可能将他们推至极端方向，仅仅因为他们将彼此理解为共同事业的一部分。可以料想，类似的变化发生在不同类型的人身上，比如收听保守派耳熟能详的广播节目的人，或是收看专注于传统宗教价值或揭露白人种族主义的电视节目的人。大量证据证明，情况的确如此。[17]

群体身份认同在另一方面也很重要。假设你正参与一场在线讨论，但是你认为其他组员显然与你**不同**。如果是这样，你极有可能不会被他们所说的话打动。如果说其他组员是典型的“共和党人”，而你认为你自己是一个民主党人，你也许根本就不会改变观点。然而，假如在同样的讨论中你们都身为“选民”“陪审员”或者“公民”，你的确会改变原有的观点。因此，一种共享群体身份认同的意识会增强他人观点对你自己观点的影响，反之，一种不共享身份认同且存在相关差异的意识会降低这种影响，甚至有可能会消除影响。

这些结果并不奇怪。回想一下，群体极化通常是有限论据池，声誉考虑（reputational considerations）及确证效应（the effects of corroboration）的产物。如果情况确实如此，那么当群体成员在一个突出方面上认为彼此相似时，或者存在某种外部因素（政治、地理、种族或性别）将他们联合起来，群体极化就会增强。如果共享了身份认同，那么有说服力的讨论极有可能变得更有说服力；那些参与讨论者的身份认同给予他们一种信任或推动力。如果身份认同得以共享，社会影响将获得更大的力量。人们不希望自己的名誉在与他们相似的人眼中受损。而且如果你觉得群体成员在某些相关问题上的理解与你不同，他们的观点极有可能不具说服力，社会影响力可能不大，或许根本没有。如果“像你一样的人们”支持你的初始倾向，你将会变得更加自信。但是如果“和你不一样的人们”也支持这种倾向，你或许会变得不那么自信，并且开始重新思考你的观点。如果你的政敌——那些你认为最糊涂、最具破坏性的人——认为你的观点是对的，你也许最终会认为自己的想法是错误的。

线上群体极化

毫无疑问，群体极化会在线上发生。从目前讨论的证据来看，对许多人来说，似乎显而易见的是，互联网正在成为极端主义的滋生地，这恰恰是因为想法相似的人们彼此联系起来更容易且更频繁，而且常常不听取相反意见。一再地接触一种极端立场，并认为许多人都持有该观点，将使得那些接触者以及那些可能早就存在倾向性的人相信该观点的真实性，这样的情况在意料之中。

一个后果可能是高度碎片化，比如各种各样的人，他们最初并没有确定的观点，或许想法也没有离得太远，最终仅仅因为他们所读所看的东西而得出极端不同的认识（回想一下科罗拉多实验）。另一个后果可能是极度的谬误和混乱。YouTube 非常有趣，并且在某种程度上它是名副其实的一股民主化力量，然而它也存在一种风险，即个别脱离语境的视频片段可能使得想法相似的人们最终就某些问题、某些人或某种做法得出一种扭曲的认识。

我把这称为“囧司徒策略”（Jon Stewart strategy）。囧司徒曾是一名夜间脱口秀主持人，才华横溢，甚至可称为天才。作为一名喜剧人物，他最成功的做法之一就是播放一些短视频，视频中的说话者看起来邪恶、丑陋、愚蠢，甚至（常常）像白痴。如果大家一起笑了（比方说，一个著名政府官员），那么这个片段似乎是刻画了这个人，它展示了他的本质。那样做可能是公平的——但常常并非如此（除非是在喜剧秀里）。在一些情况下，这完全有失公允——甚至构成了一种侵犯。

如果你长时间关注视频中的任何一个人，几乎一定能发现一个他看起来邪恶、丑陋、愚蠢或白痴的片段——如果该片段被循环播放，就更是如此了。反复循环可以使任何一个人看上去滑稽。那是个绝妙的搞笑策略，然而它也可以被用于政治目的——当然如此。如果你想要让人们不喜欢或是嘲笑一个政敌，这里便有一招：使用囧司徒策略。但是如果你这样做了，你不应该为自己的所作所为而沾沾自喜。

许多研究都证实了网络环境或那些与之相似的环境会存在群体极化现象。一个特别有趣的实验发现，当群体成员相对匿名地相遇并强调群体身份认同时，极化程度特别高。[18]从该实验中，我们可以合理地得出结论，在突出强调群体成员身份认同并且人们高度匿名的情况下，极化非常有可能发生，并且很极端。这些情况，当然就是线上讨论（online deliberation）的常见特征。[19]

在这方面，请参考一个与极端主义无关的研究，这个研究与工作群组发生的严重错误有关，包括面对面的线下工作组和线上工作组两种，我们可以从中得到不少启发。[20]该研究的目的是观察工作组如何协作制定人事决策。一些工作组面前放着竞争销售经理岗位的三位应聘者的简历。实验者操控了应聘者的属性，让一名应聘者明显最适于岗位要求。实验对象收到的是只包含部分简历的信息包，所以每位组员只掌握部分相关信息。工作组由三人组成，一些工作组是面对面工作，一些是在线上工作。

有两项结论格外引人注目。第一，就工作组最终得出比其成员协商前观点更为极端的认识这一点上，群体极化是普遍现象。第二，两个工作组几乎都没有做出明显正确的选择！

其原因在于，他们没能以一种允许工作组做出正确选择的方式分享信息。在线上组里，错误率尤其高，原因很简单，成员们往往倾向于分享关于潜在应聘成功者的正面信息和失败者们的负面信息，但是却隐瞒了关于潜在应聘成功者的负面信息和潜在应聘失败者的正面信息。这些信息有助于“加强群体共识，而非增加复杂性和激发辩论”。[21]事实上，这种趋势在线上组别中是面对面组别的**两倍**。这个实验是一个关涉互联网影响审议性民主的警告。

诚然，许多人上网并使用社交媒体来了解不同的观点，而不仅是强化他们已有的倾向。可用信息源的增加，的确能带来更多的信息和更少的极化。这种情况每天都在发生。然而上述研究传达出一个明确的警告。当人们聚在一起进行审议时，他们常常不对称地过度关注“常识”——那些他们事先就已共享的信息。相反，他们经常极少关注非共享信息——那些为一人或仅仅是少数人所掌握的信息。有理由认为，同样的不对称现象也正在线上发生。

标签国家与标签创业者

想想“叙利亚”（#Syria），“黑命贵”，“鲍勃·迪伦”（#BobDylan），“奥巴马是穆斯林”（#ObamaIsAMuslim），“星球大战”（#StarWars），以及“标签共和国”（#Republic）。所有这些都是非常实用的分类机制。标签会促成极化吗？

这时看看历史会很有用。20世纪90年代早期，标签是一种网聊中的群组组织方式，最早出现在互联网中继聊天①之中。Twitter是最早使用它们的社交网站。2007年，就在开

① 互联网中继聊天，即IRC（the Internet Relay Chats），是由芬兰人Jarkko Oikarinen于1988年首创的一种网络聊天协议。

展这项服务一年之后，克里斯·梅西纳（Chris Messina），一位开放源代码的支持者，提议将标签作为一种特殊的会话分类策略。几天后，他在博客上发布了一个详细的计划，澄清标签不应被用于创造 Twitter 群组（“我压根不认为群组……最终会是个好主意，或者特别适合 Twitter”），但是标签应当被用于“促进 Twitter 的**语境化，内容过滤与探索性发现**”。[22]结果，这一机制既受欢迎又实用，已经被整合纳入许多其他的社交平台中，包括 Instagram、Tumblr 和 Vine。电子邮件也在使用它。梅西纳一下子提到两个可能存在矛盾的想法——内容过滤和探索性发现，这很有启发性——尽管后者究竟是什么意思，还不太清楚。[23]

就我而言，问题在于标签是促成了内容过滤还是探索性发现，又或两者兼而有之？目前看来，内容过滤显然起了主导作用。标签通常表明主题，也可能表明观点。如果有标签是“共和党人是法西斯”（#RepublicansAreFascists），人们就会知道他们将看到的是什么内容。然而如果一个标签写着“纠偏行动”（#AffirmativeAction），“一夫多妻”（#Polygamy），或者“土耳其政变”（#TurkeyCoup），你知道主题，但你不能确定你会发现怎样的观点。探索性收获的出现，往往是因为一个标签将用户引向他们未曾预料的视角和观点。实证性文献正在不断拓展。这里可以借鉴几个具有代表性的例子。

在一项2016年的研究中，迪恩·弗里隆（Deen Freelon）和他的同事们收集了包含“黑命贵”及其相关措辞和标签（大体包括了一年内被警察杀死的20位非洲裔美国人的全名）的4080万条推文。[24]其中一项核心发现是，出于教育和扩大影响的作用，积极分子们会使用标签，尤其是“黑命贵”，常常试图引起人们对于他们视作一种结构性种族主义（structural racism）形式的关注。诚如一名积极分子所言，“将某些东西放在Twitter上意味着人们正在谈论这些东西，他们是有意识的。而有意识可以引领行动。”[25]弗里隆与其合著者发现，社交媒体推送在传播明确的话题和警察杀人记录方面发挥了重要作用。在许多城市乃至国家层面上，“黑命贵”运动在观点和行动上都产生了重要的影响。总之，“黑命贵”标签的意义重大。

相似的极化现象也见于“全命贵”标签，一个旨在与“黑命贵”构成竞争性话题的标签。它认为后者挑出“黑命”并格外强调，具有盲目性或偏狭性，甚至带有种族主义。使用“全命贵”标签的目的则非常明确（通常是保守性的），它引起明确持有某种观点的人对批评“黑命贵”的兴趣。[26]有研究发现，在社交媒体上，“在‘全命贵’话题下重点讨论的‘其他人的命’仅仅是那些执法官员的命，特别是在发生严重抗议运动期间。”[27]显然，“全命贵”标签的兴起创造出一种以意识形态为界的话题，清晰地展现了极化。

萨瑞达·雅迪（Sarida Yardi）和达娜·博伊德（Dana Boyd）主导了一项颇具影响力的研究，期间考察了三万条推文，这些推文均与乔治·蒂勒（George Tiller）医生因为孕晚期孕妇堕胎而在2009年被枪杀有关，还包括其后关于反堕胎人士和堕胎权主张人士之间的对话。他们发现，许多用户采用的标签表明了他们对辩论持有的特定观点。重要的是，具有同样意识形态的用户之间最有可能相互交流，而不会跟那些具有竞争性观点的人交流。更有甚者，雅迪和博伊德证明了“相似想法个体间的反馈增强了群体的身份认同，反过来，想法不同的个体之间的反馈则增强了群体内部与外部群体的联系”。[28]这也与我的担忧一致。

尽管如此，的确发生了一些不期而遇，因为那些搜索各种主题标签的人很有可能会遇到各种各样的观点。然而，跨越意识形态界线的有意义讨论仍然是凤毛麟角；具有不同观点的人们更有可能鸡同鸭讲或者无视对方，而不是参与实质性讨论。鉴于Twitter的字数限制，这并不奇怪。

一组特别有趣的研究考察了国会议员如何使用标签，他们常常按照他们喜欢的方式框定议题，并且创造出为他们利益服务的回音室。[29]一项核心发现是，虽然民主党人和共和党人讨论的议题有重叠，但是他们使用的标签差异却很明显。在民主党人中，研究期间最受欢迎的议题包括“医保”（指代平价医疗法案）（#ACA，Affordable Care Act），“学生贷款”（#Dont Double My Rate），以及“就业”（#JOBS）。共和党人们的优先议题相比并没有多大不同：“求职”（#4jobs），“Twitter 顶级保守派”（#tcot，Top ConservativesonTwitter），以及“奥巴马医改”（#Obamacare）。但是两党确实使用了非常不同的议题框架。民主党首选“医保”的字眼，对平价医疗法案具有一种积极或中立的效果，而共和党选用的“奥巴马医改”和“完全废除”（#Fullrepeal），则明显具有消极含义。

像政治积极分子一样，国会议员可以被看作是标签创业者。他们选择特定标签：“全命贵”“体制阴谋”（#The SystemIs Rigged）或者是“腐败的希拉里”（#Corrupt Hillary）。他们希望这样的标签能引起人们广泛的兴趣，既有助于营造情感氛围，也有助于树立信念。对于现代政治生活而言，标签创业精神正变得越发重要。

毫无疑问，随着时间的推移，我们将会了解更多。然而，两个结论似乎显而易见。第一，标签发挥了激发群体极化（以及虚拟流瀑，见第四章）的作用。第二，标签围绕明确话题创立兴趣社群，而那些社群可以包含多种多样的观点。这两种效果都涉及高度的归类和过滤，但是第二种不会导致极化，它也许会导致广泛多样观点的不期而遇。

政府官员一瞥，包括唐纳德·特朗普

世界各地的政府官员都在使用社交媒体，他们常常为极化效应创造了条件。想要将这一问题讨论透彻需要单独写一本书，所以在此仅就两个突出的例子做出考量。

在美国，贝拉克·奥巴马是第一个使用社交媒体推动竞选的总统。2008 年的大选数据显示：在任一社交媒体平台上，奥巴马都比他的对手约翰·麦凯恩（John McCain）做得好。奥巴马拥有 200 多万名的 Facebook 支持者，而麦凯恩只有 60 万名。奥巴马有 11.2 万名积极的 Twitter 粉丝，麦凯恩只有 4600 位粉丝。在 YouTube 上，奥巴马的视频、关注者和视频评论比麦凯恩更多，其比例达到 4 : 1。[30]在发展其社交媒体竞选时，奥巴马雇用了包括 Facebook 创始人之一克里斯·休斯（Chris Hughes）在内的科技型企业家。[31]在其竞选高潮，奥巴马雇用了 100 名员工从事社交媒体工作。[32]在社交媒体、播客、移动信息的帮助下，奥巴马成功争取了 18 至 25 岁选民群体中 70%的成员——1976 年开展民调以来的最高差额。[33]当然，我们不能把他的成功归因于他使用了社交媒体。但是奥巴马竞选使用 Facebook 和 Twitter 的方式，无疑促成了高度的群体极化（激发其支持者的更大热情）。

在 2012 年的大选中，奥巴马动员社交媒体资源对抗米特·罗姆尼（Mitt Romney）。他再一次遥遥领先于对手。他投入了10多倍的资金用于数字竞选花销（4700万美元对比470万美元），获得了2倍的Facebook上的“点赞”，以及多达20倍的Twitter转发。[34]的确，这些都不是衡量人气的最佳标准，但它确实是擅用社交媒体的一种体现。

在2016年大选中，唐纳德·特朗普独辟蹊径。或许是因为自己的娱乐界背景，运用他自己偏好的标签，特朗普能够利用社交媒体发挥出优异的效果。其中最重要的标签包括“让美国再次强大”和“骗子希拉里”（#CrookedHillary）。甚至是在共和党大会前，特朗普在Facebook上就得到了约1000万个点赞，而他的YouTube频道有超过600万的观看次数和4万名订阅者。[35]特朗普也在Vine、Periscope和Instagram上保持亮相，然而使用Twitter是其竞选活动的突出特征，包括病毒式侮辱［“小马可”（#Little Marco），“撒谎精特德”（#Lyin’ Ted）以及老生常谈的“骗子希拉里”］。他自己更新推文，并在相对较短的时间内，拥有了超过1100万名的粉丝。这一数字仍然低估了他的推文影响力，其中许多推文受到国家媒体的关注，因此影响力得以大大加强。毫无疑问，对许多人来说，他在Twitter上的活动将其置于群体极化的引擎中心——也有助于他一跃成为总统。

碎片化、极化、电台与电视

对群体极化的认识不仅阐明了网络行为，也使我们明白了当代电台和电视的潜在影响——至少在它们数量庞大，并且其中许多都保持立场鲜明的情况下。回想看看，纯粹接触他人的立场就会产生群体极化。随之而来的是这种影响将在非审议群体中以不同的两种形式发挥作用，其一是将做出相同方向传播选择的个体聚集到一处，其二是将从不把自己暴露于别样立场之下的个体聚集到一处。报纸的选择可能会发生同样的过程。如果某些人正在阅读自由派报纸，而另一些人正在阅读保守派报纸，极化就不可避免了。当运转良好时，公共媒介因其努力呈现广泛的话题和观点而扮演着与众不同的角色。当这些媒介主导这一场景时，极化发生的可能性微乎其微。针对公共论坛原则可以进行类似的观察。当各色发言者能够面向异质性公众时，个人和群体能够将自己隔绝于竞争性立场和关怀之外的可能性微乎其微。相应地，碎片化的可能性也很小。

群体极化也带来了更为普遍的传播政策问题。考虑一下“公正准则”（fairness doctrine），这个准则现在已经基本上被抛弃了，但它曾经规定无线电和电视广播要为公共议题贡献节目时间，并应让相反观点有机会发声。该原则的另一个方面旨在确保听众不会接触到任何的单一观点。如果有一种观点霸屏，就不得不赋予相反观点向公众展示的权利。

美国联邦传播委员会（Federal Communications Commission）放弃公正准则，是因为在大多数时间里，原则的第二部分内容导致电台和电视台完全避开了争议性议题，并以一种明显乏味单调的方式来呈现观点。后来的研究表明，委员会是正确的。取消公正准则确实带来了具有实质性争议节目的百花齐放，这些节目有时包含有一种或另一种极端观点，想想谈话类广播节目就知道了。[36]

这往往被看作是一个成功解除管制的美妙故事，大体上看这并没有错。取消公正准则的效果恰恰就是人们意欲达到的。它带来的影响确实很好，这一点值得庆祝。然而，如果我们考虑一下群体极化的问题，评价就会变得复杂许多。从好的方面看，各种不同意见的存在，丰富了社会的总论据池，使我们所有人获得潜在收益。同时，拥有广泛议题导向的节目——表达强烈的观点，通常还很极端，吸引了完全不同的听众及观众——无疑会造成群体极化。现在有太多人几乎都被暴露在他们自己声音的更为响亮的回声中，结果在很多情况下导致了误解和敌意。有一种观点认为，让人们反复听单一观点好过听一些对立的观点。

我不是要证明或者认为应当恢复公正准则。法学教授希瑟·格肯（Heather Gerken）正确地引起了对“二阶多样性”

（second-order diversity）的关注，即一种当社会由许多机构和群体组成，其中某些机构和群体缺乏内部多样性时所产生的多样性。[37]诚如格肯所示，我们都从一种去中心化的体制中获益，在这样的体制中，不同群体具有不同倾向，并且有时走向不同极端。我们或许想要的是多样的群体，而不是在各个群体**内部**寻求多样性，尽管许多或大部分群体都不具有内部多样性。

同样的情形适用于新闻渠道（也适用于社交媒体）。如果一些广播电台表现出非常保守化的倾向，而另一些表现出非常自由化的倾向，我们或许都能从整个情势中获益。这是一个强有力的论点。但至少在当前的情况下存在一个风险，即有太多人会选择将自己隔绝于那些更为持中或极端对立，又或在任何时候都与自己观点不同的观点之外。

群体极化是坏事吗？关于飞地协商

尽管存在我们所讨论过的这种趋势，但仅从群体极化的事实来说，我们不能坚称向着**错误**方向的极化运动已经存在。在某些情形中，更极端的倾向要更好，而不是更坏，甚至可能是更值得的。实际上，群体极化已经推动了许多具有重要价值的运动——例如，民权运动、反对奴隶制运动、残疾人权利运动、男女平等运动，以及支持同性婚姻的运动，等等。

以上这些运动在它们的时代都非常极端，群体内的讨论当然滋生了更为严重的极端主义，然而极端主义无须成为受抨击的对象。如果更多的传播选择产生了更严重的极端主义，结果可能会让社会变得更好。

一个原因在于，当许多不同的群体彼此进行商议时，社会将会听到范围更广的意见，回想一下二阶多样性的观点。即使许多个体的“资讯节食”（information diet）是同质的，或者不够多样化，整个社会也能拥有更丰富、更全面的想法。这是社会碎片化概况的另一面。它表明多元主义和多样性具备一些重要的益处——哪怕存在个体自定义和集群现象也能获益。集群的另一益处在于它能抵消“认知不公”（epistemic injustice），即人们缺乏足够的能力解释他们的经验，并且他们无法为那些经验争取到倾听的机会。[38]社交媒体可以抵消那样的不公。事实上，它们每天都在那样做。

我们可以将**飞地协商**定义为：一种发生在或多或少被隔离的群体内部的协商形式，群体中具有相似想法的人们主要与彼此交谈。互联网，包括社交媒体，使得参与飞地协商变得更容易（成本也更低）。你的 Facebook 主页本身可能就呈现出这样的协商形式。显而易见，飞地协商在异质性社会是极端重要的，尤其是因为一旦参与到更为广泛的审议群体中时，某些群体的成员往往会格外沉默。

关于这一点，飞地协商的特别优势在于，它促进了那些可能在普遍讨论中不可见、不敢发声或受压制的理解、认识和立场的发展。边缘性群体努力排除异己，甚至政党将其初选限制在党员内部，或许都可以用类似说法进行合理论证。即便是群体极化正在上演——或许恰恰**因为**群体极化起的作用——飞地（显然包括那些由社交媒体创造出来的飞地）有能力提供广泛的社会效益，尤其是因为它们极大地丰富了社会的“论据池”。毫无疑问，Twitter 在这方面的作为尤其突出。

此处一种核心的实证观点在于，在审议机构中，地位高的成员往往比其他人说得更多，而他们的想法也更具影响力——部分是因为地位低的成员有时对他们自己的能力缺乏自信，部分是因为他们害怕打击报复。[39]例如，妇女的想法往往不那么有影响力，并且经常在“男女混合群体中完全受到压制”。[40]在许多情况下，文化少数派（cultural minorities）在混合文化群体中做决策时拥有的影响力少得不成比例。鉴于某种基于地位的等级不可避免地存在，乐于接受多个群体成员可以彼此交流并发展其观点的协商飞地是有意义的。只要能使这种协商变得更容易，线上交流的特别价值就显现出来了。

然而，这种飞地也存在一种严重的风险。风险在于，其成员会得出一种缺乏价值的立场，而这种立场又是飞地协商在特定情境中可以预料的结果。在极端情形下，飞地协商甚至会危及社会稳定。并且从理论上看，我们不能说那些将自己归类为飞地一员的人往往会向着足以令社会满意，甚至是让内部成员满意的方向前进。

我们很容易就能想到相反的例证——比如，纳粹、仇恨组织、恐怖主义以及各种各样异端思想的兴起。如果我们对异端思想的理解足够宽泛，我们会发现社交媒体上到处都是异端思想，例如人们相信贝拉克·奥巴马不是出生在美国，以色列应该为美国“9·11”事件恐怖袭击负责，疫苗诱发自闭症，或者猫王还活着，等等。当然，恐怖组织在这一点上带来了特别的挑战——对此我以后会说到。

众多飞地与一个公共领域

每当群体讨论倾向于引导人们持有一个比初始观点更为强烈的相同观点时，关注这一问题就有了正当理由。当然，这不意味着讨论能够或应当被监管。然而飞地的确提出了一个问题，即“更多言论”必然是对不良言论的充分救济——特别是如果很多人都具有倾向性，并越发将自己隔离于竞争性观点之外。在民主社会，公共论坛原则提出了一种可能的回应，该原则的最根本目标是，在某些方面增加飞地成员与反对者之间意见交流的可能性。飞地是完全或近乎完全的自我隔离，而不是群体协商，它本身带有最严重的风险，经常非常不幸地（而且有时可以不夸张地说是致命地）将极端主义与边缘化结合在一起。

为了探究异质性的一些优点，让我们展开一场思想实验。想象这样一个审议机构，它不是一个由想法相似者的小团体组成，而是由身处相关组织的全体公民组成，这也许意味着在一个共同体内、一州、一国乃至全世界的所有公民。想象一下凭借计算机的魔力，每个人都可以同其他人交谈。从假设出发，论据池会变得十分巨大。这类审议机构的受限范围仅与公民观点集合的受限程度相同。

当然，声誉影响将依然存在。如果你是否认全球变暖是严重问题的少数派之一，也许会决定随大流。但是当审议结果向人们揭示，他们的私人立场与他们认为持此观点的群体的想法不同时，任何改变都将是对所有相关公民准确理解的回应，而不是曲解样本的产物。而且事实上，我们能够想出一些接近这种思想实验的互联网杰作。例如，维基百科允许任何人（在一定范围内）来编辑，而其理论依据是，无数人能够贡献他们分散的信息，用以制造一个提供海量人类知识的信息源。在很大程度上，这是一项成功的努力成果，能够创造出一个所有人都能有所贡献的单一产品，或许可与想法相似者的协商飞地相比较。

举思想实验或者维基百科的例子，不是要说支离破碎或四分五裂的言论市场总是坏的，也不是说假想中包罗万象的审议机构就是完美的。所有人进行讨论的建议，即使是作为一种理想也是愚蠢的。协商飞地的巨大好处是可能会出现在其他情况下不会出现的立场，它们应当在飞地内部和异质性公众间扮演一个更为重要的角色。如果得到正确理解，协商飞地将在社会审议、民主问题和其他方面带来改善，正是由于人们常常需要飞地协商来孵化那些将会大大增加公共讨论的新想法和新观点。Facebook、Twitter、Instagram 和 Snapchat 等社交媒体在这方面堪称典范。

然而想要这些改善得以实现，组内成员一定不能让自己隔离于竞争性观点之外。最起码，这样的隔离行为一定不能**持续太久**。群体极化现象表明，就交流而言，消费者主权或许会给个人和整个社会带来严重问题——而根据一种社会互动的逻辑铁律，这些问题将会发生。

无极化与去极化

政治竞选者及其支持者们使用互联网及社交媒体并从中获益，已不算是新闻。或许更有趣的是，公职竞选者及其支持者们也正在以一种对群体极化有直观理解的方式，使用着包括社交媒体在内的互联网。他们的网站就像一个论坛一样运作。在论坛中，想法相似的人们聚集在一起，就政策、对手及其竞选者采纳共同立场。竞选者们试图制造回音室——

他们自己的科罗拉多实验在线版，在回音室中的社交互动会产生更多的共识和热情——最终收获了时间和金钱。此处讨论的机制也许会，也许不会带来害处，但是那些意识到这些机制存在的人们一定会有策略地使用它们。2016 年总统大选中，唐纳德·特朗普卖弄了一种关于社交媒体影响和群体极化的、厉害的实用知识，不断地强调他有多么受欢迎，也不断拿民调结果当证据。

然而，在一些情形中，极化可以被削弱，甚至被消除。不能指望去改变那些对自己所想之事颇有信心的人，也不能指望去改变那些就是无法被他人的言论所动摇的人。如果你完全肯定自己关于核力量的立场——如果你不仅对你的确切观点有信心，更对你应当坚持观点的自信程度有信心的话，他人的立场将不会影响到你。这类人不会因为传播市场的任何变化而发生改变。

我曾经提到联邦法官们易于极化的例子：当与共和党提名的同事坐在一起时，共和党提名的法官们会呈现出更为保守化的投票模式，而当与民主党提名的同事共事时，民主党提名的法官则会呈现出更为自由化的投票模式。但是在两个议题上，联邦法官没有受到他们同事的影响：堕胎和死刑。[41] 在这些议题中，哪怕和他们一道投票的法官与自己从属于同一政党，由同一位总统任命，无论这样的法官有几名，联邦法官基本上还是会遵循同样的投票模式。显然，在堕胎和死刑议题上不存在极化现象，这仅仅是因为法官们的观点是根深蒂固的。我们由此可以很容易地猜想，普通人之间也有诸如此类不受群体成员影响的议题。在政治领域内，不论竞选者试图做什么，都会体现出极化的局限性。

此外，通过对审议群体的巧妙设计，有可能会产生**去极化现象**（depolarization），即远离极端，转向中立。例如，假设有 12 个人组成一个审议群体，其中 6 个人持同一观点，6 个人持相反观点——比如说，一半组员认为，颗粒物造成的空气污染是一个严重的问题，而另外一半的人则不这样认为。如果大多数成员都没有完全固定的立场，很有可能会出现趋向中立的情况。说服性辩论（persuasive arguments）的观点帮助我们解释了为什么会出现这样的情况。根据假设，“论据池”中包含了数量相同的对立主张。如果人们更愿意对那些不同意他们观点的人不屑一顾，去极化可能不会发生。一个由 3 名以色列人和 3 名哈马斯（Hamas）成员组成的小组也许不会发生去极化；小组成员或许只是对那些他们不认同的观点不屑一顾。但就许多问题来看，人们更有可能倾听彼此的观点，因而去极化是可能的。

当然，混合群体也不是什么灵丹妙药。群体成员往往以一个朝着比协商前方向更为极端的观点结束讨论。和想法相似者的群体一样，混合群体也能极化。[42]更为普遍的是，面对彼此对立的立场能够抑制政治参与（political participation），部分原因在于自己的观点变得更矛盾也更不确定的人们，或许只会在一边观望。[43]

然而，人们已经证实混合群体具有两个可取的效果。第一，接触竞争性观点通常会增加政治包容度。[44]在听取各种观点，包括那些与自己不同的观点之后，许多人会变得更尊重其他立场，也更愿意将它们视为合理或合法。将政治冲突正当化的一个重要结果是“人们更愿意将公民自由扩展到那些政治观点非常不讨喜的群体”。[45]

第二，混合群体增加了人们知晓竞争性理论基础的可能性，也增加了人们看到他们自己观点会遭遇言之有理的驳斥的可能性。[46]就其接受一定程度的社会和谐，并且愿意事先承认异议应当得以表达这一意义而言，此种效果在那些从“冲突的公民取向”出发的人们身上特别显著。[47]在任何人们被归类或自我归类于同质政治群体的审议进程中，在混合群体中进行审议的这些理想效果都不会实现。

使用传播技术有可能产生趋同效应，甚至能从彼此反对的人们中获得宝贵的经验。至少当讨论合乎情理，且那些反对者不能轻易地以不靠谱或靠不住为由打发掉异议时，如果人们广开言路，他们就更有可能被那些反对他们观点的人打动。

平衡的陈述，不平衡的观点

不幸的是，多种多样的研究也证实了，当人们接触对称信息（balanced information）时，朝向中间观点的立场变化或许不会发生。众所周知，过去 30 年来这类信息不会产生共识，即便它似乎直接解决了首先导致意见分歧的问题。这一隐含的现象通常被称为**偏见同化**（biased assimilation）。[48]其基本理念是，人们以一种偏向于支持他们先前信念的方式收集信息。[49]

先前的研究包括死刑。[50]人们被要求阅读一些关于支持或反对威慑犯罪的死刑的研究。一项关键发现是，比起那些挑战他们观点的研究，死刑的支持者和反对者都更确信那些支持他们自己信念的研究。读过相反观点的研究之后，双方都反馈说他们的观点已经转向比起他们最初所想更为强烈的信念。一个后果是，双方的极化程度比他们开始阅读材料之前更高。这看上去很像群体极化——然而它是对均衡陈述的回应，而非回音室效应。

在许多情境中也得出了相似的发现。[51]举例来说，关于性取向是否具有遗传因素以及同性恋配偶是否有可能成为好家长的问题上，实验为人们提供了相互竞争的观点。在收到这两个问题的正反信息之后，人们先前存在的观点被加强了——在同性关系问题上存在更大而不是更小的极化。[52]在此类研究中，人们得到了“支持”和“反对”的论据，并且至少在某些条件下，这类论据的提供导致了极化的增加。

上述所有研究和案例，使得我正在讨论的事情变得复杂，并且它对社交媒体产生了明确的影响：即便人们在网上遇到许多不同的观点，但他们也许根本不会“去极化”——至少在他们倾向于倾听自己同意的人，并不理会其他人的情况下。

当校正弄巧成拙

假设一个社会在某个命题上存在分歧。第一组相信 A，而第二组认为不是 A。假设第一组完全正确，而第二组纯属胡扯。最后，假设真实信息不是第一组成员提供的，而是来自某个独立信息源，支持的是 A。你或许会认为第二组会开始相信 A——好像很合理。

然而在重要的场景设定下，相反的结果发生了。第二组继续相信不是 A，甚至比以前更坚定。校正的结果是增加了极化。

在一个实验中，人们面对一篇关于乔治・W. 布什总统为伊拉克战争辩护的虚假新闻报道，在某种程度上，他认为（正如他实际所想的那样）存在“一个威胁，一个真正的威胁，萨达姆・侯赛因会将武器、原料或信息交给恐怖分子”。[53]读了这篇文章后，参与实验的人们阅读了《德尔富报告》（the Duelfer Report），该报告记录和表明了伊拉克缺乏大规模杀伤性武器（weapons of mass destruction）。然后，实验要求人们使用五点量表（从“强烈支持”到“强烈反对”）陈述他们的看法，即伊拉克“拥有一个大规模杀伤性武器的活动计划，有能力生产这些武器，并且有大量的大规模杀伤性武器库存”。

校正的效果因政治意识形态的不同而大不相同。对极端自由派的受试者而言，会存在一个适度的转变，即倾向于反对该陈述，这一变化并不显著，因为这些人本来就倾向于反对这一说法。但是对于那些自称保守派的人来说，存在一个朝向**同意**该陈述的统计学意义上的显著变化。“换言之，校正适得其反——与那些被置于管制条件下的人相比，收到告诉他们伊拉克确实不存在大规模杀伤性武器这一校正观点的保守派们，更有可能相信伊拉克持有大规模杀伤性武器。”[54] 结论是校正产生了极化效应，就这一话题来说，与先前的分歧相比，它使得人们的分歧更为尖锐。

一项独立研究确证了更为普遍的效果。人们被要求评估“减税有利于刺激经济增长，从而实际上增加了政府收入”这一命题。然后，他们被要求阅读一篇来自《纽约时报》或者福克斯新闻网的校正文章。校正的结果是人们对于讨论观点的信念有所增强：“看到减税不能增加政府收入证据的保守派们，比起那些没有看到校正文章的人，最终更加强烈地信奉这一主张。”[55]

很难说自由派们就对这种影响免疫。[56]2005 年，许多自由派错误地认为，布什总统强令禁止了干细胞研究。看到一篇来自《纽约时报》或福克斯新闻网的校正文章后，自由派继续相信他们先前相信的观点。相反，保守派则接受了该校正。因此，校正（仍然）导致了极化的增加。就根本效果来说，校正文章是来自《纽约时报》还是福克斯新闻才是关键：保守派更不信任前者，而自由派更不信任后者。这个结论很重要，而且合乎情理。

据此来思考社交媒体。如果你的 Twitter 推送坚持说发生了一桩特别的丑闻，或者某政府官员做事鲁莽甚至更糟，校正使你动摇的可能性有多大？人们识破虚假新闻的可能性有多大？

不熟悉的话题

如果潜在的话题是人们所不熟悉的呢？在那种情况下，对称信息会产生极化还是共识？如果仅仅考虑人们没有在一开始就带着强烈的预设（prior convictions）这一点，我们或许可以期待出现一定程度的共识。在互联网上，我们常常遇到自己一无所知的话题。或许均衡的论据会决定我们的答案？一项关于纳米技术的研究让这个问题真相大白。[57]

一大群美国人被分为两组。在“无信息披露”条件下，人们仅仅被告知纳米技术是一种生产和控制小粒子的方法。基于此，就使用纳米技术的成本和收益问题，人们并没有因意识形态而产生分歧。保守派与自由派，或者民主党人与共和党人之间并没有产生明显分歧。显然，这一话题似乎是高度专业性的，而仅仅提供名称和描述并不能在人们之间制造实质的分歧。

在“信息披露”条件下，该研究向人们提供关于纳米技术的潜在风险和收益的事实材料。值得注意的是，信息披露并没有对人们关于那些风险和收益的观点产生根本影响。而此种披露确实使得人们依照他们先前便存在的政治倾向产生了分歧。那些偏好自由市场并且不信任政府干预的人，最终更加倾向于支持使用纳米技术。那些偏好社会平等并且相信政府能够促进社会目标的人，最终更少地倾向于使用纳米技术。

在无信息披露的条件下，两组成员在他们认为纳米技术的收益比其风险更高的观点上不存在根本性分歧。凭借微弱多数（61%），两组都倾向于接受这一观点。但是在保证信息对称的前提下，分歧从 0 变成了 68%，86%热衷于自由市场的人相信收益大于成本，而只有 23%的平等主义者持此观点。

对于在线学习而言，这明显是一个麻烦。

言之成理

这里有一种方法来理解这些研究。当人们带着坚定信念开始讨论时，他们真正知道他们在想什么，很难受到相反观点的触动。一个原因在于，考虑到他们已知的情况，他们可以不理会相反的观点。如果你相信纳粹大屠杀曾发生过，你便不会因为某些报告而认为纳粹大屠杀的整个想法源于犹太裔历史学家的捏造。

假设相反的论据对你没有影响，但支持性论据和倾向于你已有想法的新信息会加强你的信念。这是众所周知的。确实，均衡的论据最终会加强那些信念。而且，如果这样的论据涉及某个你不熟悉的主题，比如纳米技术，类似的情况也会发生，至少在论据最终触动了你长久以来的关注点的情况下是这样。

另一个原因是情感，而不是知识。如果你强烈地承认一种特定信念——比如，气候变化是一个严重问题——相反的观点或许对你影响甚微。它也许只能让你抓狂。而如果你抓狂了，或许会更加强烈地坚持你的最初立场。在某种程度上，就是因为这个原因，校正也许不会动摇你的信念。而且，你或许也感到奇怪，如果根本的主张就是错误的，为什么他们要作出那样的修正？难道他们不是在隐瞒什么吗？

这些观点表明，各种研究的发现很重要，但仅仅是在特定情形下，而且它们没有充分体现大多数人如何应付他们在纸媒或网上看到的大部分内容。确实，如果人们在开始时便有强烈的信念，他们便不会轻易动摇，如果相反的观点不是来自一个可靠的信息源，也许会适得其反。这就澄清了为什么群体极化的现象伴随着偏见同行，这反过来则意味着，如果人们在网上获取多种的信息来源，他们或许同样会走向极化。而对许多话题来说，人们的想法都不能说是十拿九稳。他们起初保持一定程度的思想开放，他们搜索信息，他们不会在一开始就抱有强烈的成见，即使他们想了解他们所持有的观点，他们仍愿意倾听。

因此，如果人们不将自己归类到想法相似者的群体中，大范围、多样化的话题便是一件好事。虽说我们也不要太过乐观，但真相可能会大白。

第四章

虚拟流瀑

任何关于社会碎片化和在线行为的讨论都需要先了解社会流瀑效应（Social cascades）——尤其是因为，当包括虚假信息在内的信息仅仅通过敲击按键就能被传达至成百上千甚至是成千上万人时，流瀑效应通常难以被预测，甚至是无法被预测。但是它们就发生在我们周围，它们构成了我们的文化，甚至我们的生活。流瀑效应日益成为社交媒体的产物。在孤立的共同体中，它们发展为对特定产品、电影、书籍或思想的追求。恐怖分子、叛乱者和革命者试图创造并利用它们。流瀑效应也常常发生在更为普遍的场景中，帮助促成了（例如）同性婚姻的权利、一场针对威权政府的反抗运动、某国退出欧盟、一位新总统或者一款广受欢迎的新手机。

显然，许多社会团体，无论大小，会向着一种或另一种信仰或行动的方向快速且急剧地转变。[1] 这些流瀑效应常常与信息传播有关；事实上，它们经常受到信息的**驱动**。几乎所有人都缺乏关于许多重要问题的直接或完全可信的信息——乔治·华盛顿是否确有其人，地球是不是绕着太阳转，物质是否由分子构成，恐龙是否真的存在过，印度是否存在战争风险，摄入太多的糖是否真的对你有害，火星是否真实存在。对于绝大多数你所相信的事情，你并不掌握第一手信息。你依赖于那些自己信任的人的观点或行动。

两种流瀑

要理解这里的社会推动力，我们需要在两种流瀑之间作出区分：信息流瀑（informational cascades）和名誉流瀑（reputational cascades）。

信息流瀑。在信息流瀑中，人们在特定问题上不再依赖于他们私人的信息或意见。取而代之的是，他们会依据其他人传达的信号来做决定。由此带来的是，在理论上最初几人（甚至是一人的行为）会使得数不胜数的追随者产生相似的行为。

举一个形象的例子，假设琼不确定气候变化是否是一个严重的问题。假设她的朋友玛丽认为并且声称气候变化是一个严重问题，她或许会被说服。如果琼和玛丽都倾向于担心气候变化，她们的朋友卡尔最后也会同意她们——至少在他缺少与此相反并可靠的独立信息的情况下。如果琼、玛丽和卡尔都相信气候变化是一个严重的问题，他们的朋友唐就需要很大的自信来反对他们的共同结论了。并且如果琼、玛丽、卡尔和唐在该问题上形成了统一阵线的话，他们的其他朋友甚至是熟人也会认同他们。这样的事情每天都在网上发生。

在这里我要强调很重要的一点，如果一个人看到 5、10、100 或 1000 人倾向于说或做某事，他就会有一种倾向，认为每一个个体是独立地决定说或做该事。但事实可能是，只有群体中的一小部分人做了独立的决定，其他人则是在从众，因而放大了他们自己跟从的同一个信号。那一信号可能极具声望而且令人瞩目，即使它体现的只是少数人的判断。

环境问题提供了信息如何传播的例子，而且不论其正确与否，信息可以传播广泛且根深蒂固。一个令人不安的实例是，人们普遍认为有害废弃物堆放问题位列最严重环境问题的首位。然而科学研究并不支持这种通过流瀑传播的意见。[2]另一个与环境问题有关的例子是一个被广泛传播的错误观点，即认为含有转基因生物的食物对人体健康有害；然而科学共识认为它们没有害处。许多流瀑传播很广，但都限于一类人中流传的；想想在 20 世纪 80 年代真实流行于某些非裔美国人社群中的观点——白人医生是艾滋病在非裔美国人中传播的罪魁祸首。或者想想那种美国保守派广为流行的观念，即认为奥巴马并非出生在美国，以及许多家长持有的观点，认为接种疫苗会导致自闭症，唐纳德·特朗普也曾明显认同过。

一个群体可能最终相信某事，而另一个群体则恰恰相反，这是由于在某个群体中快速传播的信息没能在另一群体中传播开来。

即使是在专家乃至医生群体中，流瀑效应也很普遍。“大多数医生并不处于研究的前沿；他们不可避免地依赖同行们已经完成的和正在做的工作，这导致了无数的外科风尚（surgical fads）和治疗引起的疾病。”[3] 因此，发表在著名的《新英格兰医学杂志》（*New England Journal of Medicine*）上的一篇文章探究了“潮流病”（bandwagon diseases），在这种疾病中，医生的行为像“旅鼠一样，仅仅是因为其他的所有人都做着同样的事，他们便偶发感染了盲目的热情，积极推动了某些疾病和疗法的发展”。[4] 流瀑在公民群体中会如何发展是显而易见的。并且，当信息流瀑运行时，存在一个严重的社会问题：那些处于流瀑效应中的人们不会向他们的后继者们和公众透露他们私下里持有的信息（或保留意见）。

名誉流瀑。与信息流瀑类似，我们可以想见名誉流瀑的可能性。[5] 在名誉流瀑中，人们认为他们知道什么是对的，或者什么极有可能是对的，但是为了维持他人对自己的良好评价，他们依旧会从众。即便是最自信的人有时也会沦为这种压力的牺牲品，在**名誉流瀑**的过程中保持缄默。因为害怕他人的怒火，人们或许不会公开辩驳他们私下里厌恶的做法及价值观。

作为社会行为的性骚扰远早于其法律定义的出现，无数遭受骚扰的女性并不喜欢这种做法。然而多数情况下她们是噤声的，仅仅因为她们害怕公开抱怨带来的后果。想一下有多少现存的做法同属于这一类行为，这点饶有趣味——它们产生了伤害，人们知道它们产生了伤害，但是这些做法仍然存在，因为大多数受害者相信，如果他们公开反对这些就会遭受伤害。一旦名誉流瀑开始滋生，整个政府都有可能垮台，当人们得知他们对政府的不满被广泛认同时，这种情况经常会发生。

来了解一下名誉流瀑是如何运作的。假设阿尔伯特认为接种疫苗会导致自闭症，芭芭拉同意阿尔伯特的观点，不是因为她真的认为阿尔伯特是对的，而是因为她不希望阿尔伯特觉得她很无知，或对儿童面临的严重危险漠不关心。如果阿尔伯特和芭芭拉认同接种疫苗导致自闭症的说法，辛西娅可能不会公开反对他们，甚至会分享他们的观点，不是因为她认为那一观点是正确的，而是因为她不想让阿尔伯特和芭芭拉对自己产生敌意或者失去他们的好感。

这个过程如何产生名誉流瀑是一目了然的。一旦阿尔伯特、芭芭拉和辛西娅在此问题上达成统一阵线，他们的朋友大卫或许就成了最不愿意反对他们的人，即便他认为他们错了。阿尔伯特、芭芭拉和辛西娅的明确观点传递着信息，这种明确的观点或许是对的。但即便大卫认为他们错了，并且有相关信息的支持，他也可能会非常不愿意公开这些信息。当有更多的人加入流瀑时，名誉流瀑施加的压力会增加。曾经非常不受欢迎、导致人们保持沉默的观点，可能会被广泛持有，以至于如果人们反对它，便要冒着失掉其名誉的风险。

野火般的信息及临界点

互联网大大增加了多样化但互相背离的流瀑的可能性。虚拟流瀑每天都在发生。只要登录 Twitter 和 Facebook，你马上就能看到它们。它们或许涉及政治、神奇的产品、致命的疾病、阴谋、不安全食品、发生在莫斯科或柏林的所谓事件，或其他任何事情。

以下是一些有趣且具有启发性的例证，证明了音乐领域的在线流瀑如何发生。[6] 一群由马修·萨尔甘尼克（Matthew Salganik）、彼得·道兹（Peter Dodds）及邓肯·瓦茨（Duncan Watts）带领的实验者创建了一个包括 14 341 名参与者的虚拟音乐实验室。参与者们拿到了一份包含来自许多未知乐队的未知歌曲列表；实验要求他们任意选择任何他们感兴趣的歌曲来试听，以此来决定下载哪些，并且为他们选择的歌曲评级；同时要求差不多一半的参与者根据乐队和歌曲的名字以及他们自己对音乐质量的评价独立作出决定。约有一半的参与者能够看到其他每首歌曲已经被其他参与者下载的次数。这些参与者也被随机分配在八个可能的“世界”或小组中，每一个小组都是自行发展；那些在任一特定“世界”中的参与者只能看到他们自己所在“世界”里的歌曲下载量。问题的关键就是，人们是否会受到其他人选择的影响——不同的音乐在不同的“世界”里是否会变得流行。

社会影响重要吗？会产生流瀑吗？毫无疑问。在这八个“世界”里，个人更倾向于去下载那些先前已经拥有显著下载量的歌曲，而不是去下载那些不那么受欢迎的歌曲。最引人注意的是，原来歌曲的成功几乎是完全没法预测的！因为一切都取决于第一位下载者的选择，几乎所有的歌曲都存在受欢迎或者不受欢迎的可能。同样的歌是成功还是失败——只在于一开始有没有其他人选择下载它（想一下社交媒体上的谣言是如何传播或失败的）。

诚然，在质量和成功之间存在某种联系。“一般而言，‘最好的’歌曲绝对不会特别差，而‘最差的’歌曲也绝对不可能特别好，但是除此之外，什么结果都可能出现。”[7] 然而即便是最好和最差的歌曲，其最终的市场份额都具有高度的不可预测性，这取决于它们是否能从早期的受欢迎程度中获益——而对于绝大多数歌曲来说，一切都有赖于社会影响。

萨尔甘尼克、道兹及瓦茨承认，在许多方面，真实的世界不同于这个实验。事实上，他们控制了大量的变量，以确保他们的结果没有市场实际发生的那么严重，在实际市场中，不可预测性要大得多，流瀑效应是无法避免的。媒体关注、营销力量、评论报道以及其他压力使得社会影响的作用急剧增大。当专家们没法预测成功时，那是“因为当个人决策受到社会影响的支配时，市场就不仅仅是聚集先前已经存在的个人偏好了”。[8] 注意，市场营销者常常通过暗示某种文化产品已经很受欢迎，来努力制造早期的线上“传闻”；事实上，经常有一些营销动作里包含人为操作的成分，通过一些并非普通顾客的“托儿”的购买，来夸大人们对产品的需求。

社交媒体充斥着这类力量。我的一位熟人，普遍行为科学领域一本优秀作品的作者，在许多场合下发了很多类似这样的推文，“我的书卖得很好，远超预期！感谢支持！”实际上这本书没那么卖座，但是作者很清楚，如果人们知道其他人正在买这本书，他们自己也极有可能会买下它。

在这一点上想想 2013 年奥斯卡最佳纪录片《寻找小糖人》（*Searching for Sugar Man*），这部令人印象深刻的电影讲述了底特律一位不成功的唱作人西斯托·罗德里格兹（Sixto Rodriguez）的故事，他在 20 世纪 70 年代初发行的两张专辑早已被人遗忘。几乎没有人买他的专辑，他的唱片公司也放弃了他。罗德里格兹后来没有再出过唱片，并且成了一名拆卸工。罗德里格兹不知道的是，当他在做拆卸工作的时候，他在南非已经成了一个令人惊叹的成功人士——一位堪比披头士和滚石乐队的音乐巨匠，一个传奇。南非人把他形容为

"我们生活的原声带"，从 20 世纪 70 年代起购买了数十万张他的专辑。《寻找小糖人》以底特律无名拆卸工的失败生涯与南非神秘摇滚偶像的名望做了一个对比。

这部影片很容易被人们当成是一个现实世界的童话故事，一个不同寻常的故事，它给"你平淡无奇"赋予了全新的含义——几乎不太可信。然而，正如音乐实验室所展示的，这并不像看上去那么不同寻常，这不仅给音乐和文化市场，也给商业和政治上了深刻的一堂课。

我们会认为固有品质促成了成功，并且那种品质最终会在自由市场中流行起来。无疑，品质通常而言是必需的，但只有品质还不够。社会推动力——谁在向谁传播热情，有多响亮，在哪里，刚好在什么时间——可以将摇滚偶像与拆卸工区分开来，也让惊人的成功和完全的失败划清界限。

而且，如果这对线上音乐来说是真实的，它也很有可能适用于许多其他事物，包括电影、书籍、政治竞选者，甚至是思想（"每个人都在踊跃地支持竞选人甲"，或者"乙思想真的很受欢迎"）。仅仅因为社会推动力（是否）给予其一种早期激励，竞选者和思想便能够获得惊人的成功（或失败）。此时我们能看到协同过滤带来的巨大影响，这不仅反映了个人偏好，也能够帮助改变或确立个人偏好。

政治流瀑与动荡

这些观点提出了一种假设：政治生活非常像音乐实验室。事实上，它就是一种现实生活中的政治实验室。比尔·克林顿、乔治·W. 布什、奥巴马及特朗普之所以会成功，不仅是因为他们显而易见的才能，还因为他们获得了许多等价于早期下载量的关注。许多有才干的政府官员始终未能成功，原因不是他们的才干不够。这是因为他们没有在早年或某个关键时刻吸引到足够的注意力。同样的情况在政策改革中也适用。

检验这一假设并不容易，但是海伦·马吉茨（Helen Margetts）、彼得·约翰（Peter John）、斯科特·黑尔（Scott Hale）及塔哈·亚瑟利（Taha Yasseri）在他们的《政治动荡》（*Political Turbulence*）一书中取得了重大进展。[9] 他们的副标题是“社交媒体如何塑造集体行动”（*How Social Media Shape Collective Action*），然而他们的论题要更为具体且引人注目。他们论证，现代政治生活中存在大量的不可预测性，而社交媒体则显著提高了可预测性的水平，社会影响力则提高了不可预测性。他们明确提到音乐实验室实验的例子，声称在社交媒体时代，政治运动极有可能处于高度动荡之中。

在社会影响力方面，他们的最佳证据来自请愿书。英国和美国都已经创设了网上请愿平台。大多数请愿书失败了——并且是迅速失败。没有人会把注意力集中在上面，哪怕只是少量的注意力。正如结果所示，公开请愿的第一天极为重要。早期是否受欢迎决定了成败，因为政治推动力以自身为基础。在英国，需要 500 个签名才能获得官方回应，而很大一部分成功的请愿书在两天之内便达到了要求。可以合理地认为一定（小）数量的请愿受到早期流瀑效应的激励并从中获益，它们非常像是南非的罗德里格兹。然而绝大部分的请愿都没有做到这一点，它们就像是美国的罗德里格兹。

这种想法的确合理，然而却不是唯一一种对数据的解读方式。可能有一些请愿获得了大量的独立签名，而社会影响力并没有那么关键。但是马吉茨和她的同事们有强有力的理由不这么想。原因之一在于，社交媒体发挥了很大的作用。签名数量与发推文的数量密切相关；推文越多，签名就越多。作者们对时机和内容的分析表明，发推文的确在促进签名活动，而不是抑制。

然而关于社会影响力的最强有力证据来自这样一个事实：2012 年 4 月，英国内阁办公室公布了其网站上的“请愿趋势”，因此每一个人都能看到哪些请愿获得了成功，以及多少人签署了请愿书。马吉茨和她的同事们研究了该信息带来的影响。多少有些令人惊讶的是，它对请愿签名的总体水平没有影响。但是它大大地影响了签名的分布。使用一种与音乐实验室研究相似的方法，研究者们发现**在公布请愿趋势信息之后，签名更集中于一小部分请愿书**。那是关于“信息丰富者更丰富，信息贫乏者更贫乏”的重要证据。[10]请注意，我们这里谈到的是何种请愿书获得了政府高层的注意。在那一问题上，观察到的东西与音乐实验室实验如出一辙。

如人们所想，马吉茨和她的同事们发现，少量的设计变化能够带来意料之外的重大结果。英国在其网站上按签名数量顺序列出前六名的请愿书，它也为访客提供了点击查看另外六种的其他选项。马吉茨和她的同事们测试了请愿的排序是否及如何影响人们的签名。无须在意测试的细节，且让我们关注重要的核心发现：作为请愿信息排名的结果，排名靠前的请愿获得了更多的关注——以及签名。最后的结果是“增加显示请愿趋势的特色服务，使得最受欢迎的请愿书获得了更多的签名，而这些签名以牺牲网站上其他请愿书的签名为代价”。[11]毫无疑问，我们可以就社交媒体如何促进或削弱政治竞选者得出大致近似的结论。因为最初的受欢迎程度存在的些许不同映射了长期的偏差，一个结果便是不可预知性和动荡。

为了进一步测试社会影响力，研究者们借助了一个网站，即“给政府写信”（WriteToThem），设计此网站的意义在于帮助用户给公职人员写信。该网站降低了公民参与的成本。在一个实验中，人们被随机分配在两个组。第一组是对照组，网站访客看不到社会信息。第二组是实验组，访客能够看到其他人已经给某位代表写了多少信。大致上，39%的浏览网页的访客最后会为他们自己的代表写一封信。然而在两组之间存在实质不同：对照组有32.6%，实验组有49.1%。

出乎意料的是，在实验组中，社会信息是否显示了先前访客写信比率的低、中、高并不重要。重要的是上述信息本身。一个原因或许是，人们没有得到可比较的信息；不花点工夫，他们就不会知道某些代表的百分比高于其他代表。另一个原因或许是低（约47%）与高（约53%）之间的差别不太大。如果范围再宽些，我们也许能期待出现更类似于音乐实验室实验和请愿数据的情况，其中的数量变化确实重要(且明显)。

这一期待受到来自同一批研究者的另一实验的强烈支持，该实验测试了人们签署请愿书并承诺就各种不同的政治议题提供小额捐款的意愿程度，议题包括气候变化、保护座头鲸、保护达尔富尔地区人民、对抗贫困的新贸易规则谈判。在对照组中，人们会随机看到请愿书。在实验组中，人们也是这样，但他们也获得了一些社会信息，说明是否已经存在大量(多于100万人)，少量（少于100人）以及中等数量（100到100万人不等）的签名人数。

大致上看，对照组中的人签署了61.5%的请愿书。与对照组相比，实验组中的少量或中等数量的签名信息对人们是否签名不存在显著影响。但是，对那些看到大数字的受试者来说影响显著；这一实验组中有 66.7%的人签名。的确，这不是音乐实验室实验（或请愿书研究）中观察到的影响水平。但就 61.5%的总体签名率来看，有理由认为这一实验中的参与者已经倾向于签名，因此不应期待实验组内部存在着某种巨大的差别。尽管最初的支持水平不同，但重要的是较大的数字对签名的可能性具有一致性和统计上的显著影响，即它在每一测试议题上保持一致。

马吉茨和她的同事们强调，具有不同个性特征的人表现出不同的参与倾向，参与是否可见很重要。与此同时，人们对社会影响力表现出不同的敏感度，马吉茨和她的同事们认为通过社交媒体实现的“微小行动”，是“一种成长中的政治参与形式，在一些国家和情境中正在超越投票，成为人们最有可能参与其中的政治行动”。[12]

本书研究最引人注目的发现涉及潜在社会推动力的本质。依据作者的说法，“外向”预示着早期参与的意愿，如果存在相当数量的性格外向者，具有较高参与阈值的人或许会被打动——而一旦他们被打动，那些低阈值的人就会加入，最终形成一大群人。因为参与的成本是如此低廉（仅通过一个“点赞”，一条转发推文，或是一个签名），几百万人可以通过这种方式组织一场运动。而事实上，这种普遍的进程似乎已经在北非威权国家的瓦解中发挥了作用——并且最终，它们很有可能也在其他地方产生重要的影响。[13]

谣言与转折

在互联网上，谣言常常被迅速传播，而这经常牵涉到流瀑效应。我们中的许多人都收到过海量的电子邮件，说有必要就某项或其他法案联系我们的代表——结果却发现该法案根本不存在，而整个问题就是一个玩笑或骗局。甚至是我们中更多的人曾被严正警告说需要采取预防措施，预防那些并不存在的病毒。20 世纪 90 年代，人们花费了成千上万个小时的上网时间，用来大肆讨论那些与所谓的犯罪活动有关的偏执主张，包括克林顿总统涉嫌谋杀在内。数不清的网站、讨论组和社交媒体发帖传播谣言和各种各样的阴谋论。比如一个不怎么新鲜的案例："环球航空 800 号航班坠毁的消息，通过互联网的发酵，几乎立即让大众确信那是友军炮火造成的结果……都与白水事件（Whitewater scandal）有关……此类观点通过电子邮件一遍又一遍地复制传播。"[14] 2000 年，一个特别针对非裔美国人的电子邮件谣言称，印有同名运动服公司标志"无畏"的汽车保险杠贴纸确实宣传推动了一个以前 3K 党领袖戴维·杜克（David Duke）为首的种族主义组织。

恐怖主义和投票行为已经成了虚假谣言、虚假新闻和流瀑效应的主战场。2002 年，一封流传甚广的电子邮件称，在美国“9·11”事件中并没有波音飞机撞击五角大楼。2004 年，许多人被适时告知电子投票机已经被黑客入侵了，造成了大规模的欺诈。（如果你对更多的例子感兴趣，可以到 www. snopes. com 查询，这个网站关注那些被广泛扩散的虚假消息，其中许多是通过互联网传播的。）

在奥巴马总统执政期间，数不胜数的电子邮件广泛散布消息，说奥巴马和那些为他工作的人失职、无能、谎话连篇、不忠并且行为古怪。奥巴马总统出生于肯尼亚的想法（许多人都散播过，特朗普也是其中之一）只是其中显著的一例；另一个例子是说他是穆斯林。2009 年到 2012 年，我有幸供职于奥巴马政府，也有了一些关于我行为和信念的虚假谣言，其传播速度之快也让我震惊（一些人说我想要“盗窃人类器官”，另一些人说我是维基解密的幕后黑手）。特别有趣的一点是，那些相信这些谣言的人并不必然是非理性的，他们只是对其他人似乎相信的东西做出反应。

这些例子中的大多数都无伤大雅，因为它们没有造成真正的伤害，而且许多流瀑可以被修正。但是，作为一个引起恐慌的有害实例，考虑一下 20 世纪 80 年代在南非广泛传播的关于 HIV 病毒和艾滋病之间关联性的怀疑。因为艾滋病毒感染了相当大比例的成年人口，任何与之相关的怀疑都相当麻烦。南非总统塔博·姆贝基（Thabo Mbeki）是一个著名的网络冲浪者，他在偶然看到“否定论者”的一个网站之后，了解了他们的观点。否定论者们的观点过去没有、现在也不被科学接受——但是对并非专家的人们来说，那些（数量不少的）网站上的许多说法似乎都是有道理的。至少在一段时间里，姆贝基总统既是虚拟流瀑的受害者，也通过他的公共宣传，帮助促进了一种流瀑——以至于许多面临严重风险的南非人不相信 HIV 病毒和艾滋病之间有相关性。这种流瀑效应很有可能导致了许多不必要的感染和死亡。它真的是杀了人。

回想一下，那些相信儿童接种疫苗有害，会导致自闭症的人是否存在流瀑效应。如果有表面是可靠的报告表明接种疫苗导致自闭症，许多父母将拒绝接种。那很难说是无害的。它会导致疾病和死亡。事实上，互联网成了关于健康和规避风险的虚假信息繁育场。它也提供了大量的真相，并且使其公之于众。但是，每一天，破坏性的虚假消息都在通过信息流瀑传播开来，我们需要关注虚假新闻的问题。

一般来说，就信息而言，甚至存在一种“引爆点”（tipping point）现象，为观点的急剧转折创造了可能。在得到新的信息之后，人们在选择相信、做出新的或不同事情时往往有着不同的“阈值”。当更有可能选择相信的人——即有低阈值的人们——达成特定的想法或行动时，稍高阈值的人可能会加入，很快产生出一个赞同该观点的重要群体。在这一点上，那些阈值更高的人或许会加入，很快就能达到一个临界数量，促成大群体、社会甚至是国家的“引爆”。[15]这一过程的结果可能是产生流瀑效应，因为大群体的人们最终会相信某件事物——不管它是对是错——仅仅是因为其他在相关社群中的人们似乎相信那是真的。

大量的实验证据表明，在实验室里很容易制造信息流瀑现象；而真实世界中也有许多现象与流瀑效应相关。[16]例如，考虑一下上大学、抽烟、参加政治抗议、为第三方竞选者投票、罢工、回收问题、提起法律诉讼、计划生育、骚乱，甚至是从糟糕晚宴上抽身等情况。[17]在所有这些情况中，人们都深受其他人所作所为的影响。通常会达到一个转折点。有时我们会遇到一个社会发展的必然氛围，带着一种想法，认为深层的文化力量已经导致例如吸烟、抗议或竞选者成功的增加，而事实上是社会影响力促成了一个本可以轻易避免的结果。社交媒体为流瀑提供了一个明显的滋生地。因此，成千上万乃至数以百万计在浏览某种信息源的人们将朝着一个或另一个方向前进，甚至去相信那种非常错误的东西。

好消息是，就像制造虚假谣言一样，人们通过使用包括社交媒体在内的互联网来揭穿它们也很容易。在线上，人们可以立即修正那些谣言。出于该原因，大多数这样的谣言是无害的。然而，有机会向这么多人传播明显可信的信息，仍然可能以一种威胁包括民主在内的许多社会目标的方式引发恐惧、失误和慌乱。诚如我们已经看到的那样，这种危险在一个四分五裂的言论市场中呈现出一种特定的形式，即局部的流瀑将人们引向截然不同的方向。当这种现象发生时，仅仅因为人们没有互相倾听，校正（甚至是通过互联网的校正）有可能会起效太慢或根本无用。回想一下弄巧成拙的校正造成的（可怕）问题。

“顶”票和“踩”票

我们来继续了解更多有关社会影响如何在线上发挥作用的内容。耶路撒冷希伯来大学的一位教授列弗·穆奇尼克（Lev Muchnik）及其同事在一个专门的网站上开展了一项有创意的实验——该网站展示各种各样的叙述，并且允许人们发表评论，而这些评论又可以被其他人用“顶”或“踩”的方式来投票。[18]就这些评论来说，网站汇集了评论的总分，用“顶”数减去“踩”数。为了研究社会影响的效果，研究者设置了三种情况：“顶票待遇”，即一种评论一出现便自动且人为地被立即投出一张“顶”票；“踩票待遇”，即一种评论一出现便自动且人为地被立即投出一张“踩”票；以及“控制”，即评论没有受到任何人为的初始操作。上百万的网站浏览者被随机分配给三种情况中的一种。问题很简单：一张初始的“顶”票或者“踩”票的最终效果会是什么？

你或许会认为，在这么多访问者（以及数十万级的评价）之后，单独的一次初始票可能无关紧要。一些评论是好的，一些评论是糟的，最后能否胜出，还是要看质量。这是一个合理的观点，但是如果你这样想就错了。在看到一张初始的“顶”票后（并且别忘了，这是完全人为的投票），下一位浏览者也投出顶票的可能性增加了32%。更有甚者，随着时间的推移，这种影响持续存在。过了五个月以后，单独一张正面的初始票竟然人为地增加了高达25%的正向评价！它也使“投票人数”（评价的总数）显著增加了。

负面投票方面，情况不完全是对等的——这是一个非常有趣的发现。的确，初始的“踩”票确实增加了第一位浏览者也投出踩票的可能性。但是那种影响很快地被校正过来。在五个月以后，人为的踩票对评价中位数没有影响（尽管它的确增加了投票人数）。穆奇尼克和他的同事得出结论：“虽然正面的社会影响不断累积，产生了一种评价泡沫的倾向性，但负面的社会影响被大众校正所抵消。”[19]他们认为其研究结果会对产品推销、股票市场预测和选举投票产生影响。也许一种初始的正面反应，或者仅仅是一些这样的反应，就能对最终结果产生重大影响——一种和萨尔甘尼克、道兹及瓦茨的证据相一致的结论。但是负面反应可能会很快得到修正。

这是一种有趣的想法，然而我们从一个单一研究得出大量结论之前应该小心行事，特别是当参与者不受金钱利益影响时更是如此。负面反应对产品、人、行动和思想产生长期影响是可能的。然而毫无疑问，当群体朝着这些方向中的一个或几个方向发展时，或许不是因为它们的内在优点，而是因为早期“顶”票的功能等效（包括奥巴马和特朗普在内的政府官员常常因此获胜）。这是群体极度不可预测性带来的教训——而且他们经常缺乏智慧。当然，穆奇尼克及其同事们的研究是针对大群体的。然而同样的事情也能发生在小群体之中，有时甚至更为显著，因为一张初始的“顶”票——支持某种计划、产品或判决——对他人产生了广泛的影响。

多少起谋杀？

这里有一个对群体智慧和社会影响的巧妙测试。一个大群体的中位数预计值通常是惊人地准确。然而如果群体中的人们知道彼此所说之事时会发生什么呢？你或许认为这类知识会有所帮助，然而情况更为复杂。

苏黎世的一位研究者简·洛伦兹（Jan Lorenz）与同事一起研究当要求人们估计某些数值，例如在瑞士的袭击、强奸和谋杀案的数量时会发生什么。[20]他们发现，当人们得知他人的评价时，观点的多样性显著减少，这使得大众变得更不明智。[21]

大众还面临另一个问题，即因为人们听到了其他人的估计，他们也会变得更加有信心。值得注意的是，这项研究中的人们如果给出了正确答案是可以拿到金钱报酬的，所以他们的错误是真的判断错误——而不是为了讨好别人。作者们得出结论认为，对于决策者而言，由群体给出的建议“或许是完全误导性的，因为尽管与正确解决方案存在重大偏差，但密切相关、看似独立的意见会被自认为是确定的”。[22]对于线上环境中的群体智慧而言，这是一个教训。因为人们会彼此互动，他们也许没那么明智。

隔离，转移与整合

至少对我们大部分人来说，“我的日报”不是活生生的现实。Facebook，Twitter，Instagram 和 Snapchat 账户当然能够传播多种多样的观点，而且许多人确实是以那样的方式来使用它们。自由派网站上的事实和观点经常会被转载到保守派网站上，反之亦然。我们已经看到，即便观点聚集在一起，社会也能从那些最终想方设法到达公众面前的广泛的辩论中获益。而对我们中的许多人来说，主动选择没有促成聚集性。

然而至少对我们中的某些人来讲，也有证据表明存在回音室效应。例如，2009 年的一项研究发现了存在此种效应的适度但清晰的证据。[23]通过观察 727 人在 6 周时间内的行为，R. 凯利·加勒特（R. Kelly Garrett）发现，人们显然更有可能点击那些强化他们观点的信息，而不大可能让自己接触与那些观点相反的信息。根据她的说明，人们为他们自己的观点寻求支持，而且他们一贯如此。与此相关的是，人们“更有可能对那些预计会支持他们观点的内容感兴趣，并且会花更多的时间阅读它。他们对包含挑战他们观点信息的内容可能不那么感兴趣，然而他们不会系统性地避免接触它们”。[24] 值得强调的是，事实上人们在支持他们观点的内容上会花费更多时间。

这里的回音室效应并不大：虽然人们更喜欢那些支持他们信念的信息，但并没有逃避那些削弱自我信念的信息。用加勒特的话来说，“人们强化观点的愿望要强于他们对挑战性观点的厌恶程度。”她的结论是，人们“从他们的政治世界完全排除其他观点，并且不论他们有多少可以掌控他们政治信息环境的能力，鲜有证据可以证明他们会利用互联网来制造排除其他观点的回音室”。[25] 总而言之，她的研究发现了一种寻找想法相似信息源的倾向性，然而重要的是，这些信息源都不是封闭的。

与此同时，加勒特也提出了一种不祥的预测：“极化的在线新闻渠道能够为细分受众服务。在互联网上，新闻的生产成本更低，因此在经济上更为可行，这构成了另一种威胁。面对一种几乎完全支持他们观点的新闻来源和另一种几乎完全挑战这些观点的新闻来源之间的选择，新闻消费者们似乎更可能选择前者。”[26]就此，加勒特已经完成了大量的工作，这与她的核心发现基本一致，也预示了那种威胁的存在。[27]

最为系统地讨论这些议题的研究之一，来自经济学家马修·根兹科（Matthew Gentzkow）和杰西·M. 夏皮罗（Jesse M. Shapiro），他们比较了线上和线下的意识形态隔离。[28]为了测量意识形态隔离，他们使用了一种“隔离指数”（isolation index），用他们的话来说是：

> （这）等于保守派接触保守信息的均量减去自由派接触保守信息的均量。例如，如果保守派只浏览 foxnews. com 而自由派只浏览 nytimes. com，隔离指数就会等于 100%。而如果保守派和自由派全部从 cnn. com 获得他们的新闻，两个群体就会有相同的曝光量，隔离指数就会等于 0。[29]

这是一种测量隔离的有效途径。使用 2004 至 2009 年的数据来源，根兹科和夏皮罗发现，保守派和自由派在线上浏览的内容存在明显区别。在互联网上，保守派接触保守新闻的均量是 60. 6%，而自由派的均量是 53. 1%，从而得出互联网的隔离指数是 7. 5%。这很重要，但同样重要的是，这个数值不是很大。你可以轻易将其看成是温和适中的。根兹科和夏皮罗发现，大部分人没有使用互联网来生活在回音室中。

例如，一个只从 foxnews. com 接收新闻的消费者与 99%的互联网新闻用户相比，要有一个更为保守的新闻食谱（news diet），这表明绝大多数人会点击那些不具有狭义政治形象的网站。

然而，出于四种原因，至少就我此处的关切点来看，不能一味地相信他们的数据。第一，根兹科和夏皮罗也发现互联网的隔离指数要高于广播电视新闻（1. 8%），有线电视新闻（3. 3%），杂志（4. 7%），以及地方报纸（4. 8%）——尽管低于全国性报纸（10. 4%）。互联网的隔离指数高于上述四种标准信息来源，这一事实很难令人感到欣慰。第二，他们讨论的是群体行为，但是群体会掩盖重要的亚种群（subpopulations）创造回音室的程度。第三，他们的发现现在过时了，互联网的隔离程度可能正在提高。第四，更多的新近研究发现，社交媒体上的回音室效应显然更强。

根兹科和夏皮罗研究中的一个有趣的保留情况直接聚焦于亚种群问题。安德鲁·盖斯（Andrew Guess）使用个体水平的媒体消费数据来研究线上行为。[30]通过同时考察信息反馈和浏览历史，他发现，涉及政治新闻和信息的访问量百分比实际上非常低——约占全部访问量的 6. 9%。大部分时间，人们并不上网看政治新闻。与当前话题更为相关的是，民主党人和共和党人并没有进入回音室，而是倾向于聚集在可以算是中间派的网站，如 MSN. com 和 AOL. com。最重要的保留情况是，共和党人也会浏览民主党人完全忽略掉的保守派网站（Townhall，Drudge Report 以及 Breitbart）。比起共和党人，民主党人也会对某些自由派网站（Huffington Post 以及 Daily Kos）表现出比共和党人更大的兴趣。但是盖斯发现，一般来说，“不论党派从属如何，回答者的总体媒体日常列表都存在显著的平衡”，因为大多数人的选择“汇聚在意识形态光谱的中心”。[31]

由此可见，大多数人不以党派的方式消费新闻。但是肯定有些人会这样做，包括一系列左翼民主党人和（盖斯的数据中明确指出的）一小部分只浏览保守派网站而不看自由派网站的人。接着，一小部分人会访问最具党派性的信息渠道。与此一致，盖斯也发现，在 2015 年披露希拉里·克林顿使用私人邮件服务器之后，共和党人突然开始涌向可辨识的保守派信息源，增加了相关信息和新闻的消费量。盖斯得出结论认为，“一条涉及知名人物的，很自然地反映出政治分歧的丑闻，能够即刻增加党派性信息来源的访问量。”[32]一个合理的结论是，尽管大多数人并不生活在回音室里，但那些生活在回音室里的人可能拥有不成比例的影响力，因为他们是如此热衷于政治。[33]

Twitter 上的同质性

我已经在讨论一般的线上行为了。社交媒体又怎么样呢？本节我很想要提出社会媒体，特别是 Twitter 的行为假说，这与本书的整体关切点一致：**人们的 Twitter 推送主要由想法相似的类型构成。当人们转发时，那通常是因为他们认同他们在转发的内容。因为人们创造了他们自己的订阅，他们也在创造回音室**。的确，一些人极力表示转发“不是一种赞同”，但是大多数时候，你转发某消息是因为自己喜欢，因为你想要自己的关注者们也看到它。的确，你也许会关注你不赞同的人，因为你想要从他们那里学到东西，或者你对对方在想些什么感兴趣。但是通常，我们可以假定 Twitter 是在创造成千上万的信息茧房。

我们不妨再往远处看看。在商业、政府以及非营利机构，人们都意识到了社交媒体的力量，并且他们使用 Twitter 来获取利益。他们努力创造出能培养偏好信息环境的人际网。他们发推文来给他们的想法和产品——杂志、电影、电视节目、书籍、竞选者以及意识形态——创造出积极的印象，并且他们对群体极化和流瀑效应有一个直观的意识。他们有意创造了回音室。

的确如此吗？尽管完整的故事很复杂且仍正在发生，有合理的证据证明事实的确是这样。[34]在 Twitter 上，有研究发现了大量的同质性。一项 2001 年的重要概述发现，包括种族、民族、年龄、宗教以及教育在内的所有社会关系网分类中都存在同质性，并且组成了可辨识的“利基市场”。[35]八年后，谷歌的格奥尔基·克塞尼茨（Gueorgi Kossinets）与雅虎搜索（现在被微软收购）的邓肯·瓦茨（Duncan Watts）研究了同质性的**起因**，他们特别强调了个人选择和结构的作用。通过调查实际行为，他们发现经过许多“世代”，对相似的人的一个看似微小且适中的偏好能“产生可观察到的，异乎寻常的同质性”。[36]

在同质性基本概念的基础上，伊泰·西美尔博伊姆（Itai Himelboim）及其合著者发现，Twitter 上存在大量的同质化现象。通过十个有争议的政治话题来研究 Twitter 关系网，他们发现“Twitter 用户不可能接触他们所关注的用户群的跨意识形态信息，因为这些用户群的政治理念通常是同质化的”。[37]确实，人们在 Twitter 上建立社会关系，不仅仅基于政治兴趣，而是基于许多共同的兴趣。在政治领域中，对内容的兴趣大大受限于想法相似的用户。几乎不存在跨意识形态的交流，哪怕是有意义的交流。

无独有偶，M. D. 康诺福（M. D. Conover）及其合著者们调查了 Twitter 的政治交流网络，包括 2010 年美国国会中期选举前的 6 周时间内，超过 4.5 万名用户发出的超过 25 万条推文。通过研究用户的转发，他们发现一种高度的意识形态隔离，“左翼和右翼用户之间的联系极度有限”。如作者们所称，“转发关系网”（retweet network）将用户分成了两个同质性社群，分别对应于政治上的右派和左派。[38]这里的集群彻底程度令人瞠目结舌，表明存在着两个不同的传播环境。

与此同时，这里也存在着一个疑问——一项从另一方向切入的研究。如果你看到与转发相对的“提及”（“提及”是在推文里@另一 Twitter 用户的用户名），你会发现政治隔离远没有那么多。在 Twitter 上，保守派确实提及了自由派的推文，而自由派也确实提及了保守派的推文。作者们推断，标签或许是一个很重要的理由。如果某人发布了一条推文写着“宪法第二修正案”（#SecondAmendment），或许会有很多人对此感兴趣，特别是当它看上去持有一种中立或模糊的态度时。

但是作者们最终得出结论认为，他们发现的交互作用“几乎可以确定不是解决政治极化问题的灵丹妙药”。问题在于，尽管有大量的“提及”推文，意识形态相反的用户“与其社群的其他成员分享来自分水岭对岸信息的情况依然罕见”。因此“诚如转发关系网的拓扑结构已经表明的那样，尽管存在大量的跨意识形态交互，但政治隔离仍然持续存在”。[39]

一项关于 2012 年选举中 Twitter 数据的研究也指向了同

一方向。[40]同年 11 月 5 日——选举前一天——经济学家约什·哈博斯坦（Yosh Haberstam）和布莱恩·奈特（Brian Knight）下载了来自 220 万 Twitter 用户的信息，他们关注众议院代表竞选人的 Twitter 账户。研究者们根据他们关注的竞选者的党派倾向，将 Twitter 用户编码为自由或保守派“选民”（例如，那些关注更多共和党竞选者的用户被视为保守派），然后根据选民关注的新闻渠道确定其意识形态【例如，自由派更有可能关注克里斯·马修斯（Chris Matthews）的《硬球》（*Hardball*）①】。从这些政治参与的 Twitter“选民”出发，哈博斯坦和奈特分析了 9000 万条与其他 Twitter 用户相关的链接，以及 50 万条竞选者的转发和提及竞选者的推文。

研究者们发现，人们较多地接触那些与自己想法相似的推文。具体来说，他们发现在保守派中，接触保守派的比例是 77.6%，而接触自由派的比例只有 37.2%，在 Twitter 上产生了 40.3%的隔离指数。那要远高于根兹科和夏皮罗发现的 7.5%的互联网意识形态隔离指数。为什么会出现这种情况？

为了使他们的研究与根兹科和夏皮罗的发现保持一致，研究者们重点关注了两个因素：关注政府官员的人们更愿意与想法相似的个人产生联系，而 Twitter 上的新闻消费则会特

---

① 美国著名政治评论节目。

别影响意识形态的隔离。研究者们发现，关注多个政党竞选者的 Twitter 用户（所谓的温和派）的隔离指数的确要低得多（21.7%）。[41]同样，媒体消费——即那些关注媒体渠道（如福克斯新闻或《纽约时报》）的用户隔离指数也要低很多（24.1%）。意识形态隔离的水平仍然显著，但与那些没有关注这些媒体渠道的人相比不算那么显著。用哈博斯坦和奈特的话来说，“同一个 Twitter 用户在从媒体渠道消费新闻时，比将 Twitter 作为连接其他选民的社交网络时的隔离程度更低。”[42]如果将这两个因素放在一起看，最后的隔离指数只有6.7%，接近于根兹科和夏皮罗的发现。

接着，如果你的 Twitter 既关注媒体渠道，也关注多个政党的竞选者——也就是说，如果你是一个“温和派”的话，那么你接触的意识形态相关的信息会稍有偏颇，但不会太大，这将与互联网总体的意识形态隔离程度大体相当。但是如果你的 Twitter 只关注一个政党的竞选者（许多人都是这样做的），并且如果你没有关注媒体渠道的话，那么你将会接触到极度偏颇且更为有限的观点。

这一切都意味着什么呢？对许多用户而言，Twitter 比广播、报纸和互联网的意识形态隔离程度都要高。事实上，研究者们发现，在自由派选民看到的众议院竞选者推文中，平均90%来自民主党人；同理，保守派选民看到的平均90%的竞选者推文来自共和党人。[43]（如果曝光率是随机的，这些

Twitter 选民应该会看到一半民主党和一半共和党的推文。）这一切意味着 Twitter 使得倾向于听取志同道合观点的人们更易于做到这一点——并且有许多人都在遵循着他们的倾向。

通过研究美国的共和党人和民主党人，伊莱娜·科隆恩（Elanor Colleoni）及其合著者们发现了大量的政治同质性，但是民主党人和共和党人之间存在着一些有趣的差异。[44]简言之，民主党人总体上表现出明显更高的政治同质性水平，而关注共和党官方账号的共和党人比民主党人表现出更高的同质性水平。

关于民主党人和共和党人之间的大量区别，以及这些区别会如何随时间推移而变化还尚待研究。在某些年份里，一党或另一党会更倾向于在社交媒体上孤立自己，而这些倾向可能在一段时间或另一段时间里发生转变。在民主党人和共和党人中，温和派和极端分子之间肯定存在差异。可以合理推断出，那些认为自己处于民主党左翼的人比起那些认为自己只是在中间稍微偏左位置的人来说，要更倾向于具有同质性，而共和党右翼成员与那些仅仅是中间偏右的人之间的情况可能与之类似。它对于了解统计学特征的作用来说也更有趣，而且或许很重要。在 Twitter 上，男人和女人，年轻人与老年人，受到良好教育者和教育贫乏者，富人与穷人之间的同质性差异有多大？

应该在适当的时候写一本关于这一话题的完整著作。这无疑会使本章开头的直观假设复杂化，并给予验证。但这极有可能与如下断言相符合：Twitter 上的同质性可谓是司空见惯，当数以百万计的人使用它来发现新闻和观点时，物会以类聚，人会以群分。

好友与 Facebook

总体情况。讨论完 Twitter，我们转向 Facebook。根据 Facebook 员工的一项研究，有足够证据表明，Facebook 用户确实在一定程度上正创造着政治回音室。[45]通过调查 1010 万 Facebook 用户如何与新闻互动，该研究探究了 Facebook 自己的（早期）算法——该算法可以进行一定程度的筛选——的影响，以及用户自己的选择。这项研究的一个重要优点在于，它将 Facebook 算法的影响与人们决定是否点击的结果清晰地分开。作者们自己强调后者的影响，建议“在社交媒体上自行接触相反观点的权力首先属于个人”。[46]这一建议与他们的实际发现并无出入，但是整个故事更有意思。

Facebook 的算法很重要。如作者们提出的证据所示，算法将自我认定为自由派的人接触不同内容的比率抑制在 8%，而自我认定为保守派的人接触不同内容的比率被抑制在 5%。那意味着一个自由派可以看到的具有交叉性的内容会被算法过滤掉 1/13，一个保守派可以看到的此类内容会被过滤掉 1/

20。的确，这些数字不是很大，但是它们确实意味着，仅因为算法的影响，人们正在看到（适量）自身不赞同的新消息就变少了。而且，它表明了 Facebook 改变我们新闻消费的潜在力量：如果人们正在从 Facebook 获得他们的许多新闻，算法就会产生一种偏移。

在个人选择方面，存在一种附加的、更大的影响：点击行为导致自由派接触不同内容的比率降低了 6%，导致保守派降低了 17%。关于这一点，作者们找到了关于证实性偏见（confirmation bias）——一种积极性论证的产物——的清晰证据：人们更有可能点击那些确认他们信念的材料，而不是那些削弱他们观点的材料。理解该研究的最佳方式是将算法和个人选择放在一起考虑。总体看来，Facebook 上存在着大量的自我分类，造成了一种人们更有可能看到他们赞同之物的情境。

也诚如 Facebook 的研究人员注意到的，“在离线环境和在互联网上，个人都不是随机获取信息的。”[47]而且，与面对面交互或不存在 Facebook 算法的情况相比，人们在 Facebook 上看到的意识形态多样性的信息要少得多，因此并不容易衡量。再者，这些数字的确引出了一些问题，即 Facebook 以及其他社交媒体公司能够或应该做些什么来促进意识形态多样性。诚如我们已经看到的，Facebook 在 2016 年决定改变其算法，将好友和家庭成员的动态优先于《华尔街日报》或《赫芬顿邮报》（*Huffington Post*）等新闻发布者的信息。[48]那意味着你在 Facebook 上看到的内容将更加依赖于你的好友是谁，他们分享了什么，以及你点击了什么。该变化极有可能增强回音室效应。

“花时间浏览”。Facebook 本身对如何看待这种情况有着独特的想法。Facebook 创始人、董事长及首席执行官马克·扎克伯格（Mark Zuckerberg）曾提到，“在你家门口将要死掉的一只松鼠，可能比非洲濒死的人们更引发你的兴趣。”[49] 公司信仰消费者主权的一个清楚的例子是 2016 年两位 Facebook 工作人员发布的一条积极乐观的博客帖子。这条具有启发性的帖子标题为“更多你想花时间浏览的文章”。作者们声称，“我们正在为信息流排名加上另一个要素，这样一来我们现在就可以预测出你在 Facebook 移动浏览器或在你点击新闻动态进入即时文汇（Instant Article）后花了多少时间浏览一篇文章。”这让他们满心欢喜，他们认为“有了这个变化，我们可以根据你和其他人花了多少时间阅读文章来更好地了解哪些是你感兴趣的文章，因此你将更有可能看到你感兴趣去阅读的故事”。[50]

他们没有一丁点儿的自觉，还补充说 Facebook 最近的算法改革试图为用户提供“更多他们想要花时间浏览的文章”——而不是提供一大堆用户或许不加考虑的内容（并且是他们不会花很多时间看的内容）。随着算法在未来变得更加精确，公司根据用户想要读的文章预筛选内容的能力将不可避免地得到提升。一方面，那很棒——但是另一方面，它真的不好。

科学与阴谋。关于 Facebook 用户的一系列研究提供了强有力的证据，证明至少在特定领域，Facebook 上存在回音室，而且它们是由证实性偏见造成的。[51]其中一项研究由意大利计算社会科学实验室的米歇尔·德维卡里奥（Michela DelVicario）领导，研究 Facebook 用户在 2010 年到 2014 年的行为。[52]研究的核心目标在于测试用户是否创造了封闭社区的虚拟等价物（the virtual equivalent）。

德维卡里奥及其合作者考察了 Facebook 用户如何传播阴谋论（使用 32 个公共网页）、科学新闻（使用 35 个网页）以及故意传播虚假信息的“恶意帖”（使用 2 个网页）。他们的数据集很大，覆盖了五年间所有的 Facebook 帖子。研究者们研究 69 个网页中有哪些是 Facebook 用户链接过一次或更多次的，他们是否是从自己的 Facebook 好友那里了解到的那些链接。

总而言之，研究者们发现了想法相似者的社群。哪怕毫无根据，阴谋论也会在这些社群中迅速传播。在这些议题上，Facebook 用户试图选择和分享包含他们所认可观点的信息——而忽略他们反对的信息。如果一个内容符合人们已经有的想法，他们极有可能对它感兴趣并因此传播它。如德维卡里奥及其合作者所言，“用户最愿意根据一种特定叙述来选择和分享内容，而忽略其他内容。”在 Facebook 上，结果是出现了大量“同质性、极化群组”的信息。[53]在那些群组中，新的信息在好友间快速（通常只需要几个小时）传播。

结果是“由无确实根据的谣言、疑惑和妄想助长的偏见叙述的激增”。[54]在那一意义上，证实性偏见是自我强化的，它产生了恶性循环。如果人们从某种特定信念开始，并找到了确认这一信念的信息，他们会强化自身对那种信念的确信程度，加强自身的偏见。来自同一学术团队的研究发现，为这一结论提供了强有力的支持：在 Facebook 上，人们一般会忽略辟谣的努力——而当人们留意时，他们经常会强化自己对于被辟谣信念的确信程度。在 2016 年美国总统大选期间出现了许多这样的情况。

我们也可以思考人们如何回应**故意的**虚假陈述。研究者探究了显然不切实际且具有讽刺性的陈述——例如，一个帖子宣称，化学分析表明，某化学制剂中包含枸橼酸西地那非(万艾可中的活性成分)。[55]最重要的发现是，许多人喜欢并评论支持这一陈述。哪怕是故意制造虚假信息并且用作讽刺目的，其遵从阴谋论的叙述方式使其转变为对相关群体而言合适（受欢迎）的内容。当然，阴谋论以及那些喜欢并传播它们的人并不总是成功。对于这些理论，我们可能会看到特别大的回音室效应。但是我们也有充分的理由认为，在 Facebook 上能够找到与一般自我归类模式相同的不那么极端的版本。

这类发现非常重要，因为人们越来越依赖社交媒体来获取新闻。根据皮尤研究中心（Pew Research Center）的一项公众意见调查，截至 2016 年，10 个美国成年人中就有 6 人（62%）从社交媒体获取新闻，而且 18%的人经常这样做。调查也显示，大多数 Twitter 用户（59%）和 Facebook 用户（66%）在这些平台上获取新闻（从 2013 年开始都有显著升高，当时这些用户中只有一半人从社交媒体上获取新闻）。调查还表明，虽然使用 Twitter 的人口百分比相对很低（16%），但 Facebook 被人们广泛使用（67%）——这意味着约有 44%的美国成年人从 Facebook 上获取新闻。[56]

对许多经常被称为千禧一代的、出生于 1980 年以后的人来说，Facebook 是目前为止获取政治和政府新闻的最普遍来源。2016 年，10 个千禧一代中有 6 人（61%）表示自己从 Facebook 上获得政治新闻，然而 10 人中只有 4 人（44%）表示从第二受欢迎的信息来源——CNN 上获得新闻。[57] Facebook 包揽了超过 40%的新闻网站推荐流量（referral traffic）。[58] 无论好坏，社交媒体，特别是 Facebook 在决定人们了解政治议题方面产生了重大的影响。

事实，价值及好消息

用已故参议员丹尼尔·P. 莫伊尼汉（Daniel P. Moynihan）

的一句话来说，人们都有自己的观点，但那并不一定是事实。然而对于一些最具政治争议性的话题，人们的意识形态确定了他们对事实问题的判断。这一观点帮助解释了碎片化媒体市场带来的一个影响，它导致了极化。

虽然许多分化人们的议题都可归结于意识形态和偏好，但至少存在一种硬科学应当具有很强发言权的话题——气候变化。不过，数字和图形可以改变人们的观点吗？在 2016 年的一项实验中，我的同事塞巴斯蒂安·博巴迪拉-苏亚雷斯（Sebastian Bobadilla - Suarez）、史蒂芬妮·拉扎罗（Stephanie Lazzaro）、塔利·沙罗特（Tali Sharot）和我向 300 多名美国人询问了一些与气候有关的问题，例如他们是否相信人为的气候变化正在发生，美国支持最近的《巴黎协定》（Paris Agreement）以减少温室气体排放是否做得正确。[59]根据他们的回答，我们将参与者分为三类：对人为气候变化的强信者、温和信者以及弱信者。

接下来我们告诉参与者们，许多科学家说，到 2100 年，美国的平均气温将至少升高 6 华氏度，并询问他们自己对于 2100 年气温可能升高的估计值。总平均数是 5.6 华氏度。诚如所料，三组人之间存在显著差别：人为气候变化强信者为 6.3 华氏度，温和信者为 5.9 华氏度，弱信者为 3.6 华氏度。

然后是实验的关键部分。参与者被随机分配到两种情境之一。一半人接收比他们原先接收到的更为令人欢欣鼓舞的信息（对地球和人类来说是好消息）；一半人接收到不那么鼓舞人的信息（对地球和人类来说是坏消息）。在好消息情境中，他们被告知，假设在最近几周中，杰出科学家们重估了科学研究，并得出结论，认为情况远比原先的设想要好，这表明温度可能只上升 1 到 5 华氏度。在坏消息情境中，参与者被告知，假设在最近几周中，杰出科学家们重估了科学研究，并得出结论，认为情况远比原先的设想要糟，这表明温度可能会上升 7 到 11 华氏度。然后所有的参与者被要求提出他们个人评估。注意，我们的实验非常适用于线上和社交媒体中发生的情况。就气候变化而言，人们始终接收新闻，表明问题比原先的设想要好很多或糟很多。

以下是我们的发现。人为气候变化的弱信者被好消息影响；他们的平均估计值降低了 1 华氏度。但是他们的想法完全没有因为坏消息而发生改变；他们的平均估计值基本保持不变。相反，人为气候变化的强信者们更容易被坏消息影响（他们的平均估计值飙升近 2 华氏度），而面对好消息时，估计值降低了不到一半（0.9 华氏度）。气候变化的温和信者在两种情境中受到的影响相当（在每一种情境中，他们改变了约 1.5 华氏度的估计值）。

结论很明确，对人为气候变化的弱信者来说，令人感到安慰的消息会产生巨大的影响，令人惊恐的消息则不会。强信者则表明了相反的模式。当包括社交媒体在内的媒体让人们接触关于最新科学证据的新竞争性说法时，可以预见这些相反的趋势会产生政治极化，并且随着时间推移而增加。

研究背景中存在一个更为普遍的心理学发现。在涉及与我们自己有关的信息（关于他人认为我们的魅力多大，或者我们生病或成功的可能性）时，人们通常更会因为好消息而改变他们的想法，而不是坏消息。如果你听说你比你所以为的要更漂亮，你很有可能会吸纳这样的好信息。如果你听说你没有那么好看，你或许会忽略那种令人不快的消息。在特定情况下，一些类似的情形适用于政治议题，就像气候变化的弱信者一样，他们最有可能记住那些表明事情没那么糟糕的信息。然而有时候，好的政治新闻可能会威胁我们最深的信念，我们会倾向于减轻它的分量。最重要的是，我们或许希望那些信念得以证实。那些最为担心气候变化的人或许更希望知道人类真的面临严重的威胁，而不是知道气候变化问题可能没那么糟糕。对他们来说，在某种意义上，关于人类和地球的坏消息是好消息（因为它们证实了他们的观点），而关于人类和地球的好消息则在严肃意义上被看成是坏消息。

这些发现有助于解释许多议题中的极化现象，以及社交媒体在增加极化中发挥的作用。例如，关于平价医疗法案，人们遇到了好消息，大意是说它帮助数以百万的人获得了健康保险；也接收到坏消息，大意是说医疗花销和保险费持续增长。对于法案的支持者们而言，好消息要比坏消息的影响更大；对反对者们而言，恰恰相反。随着信息的总量增加，极化现象也会加剧。根本上讲，移民、恐怖主义以及增加最低工资也面临同样的处境。何种消息会产生很大的影响，部分取决于人们的动机和最初的信念。

然而这里存在一种重要的限定条件。在我们的实验中，绝大多数人表现出变化的倾向，几乎没有人不受新信息的影响。至少在某种程度上讲，多数人愿意改变他们的观点。对于那些相信学习以及民主自治可能性的人们来说，这是一些好消息。

身份认同与文化

一个由耶鲁法学院丹·卡汉（Dan Kahan）教授带领的研究团队得出的研究发现令人深省："文化认知"（cultural cognition）塑造了我们对科学的反应，我们的价值观影响了我们对于纯粹事实性主张的评价，甚至在高科技领域也是如此。[60]结果，美国人不出所料地在涉及例如控枪、气候变化、核废料处理和纳米技术等事实的问题上产生了极化。卡汉令人惊讶的主张在于，在很大程度上，人们是基于他们的身份认同感——即他们认为自己是什么样的人来做出判断。结果是，迥然不同的各种观点因身份认同而集聚。例如，在保守派中，控枪是个坏主意，反歧视行动也是，气候变化不是什么大问题，最高法院本不应该承认同性婚姻，而最低工资也不应该增加。

大体上，我们或许可以分辨出具体的价值观，将这些显然不同的结论联系起来。然而卡汉的主张是，至少在特定的争议问题上，人们观点的真正根源在于他们对自己身份的理解，以及他们保护这种认同的努力。虽然卡汉没有聚焦于线上行为和社交媒体，但毫无疑问，线上互动会促成他描述的这些现象。

考虑一下当前关于转基因食品和气候变化的辩论。绝大多数科学家接受这两种主张。第一，转基因食品一般不会给人类健康或环境造成严重威胁。第二，温室气体正在引起气候变化，这的确给人类健康和环境造成严重威胁。

关于转基因食品，民主党人比共和党人更有可能抵制当前的科学判断。关于气候变化，共和党人比民主党人更有可能抵制主流的科学判断。党派分裂显而易见。在国家领导人中，许多民主党人担心转基因食品；很少有共和党领导人对此表示关切。在普通公民中，绝大多数的民主党选民相信转基因食品不安全。共和党选民在安全问题上平分秋色——关注程度高于他们所选的代表，但远低于民主党选民。

在国会里，民主党比共和党更有可能支持减少温室气体排放的行动，这不是什么新鲜事。只举一例：2013 年参议院关于征收“碳污染费”的一项非约束性决议投票中，共和党人一致反对，而大多数民主党人则表示支持。近些年，约有75%的民主党选民表示他们“非常”或“相当”担心气候变化。对共和党选民来说，百分比在30%—40%之间徘徊。诚如卡汉所示，怀疑气候变化且不担心该问题的共和党人，并**没有**表现出更低的科学能力水平。[61]他们完全了解大多数科学家们的想法。他们绝不是愚昧无知，他们的判断是他们价值观或身份认同的产物。

共和党人更倾向于听从转基因食品的科学意见，而民主党人更倾向于听从温室气体的科学意见，这一事实的最佳解释是什么？存在三种促进因素。利益群体首当其冲。在民主党一边，他们当然真诚地保持着关切，然而组织良好的群体一直努力游说反对转基因食品，并且它们也能够加强公众的反对程度。这些群体在民主党内部颇具影响力和可信度，包括有机食品业和全食超市（Whole Foods Market，高端有机超市）都已经从强制标签（mandatory labeling）中获利（而这会损害它们的竞争者）。相比之下，关于气候变化，最强大的经济利益群体（比方说煤炭工业）在共和党内具有更大的影响力。环保组织施压支持控制温室气体，这对民主党人而言举足轻重。

第二种解释指向我在本书中最重要的关切点：回音室的影响，包括社交媒体。关于转基因食品，一些民主党人主要是听取彼此的意见，而作为一种内部讨论的结果，即便科学并没有站在他们一边，他们的恐惧还是被放大了。关于温室气体，同样的现象发生在共和党人中间。这里就像别的地方一样，想法相似的人之间进行的讨论增加了自信、极端主义和极化。

第三种解释基于卡汉的研究。它指向先前存在的意识形态信仰在特定议题上的重要角色，这能够排除科学发现的影响。大体上，许多共和党人会反对政府干预自由市场。他们倾向于怀疑那些主张政府介入合理性的科学证据，特别是在环境领域。与之相比，许多民主党人更愿意接受这样的假设，即企业干预自然的力量具有潜在危险性，特别是当那些干预行为涉及化学药剂、新技术或污染物时更是如此。在民主党人中，转基因食品和温室气体带来威胁的科学主张找到了乐于接受的倾听者。在这两种情况下，价值观问题第一，科学判断第二。当然，一个碎片化的媒体市场会强化相关的价值观。

的确，价值观不总是排斥科学。一些科学问题不会触动政治身份的认同。想想香烟是否会导致肺癌，或者在开车时发短信是否会增加交通事故的可能性等问题。一些科学问题**发生转移**：曾经的技术问题变成了激烈争执的政治问题，而曾经激烈争执的政治问题也会变成技术问题。

臭氧层损耗问题可以作为后一种现象的例子，科学证据在此长期具有压倒性优势。该证据促成了罗纳德·里根

(Ronald Reagan) 总统于1988年签署两党共同支持的《蒙特利尔议定书》(Montreal Protocol)。即便如此，在转基因食品和温室气体问题上，已经存在的价值观无疑促成了政治极化。与利益群体的活动和回音室效应一道，这些价值观帮助我们解释了为什么我们两个主要政党的领导人们在一种情形下，强烈倾向于接受科学共同体中的主导观点——而在另一种情形下则拒绝接受。

最不幸的是，利益群体、回音室和身份观相互促进，创造出一个新型的铁三角。利益群体利用社交媒体支持他们更喜欢的世界观，同时也产生或强化了身份观。回音室在增强那些群体权威的同时，也使得那些观念根深蒂固。

对比：审议式民调

与极化和虚拟流瀑形成对比，我们来看看斯坦福大学具有创新精神的政治科学家詹姆斯·菲什金（James Fishkin）的一些工作，他倡导了一场真正的社会创新：审议式民调。[62] 他的基本想法是确保民调不仅仅是公共意见的“简单集合”。相反，人们的观点只有在不同的公民有不同的观点、为了彼此讨论话题而被召集起来时，才会被记录下来。

目前，包括美国、英格兰和澳大利亚在内的许多国家都进行了审议式民调。在互联网上进行审议式民调很容易，而且菲什金开始朝此方向开展了具有启发性的实验。

在审议式民调中，菲什金发现个人观点发生了一些值得注意的改变。但是他没有发现一种倒向极化的系统性倾向。[63]例如，在英格兰，审议导致人们对使用监禁作为打击犯罪的工具的兴趣降低。[64]相信“将更多的犯罪者送进监狱”是防止犯罪的有效方式的百分比从57%降到了38%；相信应该将更少的人送进监狱的百分比从29%增加到44%；而相信“严厉判罚”有效的百分比从78%降到了65%。[65]相似的变化也体现在对被告的程序性权利表现出更大的热情，以及探究更多监禁替代方案的意愿上。

在其他与审议式民调有关的实验中，变化包含了混合的调查结果，通过审议，有更大百分比的人得出结论认为，法律程序应当增加父亲在照料孩子中的责任（从70%变为85%），并且认为福利和医疗方案应该移交给各州来安排（从56%到了66%）。[66]这些发现与群体极化的预测大体一致，的确，审议效果有时会增加人们秉持其原有信念的强度。[67]然而这很难说是一个统一的模式。在某些问题上，协商将一种少数立场转变为一种多数立场（例如，支持使离婚“变得更难”政策的人们从36%飙升至57%），随之而来的是，它有时也会使多数观点变成少数观点。[68]

菲什金的实验有许多独到之处。参与其中的不是想法相似的人，而是不同的公民群体，他们在看到指定主持人介绍的社会议题的各个方面后参与讨论。菲什金的审议者并不寻求获得群体共识，他们听取并交换意见，而不被要求达成一致。在许多方面，完全有理由说这些讨论为市民审议提供了一个模型。

当然，将不同的人集中在同一地点的成本很高。然而，传播技术使得广泛使用审议式民调和异质性人群中的理性讨论变得更为可行——哪怕私人在其私人能力范围内甚少选择自己动手创建审议机制。我注意到，菲什金已经在互联网上创造了审议式民调，在这方面也有许多努力和实验。[69]社交媒体可以很方便地用于那些目的。

在这里，我们可以通过不同人之间交换理由的讨论形式，找到对未来的巨大希望，如果没有现有技术，他们根本不能相互交谈。如果我们被消费者主权的想法引导，如果我们欢庆不受限制的过滤，我们就不会明白为什么审议式民调中的讨论比网上正在发生之事具有很大的进步。总之，审议式民主决策的愿望与消费者主权的理想——用盖茨的话来说，一种“只需张口说出你感兴趣的东西，电视就会帮忙找到你喜欢的视频”的未来——背道而驰。

但是，让我们也提出一种警示：对于许多政治问题来说，重要的是直面事实，为此，你需要专家，而不是审议式民调。设想一个问题是，目前的颗粒物水平（一种空气污染物）导致每年有两个人，或是两百人，或是两千人死亡。或者设想问题是，对卡车的燃油经济性规定是否会降低其安全性。在这些问题上，专家意见至关重要。的确，我们或许会希望有专家参与审议。但是即便人们充分了解情况，审议式民调也可能会把我们引入歧途。

尽管如此，审议式民调还是要远远好过没有审议的民调。一个持久的问题是，我们需要何种理想来激励我们的选择，并且根据这一判断，我们需要采取何种态度和监管方法。在这里，重要的是强调，包括社交媒体在内的现有技术本身，不存在支持同质性和想法相似者之间审议的倾向性。一切都取决于人们想要利用他们获得的新机会来做些什么。想想一位互联网创业者的感想："在我人生里头一遭，我在聊天室里看到，非裔美国人和白人至上主义者们彼此交谈……如果你从始至终地浏览对话的话题，最后你会发现敌意比开始时有所减少。有时虽不那么动听……但是在线上，他们的的确确是在互相交谈。"[70]问题在于，这还远远算不上是一种普遍的实际。

关于危险和解决方案

我希望我已经足够清楚地阐明，对于异质性民主中的公民们来说，一个碎片化的传播市场造成了相当多的危险。作为个体，我们每一个人都面临着危险，持续接触一组观点很可能会导致错误和混乱，这有时是虚拟流瀑的一种结果。如果该进程巩固了已经存在的观点，传播虚假信息，促进极端主义，且使人们不能就共有难题通力合作，那么整个社会就存在危险。

为了强调这些危险，我们必要主张人们会或将会在网上获取所有信息。存在许多信息来源，并且其中一些来源毫无疑问会抵消我这里已经讨论过的风险。无须预测，大部分人只和那些与他们想法相似的人交谈。当然，许多人会寻求或邂逅竞争性观点。但是，当技术使得人们易于将自己隔离于他人之外时，参与其中的人和社会整体都面临着严重的风险。

第五章

社会黏合剂和信息传播

有些人认为言论自由是一种奢侈品。在他们看来，贫穷的国家，或者说在社会和经济问题中挣扎的国家，不应该尝试推广民主制度，而是应该确保物质福利，也就是经济增长，让每个人都有机会得到食物、衣物和住房。这个想法是非常不恰当的。如果我们理解它的问题出在哪里，我们就能够更好地理解传播所扮演的社会角色。

对许多国家来说，最具破坏性的灾难包括普遍性的食物匮乏。对于那些致力于避免此类灾难的国家来说，言论自由是奢侈品吗？对于这些国家来说，优先发展经济，而不是推动民主和言论自由，是否会更好？事实上，对此毋庸置疑。让我们来看看经济学家阿玛蒂亚·森（Amartya Sen）的重大发现：在世界历史上，拥有民主媒体和自由选举的政治体制从来没有发生过饥荒。[1] 森的出发点是，饥荒不是食物短缺的必然产物，而是一种社会产物。他也通过经验研究证明了这点。是会发生一场饥荒，还是说只是一次食物短缺，取决于人们的“权利”（entitlements），也就是说，他们能得到什么。即使食物有限，也可以采取某种方式分配权利，以确保没有人会忍饥挨饿。

然而，政府何时会采取必要的措施来预防饥荒？答案取决于政府自身的激励因素。在民主体制之下，言论和媒体是自由的，政府面临巨大的压力，需要确保民众普遍可以获得食物。基于压力，官员们会做出反应。但是，当缺乏民主媒体或者自由选举的压力时，政府就有可能逃避其公众责任，乃至对饥荒问题置之不理。因为在这样的情境下，政府官员不会被曝光，也不会丢掉官职。

那么，我们可以从关于运转良好的言论自由体系与公民福利的关系中学到非常重要的一课。言论自由和新闻自由不仅仅是奢侈品，或者仅仅是高知阶层的趣味。这两类自由能够提高政府切实为人民利益服务的可能性。这一课表明，言论自由的一些功效不仅在于保障自由，也能促进经济发展。[2] 而且，这一课也体现出了运转良好的互联网本身具有重大意义，这让无数人能得以了解社会和经济的问题，从而要求其政府对他们所了解的情况做出回应。

专制政府肯定会试图控制民众接入互联网，一方面旨在阻止本国公民了解其他国家的体制，另一方面让他们的领导人免于监督和批评。知识是自由和社会福利的强大盟友。

从这方面来说，社交媒体特别重要。如果政府官员正在某个地方城市镇压民众，你可以立刻通过 Facebook、Twitter 或者 Instagram 看到新闻。每个公民都可以充当记者。他们可以揭露不端行为、腐败或者苦难，让问题更有可能得到解决。一位埃及抗议者曾发 Twitter 说道："我们用 Facebook 来计划抗议活动，用 Twitter 来协调组织，用 YouTube 来向世界发声。"[3] 社交媒体可以实时跟进事件的进展，让全世界知道正在发生之事。有些时候，如果你想了解某些灾难、某项发现或者一场政变，Facebook 和 Twitter 是最佳去处。

但就当前论述的目的来说，最有趣的一点在于，一旦某些民众掌握了相关知识（比如，一场饥荒已经近在眼前），他们就会给那些完全缺乏相关知识的人带来好处（在发生饥荒的情况下，效果会非常卓著）。此时，流瀑极有必要。在运转良好的民主社会，新闻报道往往**坚持**实事求是。毋庸置疑的是，尽管他们自己并没有事先想要去了解饥荒或者政府的相关政策，但很多人会因为这种处理方式免于挨饿和死亡。

民主制度的许多受益者很少直接（如果有的话）从社交媒体获利，甚至很少参与民主选举（很多人不投票）。但是民主体系的运作并不需要他们使用社交媒体或者去投票。当某些人发现要出问题时，他们会说出来。纵观世界历史，这样做能够避免饥荒。这个道理对于避免饥荒成立，对于其他很多问题同样也成立。如果自由被真正地维护，包括飓风和地震在内的自然灾害的危害就会减少，只因自由能加强对政府的问责。在美国，2005 年卡特里娜飓风在新奥尔良市造成了巨大损失，部分是民主体制失败造成的。人们深刻地期盼，在未来，民主问责制能够减少这种失败的可能性。

共享体验

到目前为止，我关注的是碎片化的传播环境所造成的社会问题。现在，让我们来讨论两个不同的问题。第一个问题涉及生活在一个异质性国家的人们因具有许多共享体验所带来的社会效益。第二个问题涉及这样一种事实：一旦一个人掌握某种信息，信息就会传播，从而造福于他人。如果不考虑这两点，我们就很难理解什么才是运转良好的自由表达体制。

许多私人的和公共的效益都来自共享的体验和知识，以及共同责任感。人们很清楚这一点，并采取了相应的行动。人们的所见或所为，大多是因为其他人在看同样的东西，在做同样的事情（人们对《哈利·波特》系列图书和《星球大战》系列电影喜见乐闻，与这一事实密切相关）。但是，当传播选项急剧增多的时候，人们就会自然而然地做出不同的选择，他们的共享体验也会相应减少。而在公共媒介盛行的时代，人们拥有丰富的共享体验。传播选项繁多，会侵蚀由共享体验、知识和责任带来的社会黏合剂（social glue）。

在这方面，可参考对以色列“单一电视台政策”的有益讨论。该政策的实施确保在很长的一段时间里，“广播管理机关掌控了城镇唯一可看的电视台”。[4] 从民主的立场来说，任何类似的政策都让人讨厌，令人无法接受。自由社会可没有什么“单一电视台政策”。但是，该政策的某些偶然后果虽然不是那么显著，却更加有意思。那就是在政策实施两年之内，“几乎所有人都在这单一垄断的电视频道上看所有节目……而且看电视的共享体验让不同意识形态的人们可以相互对话……电视新闻和公共事务共同的讨论空间营造了一场虚拟的市政会议。”[5]

以色列的经验让我们学到的一课是，“通过将公民们聚集在一个单独的公共空间，收看或讨论关于时事新闻的可靠报道，可能会强化而不是阻碍”一个民主体系。[6] 共同的节目给大部分人或者所有人提供共享体验，从民主的角度来说这一点非常有价值。想要弄明白这一点，没有必要思考“单一电视台政策”好不好或者可不可以接受这种问题。核心的原因是，这种做法促进了民主的讨论，很可能会促使公职人员们拿出更好的解决方案。

其中的联系在于，信息有一种特殊的属性：当我们中任何一人得知了某件事情，其他的人，甚至很多人都可能会从中受益。如果你知道了你们街区的犯罪情况或者某些食物带来的风险，其他人也会因此受益。在一个具有公共媒介的体制里，很多人会了解到一些信息，我们或许无法作为个体从中显著地受益，但是我们依然会将其传播给其他人，社会作为一个整体会得到改善。正如我们已经看到的，在个人可以自行设计传播环境的体制中，可能会破坏这种有益的进程。这不仅仅是因为存在通过虚拟流瀑传播虚假信息的风险，还因为碎片化阻止了真实（又有价值）的信息得到应有的传播。

凝聚性商品

大多数人都理解共享体验的重要性，我们的很多行为都体现了对这点的有力认识。国家法定节日通过鼓励公民们同时思考具有共同意义的事件，有助于一个国家的构建。国家法定节日的作用还远不止于此，它们能让各种各样的人具有共同的记忆和关切。

至少，在国家法定节日具有生动且具体意义的地方，这种情况是真实存在的。比如南非、印度和以色列就是如此。在美国，很多国家法定节日变成了纯粹的公休日，而促成放假的原因已经没几个人记得了，比如总统日、老兵纪念日或者劳动节。我们似乎已经忘记了与节日相关的国家历史，以及那些伴随着节日诞生的斗争和庆典。这真是一个重大的损失。

除了7月4日的独立日，马丁·路德·金纪念日或许是在美国最接近真正重要的国家节日的日子。它之所以例外，主要是它关系的事件并不久远，在人们眼中是具体的、有意义的。换句话说，这个节日与某些事件**息息相关**。共同纪念有清晰意义的节日有助于国家的构建，让多种多样的人们合众为一。“9·11”纪念日是一个哀悼日，不能完全算作一个节假日，但它是举国纪念与反思的日子，这一点极其重要。

这类纪念事件并非仅限于某个国家。奥运会的伟大价值之一在于其国际性，来自不同国家的人们得以形成共同的纽带，这一纽带既可以通过运动员们的参赛直接缔结，也能通过共同的看法和兴趣间接打造。在其全盛时期，奥运会的主导思想是世界主义。

传播和媒体在此异常重要。有些时候，数百万人会跟进一次选举，或者一场赛事、一部电影的发行乃至一位新君登基。他们中的许多人会这么做，是因为其他人也在同时行动。就这一意义而言，某些因为现代技术而成为可能的经历即是“**凝聚性商品**”，当很多人享有或消耗这类商品的时候，它们的价值会增加。正如埃德娜·乌尔曼–马格利特所展示的，人们通常享受“消费中的凝聚性”。[7] 这一点与公共论坛和公共媒介的历史作用息息相关。街角和公园以前是，现在也是各种各样的人们可以聚在一起见到彼此的地方。如果运作得当，公共论坛和公共媒介可以即刻给予很多人清晰的社会问题意识和社会责任感。

为什么这些共享体验如此受到期待，或者说如此重要？主要有以下三点原因。

第一，简单的享受也许不是最重要的，但绝非无关紧要。人们通常**喜欢**许许多多的体验，包括与电视、电台和网络有关的体验，仅仅是因为这些体验正在被共享。想想新的《星球大战》电影、超级碗赛事，或者总统辩论。对于我们中的某些人来说，如果其他人没有享受或购买它们，这类产品的价值会减少，甚至变得一文不值。因此，对大众来说，总统辩论之所以值得个人关注，部分原因是有许多人认为它值得关注。

第二，有些时候，共享体验有助于推动社会交往，让社交更容易。它让人们相互认识、相互交谈，在共同的话题、议题、任务或者关切之下聚集起来，无论它们有没有很多共同点。在这个意义上，共享体验提供了某种**社会黏合剂**，让不同的人们有可能相信或得知他们生活在共同的文化里面。的确，通过创造共同的记忆和经历，营造一种共同奋斗的感觉，就有助于打造共同的文化。大部分时候，这样做的好处相对而言不太明显。但它同样有助于在艰难时期让人们彼此联系，比如在经济状况糟糕或者国家安全面临威胁的时候。

第三，共享体验，特别是通过公共媒介产生的体验，会带来一种幸运的后果。那就是人们会将彼此认作具有共同希望、目标和关切的同胞，而在缺乏共同体验的情况下他们就会彼此疏离，在极端的情况下，对于直接的参与者来说正是如此。好处是很主观的，能够感觉和感知到。但它也可以变得很客观，特别是如果有各种合作项目因之而起的时候。例如，当人们知道同胞们面临灾厄，他们会解囊纾难，或者给予其他的援助。“9·11”袭击之后，美国人正是如此，他们发现彼此对共同事业的投入更大，程度更深。在国内是如此，在国际上也是如此。因为有成百上千万的人了解到了相关的需求，这常常使大规模的救助成为可能。

任何一个运转良好的社会都依赖于人与人之间的信任和互惠关系。在这种关系中，人们将他们的同胞视为潜在的盟友，有意愿出手相助，并且在需要的时候也同样值得被帮助。这类关系的程度，或者说储备，有些时候被称为“社会资本”。[8]我们可以总结一下目前为止的观点，共享体验，特别是由传播系统造就的共享体验，有助于在公民甚至是陌生人之间建立起我们想要的信任和互惠关系。在缺乏共享体验的社会中，这类关系的衰退是不可避免的。

更少的共享体验

即使在传播选项不受限制的国家，某些事件（比如严重的恐怖袭击）依然会不可避免地引起广泛的关注。对于互联网本身来说，某些网站，比如《纽约时报》网站和《华尔街日报》网站，发挥了特别重要的作用。一定程度上的媒介集中化依然存在。但是仅仅就数量上而言，传播环境的日益多元化将会减少共享体验。如果只有三家电视台，电视上演的大部分内容都会具有真正的共享体验性质。晚间新闻的主要内容将会被成百上千万的人参照引述。然而，当下形势日趋向相反的方向发展。在最近的几十年，三大电视台失去了数千万的观众。由于选择的增加，当前收视率最高的电视节目观众人数，要远低于20世纪70年代典型年份中收视率排在第15名的电视节目的观众人数。

随着选择增加，信息过滤越来越普遍，就此而言，不同的个人和群体能够共享的参照物越来越少，这是不可避免的。某些节目吸引了一些人的眼球，但是其他人却不会订阅它们。在很多人看来，某些观点和看法似乎是显而易见的，但是对于另外的人来说，可能就难以理解。

再强调一遍：还不能说这就是一件坏事。总的来说，这是件好事。当人们做出具体的选择时，他们很可能会很享受他们的所见所为。当然，我们很希望议题和观点在一定程度上是多样化的。没人会认为所有人都应该或者应该被要求看同样的节目。问题根本就不在于类似的要求。我唯一的主张是，对于异质性社会而言，一套共同的框架和体验是非常宝贵的，对多元化选择毫无限制的传播系统，会让一些重要的社会价值蒙受损害。

如果我们与最高法院大法官布兰代斯一样，认为对自由最大的威胁是一个“惰性民族”，如果我们相信一系列的共享体验有助于促进积极的公民身份和共同的自我认知，我们就会对任何大大减少这类体验之事表示关切。消费者主权的设想甚至让人们难以理解这类关切。但是站在共和主义理念的立场上，这类关切应是传播系统评价体系的核心。

消费者和生产者

这些并不意味着共享体验正在消失。人们当然知道这类体验是值得拥有的，人们常常互相合作，以确保自己会拥有这类体验。由于线上交流的传播障碍要低得多，感兴趣的人可以立刻决定做同样的事情，或看同样的消息。在这里，协同过滤或许是有效的。如果你得知大多数“与你相似”的人会去看一部有关“二战”的新电影，你很可能会走入电影院。消费者们会跨越地理界限联合起来，以确保他们在做同样的事情，或者看同样的东西。

当今的传播技术能以这种方式来促成共享体验，甚至在互相不认识的人之间，或者在不会把彼此认作群体成员的人们之间促成了这种体验。有了 Facebook，数百万甚至上亿人得以获得共享体验。但即使如此，让很多人围绕同一个选项进行协同合作还是不太可能，这仅仅是因为可选项实在太多了。这一点足以成为我普遍关注的基础。

的确，信息的生产者们有强大的动力去促使人们围绕一个共享体验展开协同合作。比如，他们自己可能会强调，大部分人，或者大部分跟你类似的人，都会观看应对本地犯罪或者在城市里养育孩子之艰难的电视节目。或者，广告商可能会强调不同的人平常或者在某一特定时刻查看某个网站的重要性。事实上，让人们做出某些特定行为的一种极其有效的办法，就是声称大部分人或者大部分像你这样的人也在做这件事情。常规的市场力量很有可能用这种办法解决问题。

但是市场力量不会让这些问题彻底消失。在某种程度上，选择是无限的，即便人们可以从节目中获益，制作人们想让人们共同观看某个节目也必然没那么容易。更有可能的情况是，依照人口统计学、政治倾向或其他品性定义不同的人群，会偶尔在一致的可选项上协同合作，而这会带来与碎片化和群体极化有关的诸多问题。

作为公共物品的信息

到目前为止，我都在讨论确保共同体验的意义，而诸多共同体验可以通过媒体获取。有一个与之相关并且同样重要的问题：信息是一种经济学意义上的“公共物品”，也就是说当一个人知道某事时，其他人有可能从中受益。如果你知道热浪将至，或者三个街区以外的地方发生袭击犯罪的风险很高，其他人也很有可能知道这些事情。用经济学术语来讲，我们得知这些事情后并不会完全“内化”（internalize）知道这些的收益，对他人来说，这些收益相当于“正外部性”（positive externalities）。

从这个角度来说，信息与环境保护和国防具有一些共同属性。当某个人因为清洁空气计划或者因为强大军力而受益时，其他人必然也会受益。标准的说法是，在这类情况中，当涉及公共物品时，完全依赖个人的选择是很危险的。由于是按自己的意愿行事，那些随地乱扔垃圾或者制造污染的人，不太可能去考虑他们施加给别人的损害。如果人们各行其是，就不太可能为国防做出贡献，他们会寄希望于让其他人收拾烂摊子。

对于污染和国防来说成立，对于信息而言也成立。对那些仅涉及个人的问题做考量，会发现私人选择将会造成过多的污染，而不会对国防和信息方面有什么作用。不论你是否知道你们城市的犯罪情况，或者雇主有没有性别歧视，你通常不会去考虑你是否知道这些情况会给别人（也许除了你的家人）带来怎样的后果。言外之意，个人的理性选择，如果仅仅是根据个人的自我利益而做出的，就不会产生什么对公共事务的认识。这是市场失灵最普遍的例子，在污染和国防的例子中，因为完全依赖个人选择而产生的问题，需要依靠政府的项目设计去解决。随着公共媒介的衰落，我们或许需要做出类似的思考，如何去解决传播系统中的市场失灵问题。

这一切不是人们计划的产物，但是一旦它们得以顺畅运作，公共媒介将成为绝佳的矫正因素。当不是由个人独自设计其传播环境时，大量的材料就会摆在他们面前。他们作为个体可能无法通过这些材料直接获利，但是他们可以利用这些材料帮助他人。也许你通常不会查询有关儿童哮喘病治疗的材料，但是一旦你对此有了一点了解，你很可能会告诉你那位儿子有哮喘病的朋友。也许你对交通安全风险的知识兴趣不大，但是一旦你知道了一边开车一边发短信的危险，你很可能会强化自己不要在开车的时候发短信的愿望，并很可能告诉别人你知道的这些潜在问题，并试图说服他们。很多人没有事先寻求，而是恰巧知道了某条信息。事实上，每天都有数百万人因此受益。

从信息扩散的角度来看，我当然不是说，取缔互联网并依赖由某几个公共媒介所主导的系统会更好。我们已经目睹了当前科技急剧地加速了信息的传播，无论信息是真还是假。

公共媒介有它们固有的利益和偏见，而且仅仅是出于实际的原因，这些媒介无法披露所有的话题和观点。总体而言，选项的增加很可能会提供更多更好的信息。在这点上，社交媒体简直是一大福音。我唯一的意见是，只要过滤信息的能力过于完美，有时人们就不会得知那些他们可以用来让他人获益的信息。即使对于信息而言，传播选项的增加是重大利好，但这仍然是一个严重的损失。

利基和长尾

克里斯·安德森（Chris Anderson）写了一本书，这本书很有启发和教育意义，里面讲到了利基（niche）和利基营销（niche marketing），将它们视为互联网带来的非凡进步。[9] 简而言之，安德森称公司可以通过大量的产品（亚马逊上的图书，Netflix 上的电影）来迎合利基市场赚钱，也的确在这样做。很少人会买很多这类产品。在书店里，可怜的店主们赚不了多少钱，他们不过位于分配体系的长尾（long tail）上。反之，在亚马逊网站上，书籍的巨大存量和客户的巨大基数可以保证在长尾上也能产生巨大的销售总量。

安德森认为，这个趋势是好的，而且很重要。在互联网和其他现代技术的加持下，不仅销售畅销作品通常几乎没有成本，就是把专门为小众市场服务的产品卖给你也几乎是没有成本的。的确如此，而且这样做的利润总额可能会相当高。安德森论述的关键词之一就是“利基”。

安德森的观点很有价值。他强调通过在长尾上增加大量经济机会的方式，互联网会大大增进利基营销，这是正确的。此外，他宣称围绕高度专业化的需求能够形成社群，这也是对的。但是看到利基世界所引发的问题同样重要。特定的人选择自己需要的特定物品的权力并不总是一件好事。我们除了关注到这一点，并为之欢庆之外，还有很多工作要做。安德森的分析似乎有一个隐含的基础，那就是在“大头”或“长尾”一端谋求特定物品的选择机会可以促进，甚至是夺取自由和美好的生活。当然，庆祝一下可用选择的增加并无不妥，但是从民主的立场来看，对此下决断还言之尚早。

很多人在思考互联网和社交媒体问题的时候，都不愿意针对利基的激增（proliferation）提出质疑，这已经成为一种常态，即使是最有创造力、思维最敏捷的分析师也是如此。诚然，我们或许会做得更过火。许多最了解潜在技术和前沿趋势的人，通常会发自内心地表现出一种缺乏反思的自由主义倾向，他们认为重要的是人们被允许看他们想看的，选择他们喜欢的。他们对自由市场的信奉，和想要改善它的意愿，和芝加哥学派经济学家们所表现出来的一样强烈，其中最著名的要数米尔顿·弗里德曼的作品。从 1981 年到 2007 年，我在芝加哥大学任教过很久，我承认我对芝加哥学派很有好感。在我看来，该学派大多数的观点都是对的，肯定是瑕不掩瑜。对于消费品来说，就如球鞋、汽车、肥皂和糖果，芝加哥学派都提供了正确的分析基础。然而当我们谈及政治和民主领域的时候，该学派的分析就存在很大误差了。

利基的激增或许会在各方面有损我们的共享文化，也会加剧碎片化，特别是沿着不同的政治路线的碎片化。这类风险是存在的。仅仅满足于大致观察到众人如何好奇，以及利基如何容纳甚至创造不同种类的共享文化，是远远不够的。

偏见与精英

许多人都在谴责大众媒体，这么说似乎有点轻描淡写。有些人坚持认为电视台和大报自带偏见，非此即彼。也许它们反映了某种中间偏左的共识；也许它们拒绝接受现状；也许它们为了迎合收视率、为了盈利，不惜牺牲新闻的真实性。也许它们只是被视为一种弱化版本，反映人们真正思虑的沉重现实（所谓“无聊的主流媒体”）。也许大众媒体只是没有去关注人们的奋斗和关切。

许多人认为，大众媒体肤浅得无可救药，甚至可谓哗众取宠，偏执于去报道谁最近所说的残忍卑劣的话语，谁又在和谁闹别扭，或者是犯罪、名人以及实况片段（在2016年的总统大选中，特朗普的侮辱性话语自然不可避免地成了大新闻）。其他人依然会认为公共媒介的数量不多，因此，它们的同质化程度令人窒息。他们呼吁“让千百万人甚至亿万人发出自己的真实声音”，或者“每个人都来了”。对他们来说，相对于被公共媒介主导的世界，有互联网的世界要好上太多。在这个角度上说，任何人试图为媒介辩护，或者强调社会碎片化的风险，充其量不够全面客观。期盼人们不能阅读他们想要看的东西，只能看被自封为媒体精英之人过滤后的信息，这是不是太精英主义、太让人感到困惑了？

大概没人想要看到让一小撮报社和广播电台占据统治地位这种局面。有了互联网，形势的确是变好了，而不是变差了。社交媒体带来很多好处，不仅仅是因为人们可以在社交媒体上接收、获取大量信息。我也不认为报纸或者电台总体都很优秀或者运作良好。如果有人认为报纸或者周刊持有偏见或信息不全，那他们不应该反对这样一种观点，即不同种类的不期而遇和共享体验，对民主具有重要意义。

我们已经发现，某些最受欢迎网站的运作方式与公共媒介的运作方式是类似的。事实上，这些网站也是公共媒介，跟电视或报纸一样，发挥同样的功能。想想美国广播公司（ABC）、哥伦比亚广播公司（CBS）、美国全国广播公司（NBC）、福克斯新闻、《纽约时报》、《华盛顿邮报》、《洛杉矶时报》、《华尔街日报》以及其他许多媒体吧。总之，很多热门网站都有链接，都做广告，而且有很多新闻。只要重要的网站继续发挥媒介的社会角色，就没什么好担心的。

尽管如此，一个晚间新闻节目或一份报纸，和网站相比还是存在区别的，它们会将众多内容展示在你面前，并带有少量细节；网站会有抓眼球的标题、导向新话题的链接，但却没有像新闻节目和报纸那样将不同的话题和新的观点呈现给观众。我的一位好友（事实上是我妻子）坚持每天读纸质报纸，而非在线阅读。这正是因为她希望看到不同版面上一览无余的新闻，这些能呈现在她的眼前。她不希望仅仅看到包含不同选项的菜单，然后能够点击她感兴趣的内容。开头几段很关键，有些时候会吸引她的注意力，而她希望这些段落全部呈现在她的眼前。

很多人气网站都包含链接、广告以及大量的新闻，的确是这样，这样做也很有必要。但是人们依然担心自我隔离。通过他们或那些为他们做出选择的人，选择得以不断个性化，这个问题就更加严重了。

网络化的公共领域

“我的日报”的想法揭示出社会碎片化的风险。但正因为我们时间有限，人们有可能认为互联网不会对我们获取信息的方式有太大的改变：一小撮内容的提供者会主导网络，就像他们主导电视和广播电台一样。在网上，注意力是一种高度稀缺的商品，很多人会聚集在几个主要网站上，也许是那些可以在任何情况下构成大众媒体的网站，这是不可避免的。《纽约时报》和《华盛顿邮报》的发行量都很大，而且成百上千万人会访问他们的网站。《纽约书评》和《国家评论》的发行量相对小很多，但很受人关注，也会有同等数量级的人上它们的网站去阅读。如果我们强调这几点，未来的趋势可能是持续的集中化，而不是回音室。网络与公共媒介相比，与其说是基础内容发生了变化，不如说是基础内容的一种延续，只是程度不同，并非种类不同。

我们真的了解互联网的使用吗？对此，一幅图景已经有所浮现，而我将提供更多的细节。但是，让我们首先查看一个富有启发性的分析。这个分析做得很仔细，虽然时间有点久远，但还并没有被超越，也就是法学教授尤查·本科勒（Yochai Benkler）描述并赞美的“网络化的公共领域”。[10]

本科勒发现，连续性的预测与当前现实的情况根本不符。诚然，某些网站非常受欢迎，而另外一些网站受众极少。与此同时，新的模式同旧有的大众媒体模式有所区别。在网络化的公共领域会有多种声音，所见所闻皆取决于事物如何在相关网站中浮现出来。微小的声音会被放大。用本科勒的话来说，“诸多受众不多的网站，为大量的发声者提供平台，相比于在大众媒体，他们的声音传播要广泛得多。”[11]即使你的网站门可罗雀，你的博客读者寥寥，这寥寥读者中的某个人或许会让你的话引起其他读者的注意。如果这种事情发生，某个受众更多的网站也许会引用你的话，最终你或许会产生真正的影响，甚至会引起一场流瀑。这与以前发生的一切完全不同。

在网上，这种事情每天都在发生，对小型网站的经营者来说也是如此。在 Facebook 和 Twitter 上更是如此，而且运作更加清晰。一条推文可能会被某个拥有 5000 个粉丝的用户转发，然后被某个有 2 万个粉丝的用户转发，然后被某个有 80 万个粉丝的用户转发。当然，真实的网络世界还做不到像"每个人都是作家（pamphleteer）"式的系统那样运作。[12]但这确实是一个全新的传播系统，因为上面有更多的声音，更多的信息，更广泛的参与，有着相互重叠且不可预期的网络，这些网络足以导致流瀑效应，某条信息突然之间被大众知晓，然而没人预料到它会走红。

当然，能在网上呈现的可能是一个观点或者表达，而不是信息本身。想一想是什么让 Twitter 上的东西走红（比如#黑命贵），本科勒在社交媒体成为如今模样之前完成了他的著作，但其论述依然适用于当下的状况。

像其他许多人一样，本科勒坚称，网络化的公共领域可以在根本上避免碎片化和极化的风险：一种共同的话语依然存在，并以公共领域的形式产生共享关切和公共知识。本科勒的理解不无道理，但是我们有足够的乃至更强力的理由去质疑它。事实上，他自己的证据使其结论更加复杂化。他认为，我们现在得知"网站集群，特别是与主题和兴趣相关的站点，彼此之间的联系比与其他类型的站点更为紧密"。[13]这正是本书关注的问题。许多人依照话题和观点的界限相互区分。用本科勒自己的话来说，人们“因为话题、组织或者其他共同的特征而聚集在一起”，而想法相似的人“阅读彼此的东西，并相互引述，比……引述反面观点要多得多”，只是为了解决他们的内部分歧。[14]

有了社交媒体，这就是正在发生的事情。我们已经看到在 Twitter 和 Facebook 上，人以群分的状况可谓是常态，至少在某些议题上是这样，人们倾向于传播他们认同的内容。正如我们已经看到的，一个明显的理由是证实性偏见：人们偏向于给（真实或者表面上）支持他们想法的观点或者信息点赞，并扩散它们。虚假的消息传播迅速，只要人们在阅读想法类似的人所写的东西或者与其交谈，群体极化都是不可避免的。在网络化公共领域，这是一个残酷的事实。[15]

总而言之，公共领域无疑被网络化了，一条推文或者一篇博客里的想法时常会浮现在更大的群体面前。然而碎片化的状况依然随处可见，对于公民自治来说，这肯定是个问题。

信息传播

一个异质性社会能够从共享体验中获益，其中的许多体验来自于媒体。共享体验提供了某种社会黏合剂，有助于解决共同的问题，鼓励人们将彼此看作同胞，有些时候有助于确保真正的问题和需求能有所响应，甚至有助于找出和确定这类问题。信息披露带来的一个意外收获是，即使人们通常不会从那条信息中获利，他们也会将它告知其他人，这个时候，这条信息的益处就能得以证实。

传播市场变得更加个性化，从这点而言，它缩减了广泛共享体验的范围，而且同时没能给予人们因接受信息而带来的某些好处，这些信息通常对他人更有帮助，而他人事先并没有选择这些信息。如果公共论坛和公共媒介的作用减小了，而好的替代品却没有发展成熟，这些好处也会消失，并会带来不良后果。

第六章

公民

1787 年夏天，美国宪法的起草者们在费城秘密议事。当他们最终完成任务，美国公众自然非常好奇他们到底做了些什么。许多民众聚集在现在被称为制宪会议厅（Convention Hall）的周边。本杰明·富兰克林（Benjamin Franklin）走了出来，有人问他："你们给我们准备了什么？"富兰克林的回答充满希望，或许也是一个挑战："一个共和国，如果你们能坚守得住的话。"事实上，我们应该把富兰克林的话当作对一个持续性义务的提醒。对于维持一个共和国来说，任何建国文献文本的重要性都比不上国家公民跨越时代的行动和承诺。

这个观点本身也产生了问题。我们的选择和我们的自由之间是什么关系？公民和消费者之间是什么关系？政府是否应该以及如何处理人们新兴的对言论内容的过滤权力，这一问题与上面的问题又有何关联？

本章中，我的基本观点是，应当对传播技术和社交媒体做出合理的评价。我们不仅仅需要询问它们如何影响作为消费者的我们，而且需要询问它们如何影响作为公民的我们。核心问题在于，包括消费模式在内的新兴社会实践是正在促进，还是正在削弱我们自己的最高意愿。具体而言，我有两点建议，目的是从新的角度削弱消费者主权的设想，这个设想常常被认为是传播政策的合理目标。

第一点，人们的偏好倾向不是与生俱来的，也不会从天而降。至少在一定程度上讲，偏好是社会环境的产物之一。所谓社会环境，包括现存的制度、可用的选项、社会的影响和过去的选择。正是市场自己在社会环境中凸现出来，并创造了偏好。“如果他们的观点只是市场可以高效填补欲望，而这些欲望正是市场所造就的，那么自由市场的拥趸者们就没有什么好欢呼的。”[1] 不受限制的消费者选择很重要，有时甚至非常重要，这是自由的重要组成部分。但是，消费者选择并不是自由的全部，也不应成为自由的等价物。

第二点与人们作为公民所具有的能力有关：在寻求政策和目标的时候，人们以公民身份做出的选择有时不同于他们以消费者身份所做的选择。如果公民们试图这样做，从自由的角度来看，不存在合法的反对意见。至少在公民们没有不赞成任何特定的观点，或者没有以其他的方式侵犯权利时应该是这样。公民们往往试图通过民主制度来实现他们的至高追求。如果其结果是造就了一个不同于个体消费者所寻求的传播市场——如果我们作为公民造就了一个市场，促进了对严肃问题的披露，以及一系列的共享体验——这将对自由产生促进作用，而非阻碍自由。

这两点最好放在一起看。在具有无限选择的传播系统下，公民们通常能够意识到，私人选择或许会让他们自己乃至整个社会向着不幸的方向前进。他们可能会认为，他们自己对电视和互联网的选择，并不能完全促进他们自己或社会整体的福利。他们会尝试重组替代方案和制度，以改善现状。

与此同时，我需要表明的是，即使我们是消费者，通过互联网获得新的购买机会也远没有我们想象得那么美妙。原因在于，这些机会正在加速“消费循环”（consumption treadmill），我们会购买更多更好的商品，并不是因为它们能让我们更加快乐或者过得更好，而是因为这些商品帮助我们赶上了别人的步伐。作为公民，我们很可能会想要减缓这样的循环速度，以确保社会资源没有被投放到我们的互相攀比之中，而是投入到了真正能改善我们生活的产品和服务上。

选择与环境

很多人似乎认为自由包括对消费选择的尊重，无论其来源和内容如何。的确，这个想法似乎构成了热衷于消费者主权原则的基础。这个观点认为，运转良好的自由表达体制的核心目标是确保选择不受限制。类似的自由概念，促成了对新兴传播市场的溢美之词。

很明显，一个自由的社会通常会尊重人们的选择。但是自由也要一些前提条件，以确保它不仅仅是对选择的尊重以及对偏好的满足，不管这些前提条件是什么，同样需要确保欲望和信念能够自由形成。大多数偏好和信念并不是先于社会制度存在的，它们是由现有的安排塑造成形的。在大多数时候，人们通常会对他们见过和经历过的事产生偏好。如果你经常读到关于本地球队的内容，你对本地球队的兴趣很可能就会增加。如果新闻节目与特定的话题有关，比如社保改革、移民、难民、环保问题，或者目前的战争威胁，你对这类话题的偏好可能会增强。

如果你知道，大多数人喜欢特定的某部电影、某本书籍、某位政治竞选人或某个想法，你也很有可能会更喜欢它们。如果相关的人“与你类似”，这个影响也会随之增加。在 2016 年的总统大选中，特朗普就利用了这种现象。回想一下下载音乐的实验，其中的歌曲是否成功，很大程度上取决于人们如何看待他人的行为。

当人们被剥夺了机会的时候，他们可能会适应，并对他们仅有的东西产生偏好和喜爱。我们有权利说，剥夺机会就是剥夺自由，即使人们已经适应被剥夺的现状，并且不再需要更多的东西。在传播环境里也有类似的观点。如果人们在公共议题上获得不同意见的权利被剥夺，并且因此缺乏对这些看法的兴趣，无论其原本的偏好和选择是什么，他们都是缺乏自由的。

偏好的形成

这些关于线上注意力和注意力转移（有时是通过唱赞歌的方式）的观点，有着更广泛的含义，因为它们让我们了解到偏好是如何形成（或者被消解）的。如果人们主要接触有关电影明星生活的那些耸人听闻的报道，只看体育新闻，而从来不看国际议题，他们的偏好也会随之形成。如果人们大部分时间都在观看保守派的电视台，比如福克斯新闻，或者说他们的 Twitter 推送主要是保守派的观点，他们就不可避免地会被这些见闻影响。不管是在古巴、法国或者美国，如果人们主要接触为现在的政府唱赞歌的材料，他们的偏好很可能会因此改变。无论一个人的政治观点如何，从自由本身的角度来看都很成问题。即使人们自愿选择有限的精神食粮也是如此。

偏好和信念是现存制度和实践的产物，而其结果可能是一种极度的不自由。这不是个新观点，而是政治和法律思想中一个悠久的主题。正如托克维尔（Alexis de Tocqueville）

所写的，奴隶制对奴隶的自身欲望产生了影响，“陷进这种灾难深渊的黑人，对他们的不幸处境几乎毫无感觉；暴力使他们变成了奴隶，而受人役使的习惯又使他养成了奴隶的思想和一种奴隶的奢望。他们对他们的残暴主人的羡慕甚于憎恨，并因卑躬屈膝地仿效他们的压迫者而得意和骄傲。”[2]

以同样的方式，杜威写道：“社会条件可能会限制、扭曲甚至完全阻碍个性的发展。”他坚信，因此我们应当“积极关注对个人成长有正面或负面影响的社会制度的运作”。对杜威来说，一个公正的社会“对消除虐待和公然压迫方面的兴趣，与积极建设良好的法律、政治和经济体制方面的兴趣相比，应该不分伯仲”。[3] 罗伯特·弗兰克（Robert Frank）和菲力普·库克（Philip Cook）敦促在传播市场中，现有的“财政激励强烈倾向于轰动的、耸人听闻的和公式化的产品”，而由此产生的回报结构“尤其令人不安，这些证据表明，从婴儿时期开始贯穿整个一生，我们所看到和读到的东西，深刻影响了我们将成为怎样的人”。[4]

在社交媒体上，类似的事情每天都在发生。可能你吃什么或不吃什么并不会决定你是什么样，但是你读什么，就会变成什么样。如果你喜欢读怪力乱神的东西，你可能会变得神神道道。至少有些人读了恐怖主义的宣传材料后，真的变成了恐怖分子。如果你加入一个回音室，或者把你的Facebook主页打造成回音室，你的价值观和人格最终很有可能发生改变。

每一位专制者都知道，不仅要限制人们的行为，还要操控人们的欲望，这很重要，而且有时能够实现。通过让人们感到恐惧，或者把某些选项置于不利的角度，或者通过限制信息，都可以达到这样的效果。非专制的政府在偏好和欲望方面也绝非中立。它们希望公民们积极主动，而不是消极被动；充满好奇，而不是冷漠无情；恪尽职守，而不是懒惰懈怠。的确，私有财产和契约自由的基本制度——自由社会和言论自由的基础——对偏好的发展具有显著影响。

因此，私有财产和契约自由长期以来得到捍卫的原因，并不在于它们不影响偏好，而是因为这些制度有助于形成良好的偏好——通过培养企业家精神，鼓励人们把对方视为潜在的贸易伙伴，而不是潜在的敌人或者不同族群的一员。[5] 言论自由的权利有助于培养一位敬业、自治的公民。

有限的选项：狐狸与酸葡萄

每当政府对人们的机会和信息加以限制时，不仅仅会影响人们的选择，还会影响他们的偏好和欲望，自由很可能因此遭到破坏。这就是托克维尔和杜威所担心的。在不自由的国家中，我们可以在传播和媒体政策领域找到诸多例证。在那些国家，官方的审查阻止人们知晓各种意见和可能性。

而且，某些国家想要减少公众对互联网的访问，以此在一定程度上塑造偏好和信念。当无法获得信息，当机会遭到扼杀，人们知道自己得不到机会的时候，可能也就完全不想要机会了。当然，相反的情况也可能会发生：人们或许正是**因为**得不到，才想要获得某些事物。但是人类是有适应能力的，而且不想让人觉得可怜，所以当得不到某些东西的时候，很多人就失去了兴趣，或者只是不再希求。

社会理论学家乔恩·埃尔斯特（Jon Elster）通过狐狸与酸葡萄的古老故事寓言来说明这一点。[6] 狐狸不想要葡萄，因为它相信葡萄是酸的，但是狐狸之所以相信葡萄是酸的，是**因为**它得不到葡萄，然后狐狸转变态度，以应对得不到葡萄的现实。狐狸得不到葡萄，所以它说葡萄是酸的，自己不想要葡萄。埃尔斯特正确地指出，当得不到葡萄正是狐狸的偏好发生改变的**原因**时，是无法以狐狸的偏好来证明狐狸不想要葡萄的。

推而广之，埃尔斯特认为被剥夺选择权的公民可能不会想要他们被剥夺的东西，而当他们是**因为**这些东西被剥夺了才不想要的时候，就不能援引人们不想要这些东西的事实来证明剥夺行为是正当的。人们的偏好，乃至他们的价值观，或许是他们得不到某些东西而导致的结果。埃尔斯特的理论是对某些人通过指出人们目前的“期望”来为现状辩护这一做法的深刻反驳。

我们可以从这个角度来指出威权体制的问题。设想一下，某个威权政府能够确保一个只提供少数或极其有限选择的体制，包括（但不限于）唯一的官方新闻节目。设想一下，这个政府限制人们使用社交媒体。可以想见，很多人会厌恶这种体制，至少在他们私下聊天的时候是这样。但是，即使公众很少（或根本没有）要求更多选项，也不能以大多数人不反对为由为这个体制辩护。需求的缺乏可能是剥夺的结果，不能以此来证明剥夺是合理的。对电视台、广播电台、社交媒体和其他类似情形而言，这个观点都能成立。

到目前为止，我一直在为充足的机会进行辩护，即使是在人们缺乏且不要求更多机会的社会中也是如此。当然，这个问题和本书的主题（即传播环境）相去甚远。在传播环境中，人们有无数种选择的可能。但是在这里，包括市场在内的社会环境也会影响偏好，而不仅仅是偏好影响了社会环境。从公民权和自由的角度来看，当人们自愿选择那些会极大限制他们视野的选项时，就会出现问题。

偏好会让人对自己施加限制，它不仅是选项数量多少的产物，也受到其他因素影响，如市场力推、社会影响（特别是在同等群体中）以及一个人过往的选择。比如，假设某人的选择一直被限制在体育运动上，这导致她对政治议题所知甚少；另外一个人只关注国内议题，因为她对美国之外发生的事情不感兴趣；还有一个人，只接触会加深自己政治信仰的信息。他们中每个人的选择都以不同的方式限制了公民权和公民自由。原因很简单，他们的做法极大地缩小了他们的兴趣和关注的领域。

这并不是要求人们去看他们不感兴趣的东西，而只是一个关于现有市场和个人选择如何限制或者扩展自由的常规想法。的确，人们经常能意识到这一事实，然后做出选择，以促进更广泛的理解，更好地形成他们的偏好。有些时候我们选择电台和电视节目、网站以及 Twitter 推送，是因为我们能从中学到东西，即使我们的选择与其他选项相比更具有挑战性，也没那么有趣。我们甚至会哀叹，作为消费者，我们所做的选择不符合我们的长远利益。不管人们是否真的会哀叹自己的选择，他们有时有充分的理由来这么做，而且他们知道这点，只是不承认罢了。这些是公共论坛和公共媒介的一些最重要功能的基础。

即便是在一个有海量选择的世界，公共论坛和公共媒介依然会制造意外的接触，从而有助于偏好的自由形成。在这一意义上，它们与教育体系一脉相承，它们为成年人提供了某种继续教育，这种教育正是自由社会所不可或缺的。政府是不是对发挥这个作用的机构负有直接责任，这并不重要，重要的是公共论坛和公共媒介的存在。

民主制度与消费者主权

以上观点并不是说，被称为“政府”的抽象体可以随意将偏好和信念引向它认为理想的方向。核心的问题在于，在民主社会中，公民意识到了这些观点后，是否想做出不同于他们以私人消费者身份做出的选择。有时这确实是他们想要的。公众抵御消费者选择的不利影响所做出的努力，不应该被贬低为某种政府干预，或是不可接受的家长式作风（paternalism）——至少在这个政府是民主的，并能对公民的反思性判断做出回应的情况下。

我们的所想和所欲，通常取决于我们将自己置于什么样的社会角色。而公民角色与消费者角色大不相同。公民不会像消费者那样去思考或行动。大多数公民很容易区分这两种角色。如果仅仅把国民的政治选择视为一种途径，用于实现人们作为消费者而产生的欲望，那么这些政治选择通常会让人难以理解。比如，即使一些民众不逛公园，也不会从珍稀动物保护中获得物质利益，但他们依然会想推动环保或濒危物种保护的严格法律；即使他们不会储蓄或者捐款给穷人，他们也会赞同社会保障和社会福利相关的法律；即使他们自己的行为算不上种族或性别中立，他们也会支持反歧视法。人们作为政治参与者做出的选择，可能会与他们作为消费者而做出的选择存在系统性的区别。

为什么会这样？这是个谜题，还是个悖论？最基本的回答是，人们作为公民的行为体现了多种不同的影响。作为公民，人们或许会希望落实他们的宏图伟愿，而作为私人消费者时，他们不会这么做。同样，他们也许会渴求某种能够促进民主目标的传播系统，他们或许会试着通过法律途径来促进这一愿景实现。就像是尤利西斯应对塞壬女妖一样，人们在民主程序中可能会“预先提交”他们认为符合公众利益的行动方案。作为公民，他们或许会试图满足利他主义或者其他相关的欲望，这些欲望背离了通常是市场消费者行为特征的自利主义偏好。事实上，社会规范和文化规范能够让人们在政治行为中，比在市场中更频繁地表达雄心壮志或者利他目的。

当然，自利行为在政治领域中也很普遍。自利的个人和机构试图把政府推向他们所希望的方向，整个公共选择理论领域将政治行为看作这种尝试的结果。这个说法中有很多的合理成分，尽管我于奥巴马执政期间在行政部门的任职经历表明，公共选择理论家们普遍夸大了事实。至少在行政部门内部，公职人员通常会尝试做正确的事情，他们不是自利主义倡导者的工具。

毋庸置疑，社会规范有时会迫使人们以公民身份的角度来关心他人或者公共利益。通过公民的共同行动，人们可以解决对消费者来说难以解决的集体行动问题。对于我们每个人来说，单独行动几乎不可能为解决空气污染做出实质性的贡献，或者帮助到那些深受自然灾害影响的群众（当然，此时社交媒体会很有帮助）。如果我们能够采取集体行动，无论是通过私人机构还是通过政府，我们能做的或许会更多一些。作为公民，人们很可能会去尝试促进民主的目标。比如说，在选举的最后阶段呼吁给予候选人免费的直播时间（free airtime），即使他们很少以个人身份宣传这些目标。

政治审议这一方面带来了额外的信息和观点，这些通过政治程序表达的信息和观点常常会影响人们的判断。民主社会的一个根本功能就是确保通过具有代表性和参与度的程序，听取和理解新的声音，或者对利益所在、利益实际上是什么的新颖表述。如果代表或者公民能够参与广播电视上的集体讨论或适当使用互联网，而不单单依附于市场做出个人选择，那么他们就能更全面、更丰富地了解社会核心目标，以及如何实现这些目标。个人和社会的偏好、价值观以及对重要事物的观点会因为这一过程而发生改变，也就不足为奇了。

当然，不可否认的是，政府官员有其自身的利益和偏见，政治参与者可能援引公共目标来服务于他们自己私人的潜在意图。在传播领域里，不仅是在互联网中，其压力往往有助于制定公共政策。最终，对于保护自由市场免于压力而言，公共政策是不可或缺之物。然而如果公民们也试图达成所愿，他们很可能会让市场运作得更好，当然，倾听他们的声音十分重要。

一致性和多数裁定原则

如果没有人的权利被侵犯，并且所有公民都是为此而采取一致的措施（所有人都赞同），那么基于公民共同诉求的争论是极其诱人的。但是如果法律带来的是少数人眼中的负担而非利益（通常是这样），则会产生更加严重的困难。比如，假设多数人想要给候选人提供免费直播时间，或者每周播放三个小时的儿童教育节目。但是，少数人表示反对，声称他们对候选人的演说毫无兴趣，也不关心是否有更多的儿童教育节目。人们可能会觉得，己所欲勿施于人。

任何对少数人偏好的干涉都是不恰当的，最终这可能是一个决定性的反对意见，如果人民的权利受到侵犯，这么做肯定没有问题。但是如果没有，为什么少数人可以拥有否决权？假设大多数人都对现状不满；事实上，大多数人都不喜欢保持现状。所以，为什么现状会变得神圣不可侵犯，以至于只有当全体人都一致要求改变的时候，现状才会得到改变，而哪怕有大多数人支持改变都是不够的？现状似乎有一种吸引力，把不适当的权重给予喜爱它的少数人，我们都司空见惯了。

当然，我们需要了解具体的情境。但总的来说，很难看到有什么论点来支持这个普遍规则，即反对温和的民主努力来改善传播市场。如果禁止大多数人通过立法推动他们的愿望或维护他们的判断，那么人们就很难参与民主自治。这是在多数人的审议判断与少数人的偏好之间做选择题。当然我并非主张，少数人在他们的权利岌岌可危之际仍然应该被排除在外。

消费循环

在目前的讨论中，我已假定只要人们作为消费者，就绝对可以通过现代传播技术来获得福利。这是个普遍的假设，而且理由显而易见。如果你想要买什么东西，现在容易多了。如果你想要一辆丰田凯美瑞，或者本田雅阁，又或者一辆越野车，在很多网站上都可以办到。在网上你可以轻易地买到钱包、手表和腕带，只需要数秒便可以购买衬衣、毛衣和手机。然而，便利不是唯一的优点。托互联网的福，普通人的选择面大大增加了，在某种程度上讲，制造商的竞争压力也大大增加。回想一下安德森对“长尾”的赞美吧，口味独特的人现在也能找到他们想要的东西，进而克服书店、电影院等场所带来的空间限制障碍。

可以肯定的是，消费者选择的增长是互联网发展的主要动力。简要回顾一下历史。早年，教育网域名（.edu）在最受欢迎的网站列表中占据主导地位。直到1996年，没有公司域名（.com）能够挤进前15名。仅仅3年后，到1999年，形势发生了根本变化，以至于排名最靠前的教育网域名（密歇根大学）竟然只能排在第92位。1996年1月，前15个网站中只有3个在3年后还在其列（AOL、Netscape和Yahoo!）。到那时，商业公司在榜单上占有重要地位。它们迅速成长，早在2000年，互联网上就有2500万个公司域名。作为对比，教育网域名有600万个，政府网域名（.gov）数量不到100万个。自那时起，公司域名数量的增长和比例的增加便非常值得注意。到了2016年4月，公司域名数量接近1.25亿个，教育网域名甚至不在最受欢迎的十大域名之中。[7]互联网已经被公司域名主导。

在公司域名的数量持续增长的情况下，消费群体作为消费者的日子更好过了，这一点似乎很清楚。总体而言，他们的确如此。但这里有个限定条件：大量证据显示，**我们对于很多商品和服务的体验，很大程度上是其他人体验的产物，当每个人的消费品得到普遍提升时，人们的福利很少甚至是根本没有增加**。[8]尽管有令人深刻的证据，但是这种说法似乎非常古怪。更好的商品对于消费者来说是好事，这不是显而易见的吗？电脑速度越快、重量越轻就越好，难道不是这样吗？

事实上并不是这样。原因在于，人们一般通过商品比较来对大量商品做出评估。如果消费品的质量整体上提高20%，人们并不会增加20%的快乐。而且，人们也许根本就不会变得更加快乐。

要理解这一点，假设你目前驾驶的小汽车是一款十年前买的普通车型，是你喜欢的类型。很有可能，那辆车在十年前，无论是对你还是对其他人而言都足够用了。同样很有可能的是，如果汽车技术没有进步，我们每个人的车在质量方面都与十年前别无二致，这件事并不会变得那么糟糕。但是，由于在十年里内汽车不断更新换代，还开着十年前的旧车无疑让人感到沮丧。事实上，你可能会有点厌恶你的旧车。部分原因在于，参照系是由更先进的汽车设立的，这些新车设定了标准，而你却通过这些标准来评价你自己的旧车。

这个观点不需要建立在人们会嫉妒同胞这个说法上（虽然有时确实是），或者人们很关心自身的地位，并且与其他人比较（尽管地位很重要）自己过得怎么样。经济学家罗伯特·弗兰克（Robert Frank）提出，最重要的一点是，对于很多商品而言，**参照系是社会设立的，不是个人设立的**。[9] 我们对所拥有物品的经验是由参照系决定的，而互联网所做的就是改变参照系，而且改变的幅度很大。对于消费者来说，这不是100%的好事，即使这对于很多卖家来说是个了不起的进步。

要评估互联网对消费者的影响，就有必要考虑一个简单的观点：当数百万消费者同时发现他们找到商品的机会增加了，他们一定会过得更好，但是他们也会发现自己被置于某种“死循环”上，每个人都在不断尝试购买更多更好的商品，只为了跟上其他人，与不断变化的参照系保持一致。实际上，对于小汽车来说是这样，对于无数种其他商品来说也是这样，还包括大多数互联网上能买到的海量商品，比如越野车、平板电脑和电视机。

可以肯定的是，对小汽车的评价是社会性的。但是，至少可以说，更安全、快速、省油的小汽车可以在许多方面真正改善我们的生活。然而，对于很多消费品来说，参照系也是社会性的，真正重要的是它们如何与其他人拥有的东西相比较，而不是它们从绝对意义来说能带来多少好处。某款平板电脑和电视机在某时某地令人赞叹，而在另一个时间和地点可能会非常落伍。

总而言之，随着互联网的发展，消费循环越来越快，由此产生的问题是，尽管消费者的开支增长、商品升级换代，但是参照体系的转变意味着消费者很难变得更开心，或者过得更好。如果互联网让消费者更容易获得更好的商品，或者以更优惠的价格得到同样的商品，他们的状况无疑会改善，甚至或许得到显著改善。然而我们完全有理由怀疑，这是否能像我们所想的那样，为生活带来大的改善，甚至对消费者来说也是如此。

这个观点不应该被误解。实际上，很多商品的确改善了人们的福利水平，并与参照系的变化无关。这些商品往往涉及“非炫耀性消费”，人们从中获得的收益，与其他人有什么或做什么无关。[10]当人们拥有更多的闲暇时间，当他们有机会锻炼和健身，或者当他们能够更多地与家人和朋友在一起，他们的生活就会过得更好，无论其他人在做什么。但是，当用来进行社会比较的参照系变得至关重要时，一个致力于追求更好消费产品的社会就会面临严重的问题：人们会在消费循环上投入过多的资源，而在没有受制于消费循环效应和对社会有益的商品上投入极少的资源（比如，加强犯罪问题的预防、对环境污染的抵御及对贫困人口的帮助）。

因此，消费品的购买以及有机会购买到更多更好的消费品，给人们带来的好处远没有他们想象的那么多。当然，好处并不是完全没有，只是少很多。关于这些议题的新近研究工作提出很多问题，但是我不打算在这里回答它们。但是，只要消费者购买商品的选择范围越来越广，且能够准确买到他们想要的东西，他们的生活就能够得到改善，这个说法是非常含混的。

到目前为止，我的结论很简单。毫无疑问，互联网让购买商品变得更容易，对消费者而言更便利。我们能够获得更多更好的商品，而且马上就能得到。如此看来，我们大多数人的确因此受益。但是，这种受益的程度比我们通常所想的要小，特别是这样做在某种程度上加速了消费循环，而没有让大多数商品的消费者生活得更好。如果公民们反思他们的习惯和生活的话，他们就完全能意识到这个事实。作为公民，我们最好能让这种消费循环慢下来，或者确保让其持续运转的资源能够得到更好的利用。只要公民们想要完成这一有价值的目标，自由的观念就不应该成为公民行动的阻碍。

民主与偏好

当人们的偏好是不公正或过于有限的选项的产物时，从自由的立场出发就存在问题。而且，如果我们坚持对偏好的尊重，那会严重损害自由本身。当选项丰富时，情况就会好很多。但是从自由的角度来看，当人们过去的选择导致偏好的发展，而偏好又限制了他们自己的视野和公民能力时，这也会产生问题。

消费者跟公民不是一回事，将两者混为一谈会犯大错。区分两者的一个原因是，民主选择的过程通常会激起人们的远大抱负。当我们思考自己作为国家一员应该做什么，而不是我们每个人作为消费者应该购买什么时，我们通常会趋向更宏大也更为长远的目标。即使我们作为消费者时热衷于娱乐资讯，我们也可能会希望推动一个高质量信息市场的发展。

在民主进程中，我们同样能够作为一个集体来行动，而不受限于我们作为个人的选择。通过集体行动，我们能够克服各种障碍，并妥善处理那些靠一己之力无法顺利解决的问题。

这些观点显然涉及传播领域之外的一些问题，比如环境保护、收入不平等和反歧视法等等。在很多情况下，作为公民，人们会倾向于做出某些选择，与他们作为消费者时所做的选择大相径庭。当然，对政治多数派根据这一理由会做的事加以一定限制（通常是以个人权利的形式）是很重要的。关于传播交流，个人拥有无限选择的体制有数不清的好处。但是，在某些方面，拥有太多选项不符合公民权和自治的利益，而且，任何想要减少此类问题产生的尝试，都不应以自由的名义来予以否定。

第七章

什么是监管？一种辩护

十多年前，我的电脑曾收到过一封古怪的邮件，主题为“给你的情书”，附了一个附件。打开邮件，我得知附件是一封情书，发信者与我从未谋面——却正好是本书的出版方——普林斯顿大学出版社的一位职员。我觉得我应该看看这封情书，便单击了一下。但我突然想到这可能根本不是什么情书，所以没点第二下。

我收到的是“ILOVEYOU”电脑病毒。这种病毒非常棘手，如果你打开了它，收到的可不仅是一封情书，还附赠一份“特别惊喜”：你的电脑将给通讯录上的每一个邮箱地址发送一封同样的“情书”。对许多人来说，这有点儿逗乐，但也让人极为恼火和尴尬——对一位法学教授来说更是如此，当发现自己向学生和同事们发送了数不清的骚扰情书时，心里可不见得有多舒服。

“ILOVEYOU”病毒战功卓著。它能删除文件，还可自行变异，所以许多人发现自己收到的不是情书，而是母亲节贺卡——不如情书那么新奇，也更无伤大雅，但随便哪个公司里的员工发现自己给朋友和同事们寄出了许多母亲节贺卡，而其中一些人他几乎不认识（更不是自己的母亲），仍然会觉得受到了伤害。“ILOVEYOU”病毒还很快伪装成针对它的杀毒软件，发送邮件时搭配了“如何防范‘ILOVEYOU’病毒”的附件。这个附件当然也是病毒。

“ILOVEYOU”病毒给全世界造成的损失远不止是令人尴尬。比利时的自动取款机出了故障，整个欧洲的电子邮件服务器停机，纳税人也承受了巨大的损失——一部分原因是政府的计算机也感染了病毒，另一部分原因是世界各国政府在执法工作上的合作。在伦敦，议会被迫关闭了服务器，而美国国会的电子邮件系统也因此瘫痪。在美国国防部，四个机密电子邮件系统受损。据估算，最终损失超过100亿美元。最后，美国联邦调查局（FBI）追踪到该病毒的制造者，竟是菲律宾的一个年轻人。

普遍观点

到目前为止，我的讨论涉及一个运转良好的自由表达体制的社会基础——如果想要运转良好，这个体制需要什么。然而，批评者可能会回应说，在应对任何由个人选择所产生的问题时，政府与法律都没有合法地位可言。该观点认为，一个自由社会应尊重个人选择，避免“监管”，即使自由选择的后果相当不利，也应如此——这就是自由的全部意义。

如果这种论断真的是在讨论自由，那么我已经尝试指出了其谬误所在。不应该总是将自由等同于“选择”。当然，自由社会通常都尊重选择。但有时，选择能够反映出自由的缺乏，而且实际上，这种自由的缺乏正是选择所导致的。

或许这种论断源于别的东西：一种针对任何形式的政府监管的普遍敌意。当然，这种敌意无处不在。一种普遍观点认为，应该直接摒弃对传播市场的法律干预，只因它是政府监管的一种形式，也恰因如此为人所不喜。无疑，在 Facebook 和 Twitter 上很容易发现这种论断。

许多人对无线广播和电视持此观点。他们认为，由于数量异常丰富的频道的存在，稀缺性不再是构成监管的理由。难道政府不应该就此离场吗？难道政府不应该完全取消监管吗？有人对互联网持相同甚至是更为强硬的观点，提议互联网应为无政府管辖地带。1996 年，言论自由活动家（之前也为“感恩而死”乐队作过词）约翰·佩里·巴洛（John Perry Barlow）写下了颇具影响力的《网络空间独立宣言》，他竭力主张：“工业世界的政府们……我请你们即刻放我们一马。在我们这里，你们并不受欢迎。在我们聚集的地方，你们没有主权。……你们没有任何道德权利来统治我们，你们也没有任何强制措施，能令我们有真正的理由感到恐惧。”[1]这听上去像是20世纪60年代的东西，一种“我这一代人”的宣言，将“聚集起来的我们”与那些过气的人对立起来。然而它在90年代产生了共鸣，至今依然在回响。

自相矛盾：监管和法律无处不在

尽管我们敬佩巴洛清晰的思路和出头的勇气，但“ILOVEYOU”病毒的故事表明他的观点是荒谬的。任何心存理智的人会支持一个禁止政府帮助防范计算机病毒的体制吗？会支持一个禁止政府防范用此类方式侵入计算机系统危害私人和国家安全的体制吗？会支持一个禁止政府防范网络恐怖主义的体制吗？然而，“ILOVEYOU”病毒的故事也展现出了一些微妙之处，更为有趣。真正的问题在于，对政府监管的反对是有些含混的。

传播市场——电视、印刷媒体、网络——中的“监管”是无法避免的。问题不在于我们是否会有监管，而在于监管的形式。报纸、杂志、广播、电视台、网站，以及Facebook和Instagram账户——凡此种种，每天都从政府监管中获益。事实上，一个没有监管的言论自由体制几乎是无法想象的。那些对试行条例（proposed regulation）最叫苦不迭的人，常常是从当前监管中获利最多的人，尤其是在经济方面。他们不仅依靠自己，也依靠政府和法律来谋取利益。他们所抱怨的不是此类监管——他们需要它——他们抱怨的乃是一种比当前体制获利更少的监管体制。

要了解争论的要点，首先得看过去几十年及更长时间内，广播和电视台的广播许可证的实际持有情况。广播公司的许可证并不是与生俱来或君权神授的。它们的许可证显然是政府授予的产物——合法授予的财产权，垄断特定频率的形式，起初免费发放给美国广播公司（ABC）、哥伦比亚广播公司（CBS）、美国全国广播公司（NBC）和美国公共广播公司（PBS）。在20世纪90年代早期，政府走得很远，以至于授予当时的广播电视台所有者制作数字电视（DTV）的权利——时任参议员的罗伯特·多尔（Robert Dole）和许多人称之为“一份700亿美元的免费大礼”。这份“大礼”来自公权，即通过政府赠予的财产权，在这种情况下，授权不是通过竞价所得，而是免费的，通过一种高度公开的方式，而政府和法律对那些广播或电视台的所有者及运营者的权利负责。

然而我们并不需要任何“大礼”。许多经济学家认为，使用频谱的权利应该通过竞价机制来分配。事实上，联邦传播委员会至少在一定程度上已经采纳了这一建议。但是即便有竞价机制，所有者依然能从财产权中获益。如果你通过竞价拿到了770频段，没有你的同意，任何其他人都不能使用

770频段，政府会保护你。我们且不用说CBS和NBC这样的传统广播公司。美国电视网（Showtime）、美国家庭影院（HBO）和地方电视台也能从由法律保障实施的财产权中获益。的确，任何一家广播电视公司的运营者都可以雇佣类似于在线警察之类的保护力量，以阻止任何不受欢迎的入侵行为。但这并不容易。没有了法律，进入广播和电视领域的大门将向所有人开放，那么当前的所有者将花费更多的金钱和时间来捍卫他们的权利。

假如你有一个Facebook账号，你并没有为此付钱，但那绝对是属于你的。一旦有人强占了你的账号，你的权利就被侵犯了。你当然能够寻求法律救助。同样的事情对你的Twitter账号也成立。一旦有人以你的名义发送推文（“qcfgv-wav”或“Twitter是撒旦的工具箱”），他们就已经侵犯了你的法定财产权。对Facebook和Twitter用户来说，这很重要。

尽管有许多人不这样认为，但在法律赋予的情况下，财产权就是政府监管的一种典型形式。它们创造并限制权利，决定谁拥有什么，以及谁可以对谁做什么。它们允许一些人排除其他人。简而言之，这就是监管。

就电台和电视广播公司而言，财产权向他人施加严格的限制，根据联邦法律，人们不得在CBS、NBC或福克斯新闻的频道上发言，除非得到它们的允许。谴责政府对电视播放者的监管是没有意义的，因为正是政府监管对这个体制负责。

如果没有一个让广播公司受益的复杂监管架构，这个体制是不可能存在的。

政府不仅从一开始就创造了相关的财产权，它还通过民法和刑法保护财产权，费用由纳税人承担，这两种法律均禁止人们使用播出者“所有”之物。如果你未经许可就出现在CBS的频道上，试图利用CBS公开发表言论，将构成犯罪，而联邦调查局很有可能会插手。广播电视公司一直抱怨政府监管，而此类监管首先就是对他们的权利负责。另外，特别讽刺的一点在于，广播公司强烈反对强加给他们的适度的公益要求，例如儿童教育节目、公共关注的话题以及发表不同意见的机会。他们声称反对这样的监管，然而他们真正反对的是他们不喜欢的特定类型的监管。（诚然，他们不是第一个那样做的，也不会是最后一个。）

当然，广播电视公司在这里可能有一些正当的反对意见，至少如果他们能够证明这些要求没有什么好处的话。但是，对广播电视公司而言，如果他们表现得就像法律和政府强加了之前从未涉足的公益监管一样，这就说不过去了。如果不是因为法律和政府的强力保护，广播公司就不可能以现有的形式存在，是法律和政府让他们先赚到了钱。

广播电视公司的情况也适用于报纸和杂志，尽管这一点不那么明显。报纸杂志也从政府授予的财产权中有所获益，同样也是花费纳税人的钱保护财产权。例如，假设你想在

《华盛顿邮报》或《时代周刊》上发表文章。你或许认为它们都忽视了某种重要的观点，而你想要填补这个空白。如果你要求发表却遭到拒绝，那只能说是不走运。最重要的原因在于，法律创制了一种严格的排他权——一种排除他者的法定权利——并将这项权利授予了报纸和杂志。法律已经做好了充分的准备，用民法和刑法的保障来支持这种排他权。与 CBS 和 ABC 一样，《华盛顿邮报》和《时代周刊》都是法律监管的受益者，它们阻止人们在他们想要说话的地方畅所欲言。

现在或许可以想象一个世界，报纸杂志没有此类法律保护。这将是一个没有监管的世界。但这会是什么样的世界呢？没有法律的帮助——执行合同、保护财产权、惩罚侵犯财产权者——所有人都将陷入展示更强大力量的斗争之中。在这样的世界里，只有当人们有力量坚持下来，才能发表他们想要的东西。在我们的社会里，可以阅读报纸杂志不是由权力决定的，而是由法律监管决定的，法律监管分配并实施财产权，并使用公共支出实现这一切。

网络案例：一些历史记录

尽管人们普遍认为，互联网不受也不应该受到政府控制，但网上的情况也差不多。在这里，监管和政府的支持无处不在。然而，这个背景下有一些有趣的小问题值得探讨，因为它们涉及监管与互联网的关系，而且它们本身也值得注意。

先考察一下历史。这个所谓的政府无涉地带本就不是私营部门的产物，而是由国家政府创建的。事实上，私营部门本来有很多机会推动事情的发展，但它们拒绝了，这说明它们明显缺乏远见（这很令人疑惑，但绝对是事实）。我们习惯于听到政府行为无意间造成不良后果的传说。互联网则是政府行为无意间造成的良好结果——竟然还是国防部做的。

20世纪60年代，美国国防部高级研究计划局（US Defense Advanced Research Projects Agency）创造了一种新型电脑网络，起初被称为阿帕网（Arpanet），可以让电脑彼此连接，其目的是让来自不同大学的国防问题研究人员能够共享计算机资源。1972年，先是成千上万的早期用户开始将电子邮件作为新的基本传播工具。70年代早期，政府想要将阿帕网卖给私营部门，尝试与美国电话电报公司（AT&T）接洽，看看它是否有意接手这个系统。AT&T拒绝了，认为阿帕网的技术与自己的网络不兼容。（私营部门的普遍预见能力也不过如此嘛。）

最终，阿帕网在联邦政府的资助下，以美国国家科学基金会的形式在联邦政府的支持下运营，并拓展出多种用途。20世纪80年代末，许多新的网络开始出现，一些网络远比阿帕网技术精良，“互联网”这一术语指代许多在相同运行协议下的链接网络所组成的政府资助性网络。1989 年，阿帕网摇身一变，成了全国范围的区域网。一年之后，一项关键的革新发生了，在瑞士日内瓦附近的欧洲核子研究中心（CERN）的研究人员创建了万维网（World Wide Web），一种互联网的多媒体分支。CERN 研究者试图吸引私营公司来创建万维网，但私营公司以“这太复杂”为借口拒绝了，作为首席研究员和万维网发明者的蒂姆·贝纳斯-李（Tim Berners-Lee）不得不亲自创建它。

尽管现在看很难以置信，但互联网直到 1992 年才开始商业化，这是由于新的立法取消了对商业活动的限制。大约在那时，政府直接的资助大部分被撤回了，而间接资金和支持依然存在。1995 年，国家网络的主干网（用于数据传输的物理管线）被卖给了一个私营公司财团，政府授予一家公司注册域名的专有权（现在你可以从许多卖家手中买到域名）。互联网最初是由政府创造的，现在已经基本上不受联邦政府监督了，但是还有一些重要的、背后的特例，即受保障的财产权和各种针对非法言论的法律限制（如阴谋、贿赂以及儿童色情作品等）。

也许所有这些论述看起来都很抽象。然而，对于当前关于互联网政策讨论最根本的那些辩论而言，我们的基本论点已经触及到了核心。例如，2000 年刊登在《美国展望》上的一期互联网专题论坛，这是一次具有启发作用的在线交流。

艾瑞克·S. 雷蒙德（Eric S. Raymond），一位极具影响力的开发者和开源软件理论家，言辞尖锐地反对“政府监管”，并且公开支持“自由放任”和“基于启蒙自利原则的自愿准则”。而互联网专家劳伦斯·莱斯格（Lawrence Lessig）则针锋相对回应说，“合同法、财产权的合理限制、反垄断法和美国电话电报公司的解体”都是“监管”，监管因为“政府政策”而成为可能。

回应莱斯格时，雷蒙德十分吃惊。他承认，如果“监管”一词是指“我和黑客们普遍同意的**非**强制政策，而不是主动的强制干预，诸如财产法和合同权利的执行”，他就不会有任何不同意见。但对声称代表广泛“群体共识”的雷蒙德而言，使用“监管”来囊括这类法律，反映出一种对莱斯格“世界模式”极大的误解。“合同法和财产法不指名道姓，它们使法律面前平等个体间的权力均衡合法化了，是好东西；而监管则给予法律指定的一方用强力支配结果的特权，顶多算是一个非常可疑的东西。这二者并不一样，一个是握手，一个是出拳。”

雷蒙德表达了一种广为流传的观点，然而糊涂透顶的是他，而不是莱斯格。财产法和合同权无疑是“强制的”，完全是“主动的”。这些权利不是天然就有的，至少不是人类社会可接受的天然之物。如果想发言的人因侵占财产权而被判入狱，这无疑动用了强制。这不仅适用于无家可归者，他们的境况无疑是一种法律的产物。甚至连那些开发开源软件的人也极为依赖财产法。事实上，他们（通过许可）依赖合同法，并至少依赖于某种形式的版权法，借此来掌控他们的软件将来会发生的情况。任何因违反版权法、侵入 CBS 或网站所有者的“空间”而受到处罚的人，都在“监管”这一术语的合理理解范围内受到了强制。

合同法和财产法也不仅仅让“权力均衡合法化”。通过授予权利，它们**创造**了一种权力均衡——没有政府的“主动”选择，这种平衡是不会存在的。在一个真正无法无天的状态下，一切都得靠自助，对于互联网或其他任何地方的软件来说，谁知道这种均衡是什么样呢？合同法和财产法是好东西，甚至是极美妙的东西。然而大多数时候，对许多人来说，它们不像是握手，倒更像“打在脸上的拳头”。（无家可归意味着什么？不说别的，这意味着如果你试图进入一栋住宅，你会吃别人一拳，或者得到与之极为相近的待遇。）

财产法和公司法“不指名道姓”，这说得没错，而且很重要。法律并没有说琼斯可以拥有财产，但史密斯不可以，也没有说基督徒可以拥有财产，而犹太人不行。（除了极少数例外，至少现在的法律没有这样的规定。）这是一种巨大的社会进步。然而又有多少（其他种类的）监管是指名道姓的呢？试举一些我们无法接受监管的案例——如，禁止批评国会或最高法院，或者禁止批评当前的战争行动，这些监管也没有指名道姓。而当政府做一些监管性更强，更容易让人接受的事情时——比如禁止传播病毒，或者禁止贿赂和勒索，一样不需要指名道姓。由此可见，我们可以接受和不可接受的监管都没有指名道姓，而且将监管与特定主体绑定也无助于区分合同法和财产法与监管。回想雷蒙德的想法，合同法和财产法“使法律面前平等个体间的权力均衡合法化了……而监管则给予法律指定的一方用强力支配结果的特权”。作为一个概念性问题，这些论断可能讲不太通。

我无意否认雷蒙德确实有所发现。合同法和财产法之间的差异，有助于促进私人秩序，并且通常保留了很大的灵活性，以及更为严格的监管命令，例如要求人们必须回收垃圾，必须遵照汽车排放限制，或禁止人们在公共场所吸烟。就监管本身来说，灵活性通常是个好主意，因为它增加了自由，并且降低了成本。我们应当避免赞美抽象意义上的合同法和财产法，然而总体说来，它们是好东西。不过，它们依然是监管的一种体现。如果我们否认这一点，我们将会让自己陷入困惑。

互联网的情况：再议监管

单是因为政府创制并执行了网络财产权，与一般的物理空间一样，互联网就依然笼罩于政府监管之下。社交媒体亦然。这不意味着政府能为所欲为。但这的确意味着真正的问题在于，应该有什么样的监管，而并非是否需要监管。

由于“ILOVEYOU”病毒和其他病毒的存在，近些年人们开始高度重视网络安全和“网络恐怖主义”的风险及现实问题——不仅是通过电子邮件，而且当“黑客”入侵网站以禁用它们、窃取信息或发布他们自己选择的信息时也是如此。这个问题关涉国家安全，因此极为重要。必须采取强力措施来解决这一难题，然而许多国家尚未做好充分的准备。计算机病毒是否会危及国家安全，还不太好说，然而据一个（过了时的）估算称，美国每年要因计算机病毒而损失 130 亿美元。[2] 谈到一般网络犯罪，据估计 2016 年全年的损失高达 5750 亿美元。[3] 一些损失是很难以金钱计算的，例如有报道称，俄罗斯通过侵入民主党全国委员会的服务器并发送邮件的方式，干预了 2016 年美国总统竞选。私人机构和公共机构同样易受到攻击。如果在未来的十或二十年内发生特别可怕的网络事件，根本不足为奇。

尽管问题严峻，但严重的网络破坏行为并没有如人们预期的那样频繁发生。为什么？首先，网络公司花费了大量时间和精力来避免破坏行为的发生。其次，网络破坏行为违反法律这一事实，帮了网络公司的大忙。一个由州法、联邦法律和国际法组成的复杂架构会对网络行为予以监管，防范入侵，并赋予网站所有者（也包括那些社交媒体账户所有者）

一项免于非法入侵的权利。这些私人权利由公权创制，依靠公共支出保障实施。事实上，海量资源——数十亿美元，包括联邦调查局的大量精力——被用于保护此类财产权。当网络恐怖主义真的发生时，人人都知道政府将会介入并保护财产权，一方面通过搜捕相关违法者，一方面通过起诉。

如果我们愿意，我们或许会拒绝称其为政府“监管”。但何必呢？这是一个语义学问题，争论这个没什么帮助。当政府创制并保护权利，当它禁止人们为所欲为的时候，这就是标准意义上的监管。互联网不是法外之地，也不是一个没有监管的空间。原因在于，政府时刻准备保护那些财产权陷入危险中的人。

这样一来，网络世界的权利体系跟其他地方没什么不同。然而网络确实显示了一种复杂性。现实一点说，在平常的地方，如果没有大量政府权力的介入，那么财产权制度通常是无法想象的。没有政府介入的体系，将意味着财产所有者不得不诉诸自助，如雇佣私人警察，但是对包括广播、报纸、杂志在内的大多数财产所有者而言，这真的不现实。当然，这里也存在一些复杂情况。杰出的社会科学家，包括诺奖获得者埃莉诺·奥斯特罗姆（Elinor Ostrom）和耶鲁大学法学教授罗伯特·埃里克森（Robert Ellickson）等，都对“自发秩序”（spontaneous orders）的存在进行了富有启发性的讨论。在这种秩序中，人们成功创造了无需法律的稳定社会。[4]

但是在地球上的绝大多数地方，事实并非如此。巴黎、柏林、开普敦、波士顿、北京和墨西哥城都需要强有力的法律存在（legal presence）。

认为互联网可能更像是奥斯特罗姆和埃里克森所理解的秩序，并非是一个完全疯狂的想法。例如，我们或许会认为，**政府可以简单地置身事外，使网站所有者获得相应的资格，只要他们能运用其技术能力排除他人的干扰**。在这样一个体制中，的确不需要监管。亚马逊网站将由亚马逊公司运营，然而只有当亚马逊的所有者达到能够运用其技术维护财产权的程度时，它才能免于非法入侵。总之，亚马逊将因技术而不是法律而获得一种主权，而且也许它只能通过技术来保障这种主权。同样，如果你有一个 Twitter 账号的话，是可能被别人盗用的，除非你能与 Twitter 或其他私人公司合作消除入侵的风险。

考虑到当下的技术能力，这不是不能想象的情况。也许很多人无须政府的帮助，就能够很好地保护自己免受黑客、网络恐怖主义者和他人的损害。然而最终，至少在当前可以想象到的条件下，这还远远不够，甚至有点异想天开。鉴于民法和刑法在享有财产权上的巨大价值，强迫人们仅仅依靠技术是没有多大意义的。幸运的是，我们没有生活在那个想象中的要自力更生的世界。网站的所有者和社交媒体用户都从政府监管中获益，没有监管，他们在网上就不会过得那么安稳了。

监管无处不在

上述这些观点都不应被视为反对那些建立和保障财产权的监管形式的论据。正相反，一个运转良好的自由表达体制**需要**财产权。如果法律创造并保护报纸、杂志、电视台、广播站、网站、社交媒体账户的所有者，这样的体制就可能会变得更好。财产权使得这些机构更加安全、稳定，因此将有利于更多言论产生。

在一些国家，传播渠道归公所有，一切财物由政府再分配。保守地说，自由的言论不太可能在这样的环境下繁荣。弗里德里希·哈耶克（Friedrich Hayek）就和我这里的想法完全一致，他强调法律监管无所不在。哈耶克常被看成是自由放任的支持者，但他并不是。“在任何一个可以合理辩护的体制中，国家都不会无所作为。”他又说：“和其他任何体制一样，一种有效的竞争体制需要精心设计和不断调整的法律框架。”[5]

我在上面讨论的问题并不是说，政府管控报纸和杂志（还有网络或其他媒体）上出现的内容是合理的。例如，政府不能强迫它们必须报道总统大选，或者强迫它们一定要刊登反对者的回应意见。但是，任何反对这类监管的要求不能基于这样一种观点，即它们会插手一些“法律自由地”——这会让政府进入到先前没有它们存在的领域。但政府早就存在于这些领域了，如今也还在，我们也没觉得有什么不好。如果政府要有一些新的或不同的举动，关键在于这样做对言论自由到底是有所改善，还是有所损害？这可不是在表面上抱怨几句政府监管就能解决的。

如果政府试图监管当下的电视或广播形态、网络社交媒体，又或者是某种综合或超越它们的未来技术，那么以一个自由社会反对政府这样的监管为由，说这种尝试注定会失败，这毫无道理。没有自由社会反对这些。政府监管言论，至少以财产权的形式排除一些潜在的发言者，这是自由体制之通例，它尊重传播渠道的所有者们，并为它们创造排他性权利。

在这里，我的辩护如下：当我们谈论通往网络或其他新兴传播技术——当下的，即将来临的，或是暂时还无法预见的——的可能途径时，我们不应当拿有没有政府监管来说事。这会给我们现在所做的以及我们真正的选择带来困惑。而且这种困惑绝不是无害的，它会让那些追问如何改善言论市场运作情况的人陷入极为不利的局面。通过行使代表他们利益的政府权力，民主大众应被允许公开而富有实效地讨论基础性的问题，而无须考虑那些每时每刻都从政府权力中获利的人所杜撰的自私谬见。

第八章

言论自由

那些制造了“ILOVEYOU”病毒的人，应该受到言论自由原则的保护吗？如果说应受保护，那显然很傻。然而如果说这种形式的言论应该被监管，那么政府权力的界限又是什么呢？

可以看一个关于网站的案例——从某些方面来看，一个或许正预示着未来的标志性案例。案例中的网站有一个引人注目的名字：纽伦堡档案（Nuremberg Files）。它在首页声明：“一群遍布美国的忧心忡忡的公民，联合起来搜集堕胎医生的档案，期待有朝一日我们能够以危害人类罪对他们进行审判。”网站包含了一长串“堕胎医生嫌疑人及其帮凶”的列表，其明确目标在于“记录每一个在美利坚合众国内干着屠杀婴儿勾当的人的名字”。列表中包括了许多实施堕胎术医生的姓名、家庭住址、车牌号码，还包括其配偶和孩子们的姓名。

目前为止，一切都好——或许是吧。但是这些医生中最终有三个人被杀害。每当有一名医生被杀，网站就会勾掉他的名字。网站上也有一系列西部怀旧风格的“通缉海报”，每一张都带着医生的照片，并附有“悬赏”字样。一群医生提起了诉讼，主张该网站的做法近似于带有死亡威胁和恐吓的“处决名单”。陪审团判给他们高达一亿美金的损害赔偿金，被告上诉后维持原判，但赔偿金额大幅减少（仍高达数百万美元）。

言论自由原则应该保护“纽伦堡档案”吗？或许应该如此。但是，如果是你这样认为的，你会允许一家网站发布堕胎医生的姓名和住址，并清楚说明如何及在哪里杀掉他们吗？你会允许一家网站挂出炸弹制作方法的说明吗？挂出此类说明，并提供如何及在哪里使用炸弹的建议？向恐怖分子展示精确的打击目标和方式？

这些问题都不是空穴来风。许多网站现在就有如何制作炸弹的说明——尽管据我所知，它们没有告诉人们如何及在哪里使用炸弹。如果你认为网站上出现炸弹制作说明不算什么问题，那可以再考虑一些其他问题。根据你对言论自由的理解，假如，你会允许人们在一个叫作“pricefixing. com”的网站上一起合作，让竞争者们通过网站就能定价并从事其他反竞争行为吗？根据你对言论自由的理解，你会允许人们使用未授权的电影、音乐和书籍，并将其传播或售卖给成千上万的人吗？根据你对言论自由的理解，你会允许恐怖分子招募人员实施谋杀吗？

我在这里的基本论点是，要恰当理解言论自由原则，它并不是绝对的，它允许政府对人们想在互联网上说的话施加广泛的限制。然而，急需政府解决的最困难的问题是：监管计算机病毒、犯罪阴谋以及参与犯罪行为的明确煽动性信息——至少在煽动很可能有效的情况下。诚如我们即将看到的，使用互联网招募人员实施恐怖犯罪引发了严重的问题，这一议题将我们带到了言论自由原则的前沿。

这里不是充分讨论与表达自由相关的宪法教义的地方。然而在展示以表达自由体制为民主根基的过程中，我会尝试对基本的宪法原则进行概述。

新兴智慧？

有一种新兴的观点，在法院中获得了相当多的支持。它认为，宪法第一修正案要求政府尊重“消费者主权”的理念，这个含义也很简单——必须允许人们随心所欲地做选择。事实上，法院和评论家们有时会认为宪法第一修正案是基于这样一种观点之上的：消费者的选择是传播系统的全部意义所在。尽管它与言论自由原则最初的设想并不相干，但这一观点可以在现行法律的许多方面中找到。

首先，它有助于解释商业广告的宪法保护。这种保护是最近才出现的。1976年之前，最高法院及整个法学界一致认为，第一修正案根本不保护商业言论。[1]从那之后，商业言论越发被视为普通的言论，以至于克拉伦斯·托马斯（Clarence Thomas）大法官甚至曾质疑法律是否应该区分商业性和政治性言论。[2]到目前为止，托马斯大法官在这点上尚未占据上风，法院对商业言论的保护有所减少（例如，虚假广告和欺骗性广告会受到管控）。然而最高法院有关商业性言论的判决常常以推翻对广告的限制而告终。因此，我们最好将那些判决视为将消费者主权和第一修正案本身联系起来的一种方式。

与此相似的还有最高法院对竞选资金监管的强烈反对。在最高法院颇具争议的“联合公民诉联邦选举委员会案”判决之后，公司基本上被允许在政治竞选中随心所欲地花钱了。[3]凭借5比4的微弱优势，法院阐明了为政治竞选者所花费的资金开支受到言论自由原则的普遍保护——并且法院还裁定，政府通过设定资金开支上限来促进政治平等是不合法的，这在我看来是相当傲慢的判决。[4]在法院看来，由财富差异造成的不平等，并非民主社会应该控制的对象。

根据最高法院的观点，对竞选资金的限制完全不能以平等为理由来证明。正是基于这样的原因，出自竞选者个人资金的竞选支出不应该受到管控。同样是基于这一原因，对一个人向竞选者提供竞选**捐助**的限制，只能作为一种防止实际或可能的腐败的方式而加以规范。

关于竞选资金监管的宪法讨论是复杂且有争议的，最高法院法官之间也存在着巨大的分歧。[5] 一些法官认为应进一步削减政府现有的监管竞选捐助的权力，因为这些捐助是言论自由原则所保护的核心。在这里，消费者主权的想法也同样起了作用。在许多关于竞选开支和捐助的辩论中，政治程序本身被视为一种市场，在这一市场中被视为消费者的公民，不仅通过选票和声明，也通过金钱来表达他们的意愿。我并不是说政府应该有能力施加任何它想去施加的监管。我只是想要提醒大家注意并抵制一种观点，即政治领域应该被视为一个市场，以及一种已经在最高法院中获得多数支持的、影响力十足的论断——政府完全不能对经济不平等转化为政治平等的问题做出应对。

就目前而言，更为重要的是，在现行宪法的强烈支持下，人们普遍认为：言论自由原则禁止政府通过诸如试图吸引人们关注严肃议题或监管电视节目内容的方式，来介入传播市场。[6] 要知道，每个人都同意政府应被允许创设并保护财产权，即使这意味以言论监管为代价。我们已经了解到，政府可以授予网站和广播电视台以财产权，那样做不会产生宪法问题。

每个人也会同意，应该允许政府控制垄断行为，从而实施反垄断法。这样做是为了保证传播市场的真正自由，不涉及直接言论控制的结构性监管，旨在保证市场运转良好，通常无可非议。因此，政府可以创制版权法，并且至少在一定范围内禁止未经授权的复制。（不过，关于如何协调版权法与言论自由原则，还有极其重要且活跃的争论空间。）[7] 但是如果政府试图要求广播电视报道公共议题，为竞选者提供免费直播时间，或者保证一定水平的高质量儿童节目，许多人就会认为这违反了第一修正案。

隐藏在这些争论表面之下的是什么呢？

两种言论自由原则

在这里，我们或许可以区分法庭中所使用的言论自由原则和在公共辩论中起作用的言论自由原则。就法庭而言，对于许多使得言论市场运转得更好的政府行为而引发的宪法问题，答案尚未明确。例如，就宪法而言，我们并不知道，政府现在是否能够要求电视台播放教育及公共事务类节目。在三四家电视台把控局面的时候，最高法院允许此类监管，但是在今天，这样的监管是否合法成了一个问题。[8] 从预测的角度看，最多只能说，只要能促进与审议式民主决策相关的目标，法院就有合理的机会允许政府采取适度的举措。

实际上，在制定严格规则处理言论自由原则在新兴技术中的作用上，法院一直非常谨慎且自觉。它意识到事情正在迅速发生变化，有太多它不知道的东西。因为事实和价值问题都在不断变化，法院往往只能提供范围有限的个案裁决，不能为未来提供指导和限制。[9]

然而，法院之外的言论自由原则就是另一回事了。人们时常援引言论自由原则，有时出于策略考虑，有时出于原则考虑，以此阻拦可能使传播市场服务于民主目标的政府举措。法律之外，在报纸、广播电视台和录音室，乃至寻常人家时，第一修正案具有一种重要的**文化**表现，其重要性不亚于它在法庭中的技术性角色。在这里，言论自由原则对消费者主权的认同正变得越发牢固。最糟糕的是，新兴的文化理解切断了第一修正案与民主自治之间的联系。

此处回想一下盖茨的话："电视已经变得有些不方便了。当你打开电视直播，依次换一遍频道，需要花费三分钟。而六年后，当你走进客厅，只需张口说出你感兴趣的东西，电视就会帮忙找到你喜欢的视频。再也没有'让我们看看第四、第五和第七频道'这样的事情了。"从更极端的角度看这种逻辑，从言论方面看，新兴的智慧将第一修正案与不受限制的消费者主权梦想联系到了一起。在盖茨的言论中，第一修正案得到了体现。在传播领域内，它将把第一修正案变成一种对消费者主权的宪法保护。

关于将第一修正案理解为消费者主权的化身，我在几十年前曾有一段个人经历，或许能为此提供一个有益的简要说明。1997 年到 1998 年，我就职于数字电视广播公利义务总统顾问委员会（President's Advisory Committen on the Public Interest Obligations of Digital Television Broadcasters）。我们的任务是考虑是否及如何要求广播电视实现公益目标，所采取的方式包括：为听障人士准备好字幕、突发事件预警、播放儿童教育节目以及为竞选者提供免费直播时间等。

大约有一半的委员会成员都来自广播电视台，他们中的大部分人乐于挑战政府现有的监管，把这些监管视为无可辩解的侵犯。两位联合主席之一是令人敬畏的莱斯利·穆维斯（Leslie Moonves），CBS 主席。穆维斯显然是一个睿智且具有公共精神的人，但同时也是最不谦逊的人，并且至少可以说，他熟悉电视网的经济利益所在。因其人员构成的缘故，顾问委员会并不准备提出任何引人注目的建议。相反，它必然会高度遵从广播电视的特权。在任何情况下，顾问委员会都仅仅是——一个顾问委员会——我们只有撰写报告的权力，而且根本无权对任何人强加任何义务。

尽管如此，委员会仍受到经济利益集团持续、强烈、高调和资金明显充足的游说力量所影响，这些利益集团通常与广播电视产业有关，它们试图援引第一修正案来表明，所有与公共利益有关的义务都是（且都将是）违宪的。一位衣着考究、身价不菲的华盛顿特区律师用长达一小时的时间向我们力证这一点，并对第一修正案的意义提出了极不寻常的主张。他还准备了一大堆法律文件，并发给了我们全体成员——其中大部分都是在谈论诸如“一项为竞选者提供免费直播时间的规定会违反宪法”这类内容。对各种处理方法可能产生的影响，他没有进行细致的实证论证；我们只是反反复复听到一个简单的说法：“那会违反第一修正案！”事实上，相关的处理方法是否真的违反第一修正案无关紧要（我们委员会中的大部分成员都不是律师）。

在我们的会议中，杰克·古德曼（Jack Goodman）的存在不容忽略，他是美国广播电视协会（National Association of Broadcasters）的律师，广播电视业的游说者和诉讼负责人。他将第一修正案作为一种保护主义的武器，用来反对政府想做的所有事情。只要稍有风声，古德曼和协会就会援引言论自由原则来反击，这么说并不算太夸张。

当然，所有这些本身是一种完全合法的言论自由实践。然而，当数字电视广播公利义务顾问委员会主席已经就大部分事宜与广播电视产业达成一致，并且该委员会被各种对第一修正案具有倾向性且不合理的解释围困时，这就有点不对劲了。

有一种更为普遍的观点。美国广播电视协会及其他具有相似经济利益的组织，往往会以与美国全国步枪协会（NRA）使用第二修正案完全相同的方式来使用第一修正案。

我们应当将这两个阵营视为法理双胞胎。美国广播电视协会准备在公众和法庭面前发表关于第一修正案的自私自利且稀奇古怪的主张，并向律师及公关人员支付大笔金钱来帮助实现它们。美国全国步枪协会利用第二修正案所做之事也如出一辙。在这两种情形中，那些社会和经济利益受到威胁的人都打算利用宪法，不论其援引得有多么不合理，其目的都是为了给那些在其他情形中看似毫无希望的偏袒、自利的辩论披上一层（宪法）原则性和体面的外衣。

我们的顾问委员会听取了大量关于第一修正案的说法，与最高法院的判决和下级法院意见的脚注有关的不多，而极少——实际上算聊胜于无——与我们质询的许多问题的务实性、实证性讨论有关。如果规定 CBS、NBC 和 ABC 播放儿童教育节目，最终会有多少儿童收看节目？如果不看教育节目，他们会看或做什么？教育节目对他们有帮助吗？当规定播放教育节目时，广播电视网会损失多少钱，由谁来为这笔费用买单——广告商、消费者、互联网从业者，还是另有其人？为竞选者提供免费直播时间会给公民和资金募集带来怎样的实质性影响？这样的规定是否会让人们就严肃议题产生更为实质性的关注？它会减轻当前资金募集的压力吗？电视上的暴力画面对儿童和成年人有怎样的影响？电视暴力真的会增加真实世界中的暴行吗？它会造成真正的心理伤害并让儿童因此产生焦虑吗？如果没有字幕，对听障人士的影响是什么？

我们还可以进一步探讨。20世纪前半叶，第十四修正案的正当程序条款被用于禁止政府监管劳动力市场，比如通过立法规定最低薪金和最长工时等方式。[10]最高法院认为，宪法允许工人和雇主们按其“选择”设定薪金和工时，不受政府的监管限制。这是在整个最高法院历史上最为臭名昭著的时期之一。由此出发，对第十四修正案的这种司法运用已被普遍视为一种荒谬的滥权行为。现在大部分人都明白，深层的问题是民主问题，而不是司法问题。法院不应当禁止那些民主尝试，至少这些尝试似乎会带来相当可观的好处。

事实上，这些现在看来已经不足信的决策中，一个活跃的核心思想恰恰在于消费者主权——确保政府不会“干涉”工人、雇主和消费者的领域。（“干涉”一词必须加引号，因为政府已经参与其中了，财产法、合同法和侵权法有助于解释工人的收入、工作时长以及消费者的赔付。）然而在21世纪，第一修正案在大众辩论中仍然服务于类似的目的，有时在法庭上也是如此。

人们经常以消费者主权的名义来援引第一修正案，从而阻止用民主程序来解决复杂问题，这些问题往往关乎于事实和价值，而且不适合通过司法途径来解决。我这样说，并不是主张第一修正案完全不应该起作用。相反，它确实对应为之事施加了严厉的限制。并不是说，我强调了言论自由原则的局限性，就是要贬低这一原则在保护民主自治方面的核心作用。但有一些能想到的途径，它们能够充分符合言论自由原则的保障，可以促进其最为高远的抱负，可以回应目前为止我们已经讨论过的问题。

言论自由并非绝对真理

我们可以通过研究言论自由保障是“绝对真理”（具体来说就是政府根本不应该管控言论）这一想法来取得一些进展。这种观点在公共讨论中作用重大，而且从某些方面来看，它是一个有益的谬见。诚然，认为第一修正案是绝对真理的想法，有助于阻止政府做其不应该做的事。与此同时，我们也投入了夸张到惊人的力量来批判政府的不合法审查行为。这些都很好。然而一个谬见，即便在某些方面有益，也依然是个谬见，而任何具有公开影响力的谬见都极有可能制造许多的麻烦。

言论自由不是绝对真理这一点，没什么模棱两可之处。我们已经看到，政府被允许通过实施中立的财产法规则来管控言论，告诉那些潜在的发言者，他们可能无法使用某些特定的言论渠道。然而这仅仅是个开始。政府被允许管控计算机病毒、无证医疗咨询、贿赂企图、伪证、犯罪阴谋（“让我们来定价！”）、暗杀总统的威胁、勒索信（“给我 100 美元，否则我就把你私生活的真实情况告诉每一个人。”）、教唆犯罪（“你能帮我抢劫这家银行吗?”）、儿童色情作品、侵犯版权法、虚假广告、纯粹的口头欺诈（“这只股票价值10万美元。”），不胜枚举。

注意，这些言论中的许多内容不会带来特别严重的伤害。例如，一个徒劳无功、注定要失败的引诱某人实施犯罪的企图，仍然是教唆犯罪。一场失败的欺诈也仍然是欺诈。发送实际上无效的计算机病毒仍然违反了法律，而使用电脑盗用私人信息亦是如此。

根据目前美国法律的规定（大部分其他国家也是如此），**所有**上述形式的言论都不受言论自由原则的保护，也许你不会同意这个观点。当然，有一个很好的争论点是，现行的版权法对言论自由施加了不必要且不合理的限制，而这些限制在互联网领域内尤其麻烦。[11]然而，除非你相信**每一种**言论形式都应受到这一原则的保护，否则你就不算是一个言论自由的绝对主义者。而如果绝对的言论自由就是你的信仰，那你就是一个非常罕见的人（并且还有不少解释工作要做）。

我们没法在这里全面考察美国宪法第一修正案的影响范围。[12]但是很显然，不同类型的言论之间必须做出区分。例如，在能被证明是非常有害的言论和相对无害的言论之间做出区分很重要。一般来说，政府不应该管控后者。我们也可以在对民主自治有影响的言论和没有影响的言论之间做出区分；当然，任何政府管控政治言论的努力都应该承担极大的责任。简而言之，我们要在政府基于非法理由开展行动的可能性上面**做出区分**（我还会再讲到这一点）。

这些想法可以以多种方式结合起来，事实上，美国现代言论自由法的结构便反映出了这类结合。尽管言论自由原则要求个体消费者的选择不受限制这一观点日益突出，但最高法院仍坚持主张政治言论应受到最高保护，而政府应该管控诸如商业广告、淫秽信息和对普通人的诽谤这类言论，而不必承担政治言论所要求的特别严格的合法性审查。然而就当前的论述目的而言，必须要说的是，没有人真的相信言论自由原则或第一修正案是一种绝对真理。我们应该对此感到欣慰。

第一修正案与民主协商

本书的基本关注点在于探究不受限制的消费者选择会如何损害表达自由体系的先决条件，包括未经筛选的信息披露和共享经验在内。想要在理解这一关注点的本质上取得可观的进展，那么我们应该坚持言论自由原则须根据对民主协商的承诺来解读。言论自由原则的核心目的在于履行这一承诺。

那些强调消费者主权的人，和那些强调言论自由原则的民主根基的人之间，存在着巨大的分歧。对后者来说，政府监管商业广告的行为并不必然是令人反感的。比起虚假及具有误导性的政治言论，同类的商业广告更容易受到政府的控制。降低吸烟风险的民主举措——比方说，通过在香烟盒上面强制印上图示警告——一直未被取缔。如果这样做能拯救生命，人们会表示接受。有些人相信言论自由原则拥有民主基础，并且与消费者主权并不完全相关，他们对政府对电视、广播和互联网的监管行为不**总是**抵触的，只要这种监管行为被合理地视为一种促进民主目标的尝试。

例如，假设政府试图规定广播电视每周要播放三个小时的儿童教育节目（现在正是如此），或者假设政府要求广播电视公司为竞选公职者提供一定量的免费直播时间，或者为选举提供一定的报道时间。对那些笃信消费者主权的人来说，这些规定相当令人讨厌，并且它们似乎侵犯了言论自由保障的核心。对那些将言论自由原则与民主目标联系在一起的人来说，这些规定完全与其最高远的抱负完全一致。在许多民主国家——例如德国和意大利——人们普遍认为，为了促进民主自治，大众媒体可以被政府监管。[13]

在言论自由的民主观念中，并不存在新颖或反传统的东西。相反，这种观念是对美国言论自由最初理解的核心。例如，在抨击《外侨和煽动叛乱法案》（Alien and Sedition Acts）时，麦迪逊声称它们违反了言论自由原则，他明确地将言论自由原则与美国政治主权概念的转变联系在了一起。麦迪逊注意到，在英国，主权归属于国王。然而“在美利坚合众国，情形完全不同。拥有绝对主权的是人民，而不是政府”。[14]

正是以此为基础，任何形式的“煽动叛乱法”必须被判定为非法。“选举政府成员的权利……是一个自由并负责的政府的本质”，并且“此种权利的价值和效力取决于对公众信任的候选人优缺点的比较”。出于这种原因，由一项煽动叛乱法案所呈现出来的权力应当“比其他权力更能引起普遍的警示，因为它针对的是自由审查公共人物和措施的权利，以及人民之间自由交流的权利，而这种权利一直被公正地认为是其他一切权利唯一有效的保护”。[15]

以这样的方式，麦迪逊没有将“人民之间自由交流”视为行使消费者主权（即将言论视为一种商品），而且是将其视为自治的核心部分，是“其他一切权利唯一有效的保护”[16]。这里，麦迪逊对于言论自由的理解与布兰代斯大法官的说法非常接近，诚如我们已经在第二章中看到的，他将公共讨论视为一种“政治义务”，并且相信一个“惰性民族”是对自由的最大威胁。

其次，言论对于民主程序至关重要，美国宪政传统的核心部分极为重视言论表达，并且将第一修正案聚焦在独立自主的目标上。如果历史是我们的向导，那么，政府通过扩展公共论坛的理念来促进一个运转良好的表达自由体系，这样的尝试很可能受到欢迎。由此可见，当政府试图管控政治言论时，它所面临的困难非同一般——这种困难比它试图管控其他类型言论时所面对的更为严峻。

美国历史不是从民主协商角度看待第一修正案的唯一基础，也可以用一些基本原则对该论点进行辩护。[17]试从民主的角度思考如下问题：为了使得传播市场更好地运转，政府是否应该援用言论自由原则来施行禁止性措施？让我们回到我们的经典案例：儿童教育节目、为公职竞选者提供免费直播时间、为听障人士提供字幕。（我姑且把互联网和社交媒体放在一边，因为它们引发的问题有所不同。）也许其中的一些提议收益甚少或没有收益，甚至是有害的，但是从什么样的立场上看，它们应该被判定为不符合言论自由保护呢？

如果我们相信宪法赋予每一位传播渠道所有者一种不可逾越的权利，借此来决定哪些内容出现在“他们的”渠道中，那么上面这些问题的答案就很明确了：政府不需要做这些。但是我们为什么要相信这种观点呢？如果政府并不偏向任何一种观点，如果政府真的是在促进民主进程的运行，我们就没什么抱怨的合法依据。事实上，最高法院明确认为，购物中心——民众经常在那里表达言论——的所有者必须要开放他们的经营场地，以满足表达活动的需要。[18]购物中心不是广播电视公司，然而当一个民主政府试图建立一个公共论坛的理念，以此增加公众接触多种观点或就多种观点的可能性进行讨论时，从言论自由的立场来看，真的有什么合理的反对意见吗？

同样，就民主自治层面而言，如果政府没有特别强有力的正当理由，就不能对政治性的言论进行管控。而商业广告、淫秽信息和其他非政治性质的言论，可以在政府正当理由弱一些的基础上受到管控。这些意见会引发一些艰深的问题，请恕我在此无法进行全面的辩护。不过，对于可预见的政府对新技术之监管，这一问题相当重要，鉴于此，以下三点值得一提。

第一，要坚信，从合理理解政府自身激励措施的角度来看，政府在管控政治言论时压力最大。正是在这种考量下，政府最有可能基于不合法的考虑开展行动，比如自我保护或是为强大的私人利益群体提供支持。当政府试图管控或许会伤害其利益的言论时，它最不值得信任；如果言论是政治性的，政府自己的利益肯定会受损。当然，我无意否认政府在管控商业性言论、艺术或其他与民主自治无关的言论时，往往也不值得信任。但是涉及政治议题时，我们有最充分的理由不信任政府的管控。

第二，要重视，无论是管控最有可能有所偏颇，还是最有可能带来伤害的时候，民主协商都可以保护言论。如果政府管控互联网上的儿童色情作品，或者要求在电视上播放儿童教育节目，我们仍然有可能通过常规的民主途径来抵制其中徒劳的、侵权的或者更糟糕的监管方式。然而当政府禁止对一场正在进行中的战争发表评论时，正常的言论渠道便在很大程度上被议题的特定监管排除掉了。对公共辩论施以控制所带来的破坏性是无可比拟的，因为它们损害了作为政治合法性先决条件的审议过程。

第三，要强调，在特殊的言论自由问题方面，民主审议很可能比其他任何选择都更能做出最合理的判断。不论我们在最难解的言论问题上有多少分歧，我们很可能都会相信，至少言论自由原则是保护政治言论的，除非政府能提出极其强有力的管控理由。另一方面，伪证、贿赂未遂、恐吓、无证行医和教唆犯罪等言论形式，似乎不大可能成为言论自由保障的核心。这样的理解当然没有回答所有的宪法问题。它没有提供一种区分政治和非政治言论的明确检验标准——这是一个可以预见的争议性问题。[19]（有些人认为与言论区分相比，缺少明确的检验标准才更要命。对他们最好的回应是：任何替代性检验标准都有其自身的界限划分问题。因为每个人都同意某些言论是可以被管控的，划界确实是无法避免的。如果你心存怀疑，不如试着去想出一种消灭这类问题的检验标准。）它没有说明政府是否及何时可以管控艺术或文学、明显与性有关的言论或者诽谤性言论。在任何情况下，无论是否涉及政治，政府都需要提供一个强有力的理由来监管言论。

然而我所捍卫的观点的确有助于理清一些质疑。当政府管控虚假或欺诈性商业广告、私人诽谤或者儿童色情作品时，完全可以站稳脚跟。当政府试图管控犯罪阴谋或者针对特定人群的直接暴力恐吓言论时，无须符合管控政治异见所需的严格标准。我在这里所建议的是一种植根于民主审议之中的言论自由观（第一修正案），虽然我还没有对其进行充分的辩护，但这是一个极好的开端。

中立的形式

这些都不意味着政府可以随心所欲地管控传播市场。如果想要知道是否应当抵制政府正在做的事情，重要的是要了解它正在划定**何种**界线。[20]

此处存在三种可能性。

※ 政府或许会以**一种中立的方式管控言论内容**。这种言论管控方式最不令人反感。例如，政府可以规定人们在午夜后的公共街道上不能使用扩音器，或者演说者不能进入白宫正前方的草坪。这种方式并没有对任何特定的言论内容施加管控。这里有一个互联网的例子：如果政府说，只有经CNN允许的人才可以访问CNN的网站，它就是在以一种完全中立于言论内容的方式行事。关于传播计算机病毒的限制也是如此。政府禁止“ILOVEYOU”病毒，它也禁止“IHATEYOU”病毒和“IAMINDIFFERENTTOYOU”病毒。违法的是传播病毒

的行为，而病毒的内容则与此无关。

※　政府或许会以一种基于内容的方式管控言论，但不歧视任何特定观点。例如，假设政府禁止在地铁上发表商业言论，但是允许所有其他种类的言论在地铁上传播。使用第一修正案的法律技术语言，这种形式的管控是“基于内容”但“观点中立”的。联想过去的“公正准则”，即要求广播电视涵盖公共议题，并允许那些持反对观点者发声。此处的言论内容与政府所要求之事高度相关，但并没有特定的观点因此受益或受罚。

同样的情况也出现在针对“纽伦堡档案”网站的损害赔偿案上。言论的内容固然重要，但没有特定的观点受到惩罚。像“纽伦堡档案”对待医生那样对待反堕胎人士的网站也会受到同样的判处。类似的规定还有在某些地区，不得向儿童发表露骨的性言论。在这些情形中，并没有根据观点而直接划分界线。

※　政府或许会管控一种让它恐慌或厌恶的言论。这种形式的监管常被称为“观点歧视”。比如，政府会说任何人不得批评参战的决定，任何人不得说某个种族比另一个种族低劣，或者任何人不得主张用暴力推翻政府。此时政府单独挑出了某种它想要禁止的观点，可能是因为它相信这些观点是格外危险的。

可以说，无论是在互联网上还是在其他地方，这三种监管都应得到区别对待。观点歧视是最令人反感的，内容中立的管控是最不令人反感的。如果官方因为观点的内容而管控言论，几乎可以确定他们的行动是违宪的。政府不能仅仅因为害怕或不赞成，就对论点和立场进行审查。如果官方要禁止某种不受欢迎的观点，他们至少要证明该观点确实会带来严重的风险，而这些风险是无法通过更多的言论来充分应对的。官方需要以令人信服的说法，解释为什么他们会惩治某种观点，而不是与之相反的观点。

内容中立性监管处于相反的极端，这种监管通常是合法的。如果政府以内容中立的方式行事，法庭常常不会也不应该干预，至少在基本的传播渠道依然敞开，而且政府的管控理由十分充分的情况下是这样。当然，即使是政府采用内容中立的方式，一项无正当理由或无目的的管控也一样应当被叫停。假设政府说，公共街道——或就此而言的互联网——可以用于表达活动，但仅限在晚上 8：00 到 8：30 之间。如果是这样，管控的中立性就不构成辩护理由。然而，内容中立性监管常常更容易被看作是正当的，理由是它们的中立特性及因此而来的包容性。政府不太可能禁止从晚上 8：30 到第二天早上 7：59 的言论活动，因为有太多的人会抵制这样的禁令。更有可能出现的管控是禁止在人们睡觉时喧闹示威，而此类禁令就没太大问题。

现在来考虑居间的情况。当政府以一种基于内容但观点中立的方式进行管控时，存在两个问题。第一，**特定的界线划分是否暗示了潜在的观点歧视**——一种隐藏但可察觉的禁止某一观点的意愿。如果政府这样做了，这项法令可能会被废除。如果政府说最近的战争或堕胎问题可能不会在电视上进行讨论，作为一个技术问题，这是在对整个话题区别对待，而不是针对任何特定的观点。然而我们有相当充分的理由怀疑政府的动机。禁止讨论最近的战争，或许是为了保护政府免受批评。

第二个或许也是更为根本的问题是，政府在实施此类监管时是否可以援引强有力的、内容中立的理由。因此，禁止电视讨论最近的战争应该以这个理由来推翻。除了禁止某些特定观点的表达之外，这项禁令似乎没有任何实质的意义。但如果政府要求广播电视台为儿童提供三个小时的教育节目，政府就有更有力的辩护理由。在这种情况下，它正努力确保电视为儿童服务——这是完全合法的利益。

当然，有些案例可以检验基于内容的歧视和基于观点的歧视之间的界线。如果政府在对违背当代社会标准的露骨性言论进行管控，它是基于观点还是仅仅基于内容进行监管？这不是一个简单的问题，许多人都参与了这类讨论，试图寻找正确答案。但就上文已经讨论过的三类理解，应足以帮助我们理解大部分可想象的对言论自由的挑战——并且也应该为探讨其余的问题提供了助力。

惩罚与补贴

不论我们如何解决上述问题，政府确实可以做很多事情来改善言论自由体系。在这里，重要的是进一步区分“补贴”和“惩罚”。通常来讲，政府在对言论施以惩罚时极有可能惹上大麻烦。这类惩罚是言论自由体系所避免的监管模式。如果政府发放选择性补贴，则会有更多的回旋余地。政府官员不必向所有发表言论的人提供资金，如果他们为某些人而不是其他人提供资金，他们肯定有充分的理由。但是惩罚与补贴之间的区别并不总是显而易见的。

最明显的惩罚是刑事和民事惩罚。如果政府将通过互联网诽谤他人定为犯罪，或者对没有为公职竞选者提供免费直播时间的广播电视公司处以民事罚款，那就是对言论的惩罚。关于这些惩罚的分析应该基于我们目前为止已讨论过的内容——包括是否涉及政治言论、政府如何划定界限，等等。

有点棘手但仍属于同一类情况的是：政府以言论内容的恰当性为由，撤回人民本来拥有的权益。例如，设想政府给所有特定类型的发言者提供年度现金补贴，比如那些同意为儿童播放教育节目的广播电视网，但撤回了对那些播放政府反对的言论的广播电视网的补贴。例如，假设政府从那些批评总统的广播电视网撤回了补贴。在大多数情况下，应对此类惩罚进行与刑事或民事处罚一样的分析。取消福利与施加普通惩罚无异，政府正在剥夺本属于人民的好处，而我们或许会有充足的理由来怀疑其动机。如果政府对异议者的回应是剥夺他们本来可以享有的权益，那就等同于在侵犯言论自由原则。

然而，当政府给发言者提供选择性补贴时，另一个问题就出现了。例如，政府经常通过全国艺术基金会（the National Endowment for the Arts）和公共广播系统（the Public Broadcasting System）来资助某些博物馆和艺术家，而非其他的博物馆和艺术家。想象一种情形，其中政府有意愿资助儿童教育节目，并向电视台支付费用，要求他们在周六上午播放这档节目——与此同时并不资助喜剧或游戏节目。或者设想政府资助了一系列关于内战的历史展览，而没有同时资助关于越战、“二战”或美国性别平等历史的展览。在这里，可以简要概括最重要的问题：**根据美国（以及其他地方）的现行法律，政府可以随心所欲地补贴言论。**[21]

政府常常也是发言者，因此，它可以畅所欲言。没有人会认为，官方支持一种观点而拒绝另一种观点存在什么问题。并且如果政府试图用纳税人的资金来补贴某些项目和计划，那通常也无法构成提起宪法诉讼的依据。该原则唯一的例外是，政府以一种基于观点歧视的方式向私人发言者分配资金，那或许会存在第一修正案的问题。[22]这一例外情形的确切性质还不太清楚。然而，从宪法的角度看，我们当然有可能去质疑一项政府资助共和党网站，却没有资助民主党网站的决定。

当然，这类歧视远比我这里即将说到的要更广。重要的是，只要不是惩罚而是补贴言论，政府就有很大的回旋余地。

强大而审慎的第一修正案

本章讨论了一系列有关言论自由的议题，有一些我一带而过，毕竟不能“只见树木，不见森林”。我的基本主张是，第一修正案在很大程度上体现了一种民主理想，它不应被认定为一种消费者主权的信念，并且它也不是绝对的。某些问题非常难以解决，利用社交媒体招募恐怖分子便是其中之一。然而，谈及政治，言论自由的核心要求在于：政府必须在观点之间保持中立。没人会赞成内容管控，观点歧视则总是违法的。

这些都是永恒的原则。一项关键的任务是确保政府遵守这些原则，无论传播技术的发展趋势如何。

第九章

建议

运转良好的民主秩序可能会被一个碎片化的传播系统所拖累。在一定程度上，民主社会已经深受其害。不过，强调了这些观点之后，我不打算为未来描绘任何蓝图，这本书也不是一本政策指南。我们在前面几章讨论过的一些问题仍然缺乏解决办法。但是，事情的确可以变得更好，而不是更糟。在思考私人或公共机构能做些什么的时候，我们需要对想要解决的问题有所了解，并对解决问题的可能方式有所了解。[1]

就此，有必要做出三点澄清。第一，我们讨论是问题，而非灾难，并且问题（的解决）常常伴随着补偿性的收益。Twitter 和 Facebook 对民主提出了挑战，而非危害。总的来说，它们有益于民主，我们也不应该希望它们消失。第二，现代传播市场应当被看成是一个整体，而我将会论及一些适用于广播和电视，但不适用于网站或社交媒体的建议。第三，任何改进都可能是渐进式的，大部分都是非常微小的、积极的步骤，而不是在任何情形下都供不应求的灵丹妙药。我的主要目标是探究观点极化和碎片化的风险，而不是说通过一两个或者十个步骤，就能够让这些风险消失。

如果我们迄今的讨论方向是正确的，从民主的角度来看，有三个基本问题：

※　接触人们没有事先选择的题材、话题和立场的价值，或者至少接触到足以对真相产生一些理解和好奇的内容。

※　一系列共享经验的重要性。

※　需要关注政策和原则的实质性问题，以及对这些问题的一系列立场。

当然，如果公民提出要求，而私营机构也能采取一系列举措以缓解公民的根本关切，那就十分理想了。在很大程度上，私营机构也确实是这么做的。只需在网上花一点儿时间，你就能发现这种迹象。在一个自由社会中，我们不应该将重点放在政府命令上，而应该放在纯粹私人的解决方案上。当前的传播技术为接触各种各样的观点创造了非同寻常且日益增长的机会，并且确实增加了共享经验和对政策及原则进行实质性讨论的机会。私人选择可以带来更多接触新话题和观点的方式以及更多分享经验的方式，而不是相反。然而，如果在一定程度上，私营机构没有做到这一点。那么我们应当考虑私营机构（或许也包括公共机构）如何通过自发的努力来弥补这一缺陷。

任何关于如何处理这种情况的想法，都需要了解人们可能会对他们没有事先选择的话题和观点做出怎样的反应。如果人们不能对未曾选择的话题产生兴趣，那么接触那些话题就没有太大的价值。如果人们从不听取他们不同意的观点，或者如果听到这些观点只会加剧极化，那么让他们接触那些观点就没有意义了。如果人们永远都不会从未经选择的观点和话题中学到什么，我们也可能会依赖于公司能够具备辨别和预测品味的新兴能力，并且只允许人们看到、听到和获得他们固有的偏好。

诚然，你会强烈感到，接触反对意见可能无法让自己学到任何东西，这也没错。尽管如此，现实情况是，大部分人还是愿意倾听他们没有事先选择的观点。我们中的许多人已经做好了准备，对未曾选择的话题和尚不知晓的事实产生兴趣。这便是我们学习的方式，我们也完全意识到了这一点。审议式民主最好包括许多这样的人才能运作良好。缺少这样的人，审议式民主可能无法发挥作用。如果许多人都能从更为广泛的接触中获益，那么如何改进传播市场才能对我们双方有益，就值得思考了。

我在这里简单讨论几种可能性，包括：

※　审议领域

※　披露网络公司和其他大型通信运营商的相关行为

※　主动自我监管

※ 经济补贴，包括对节目和网站的公共补贴

※ “强制转播”政策①，旨在促进教育和对公共问题的关注

※ 创造性地使用链接来吸引人们关注多种多样的观点

※ 对立观点与意外发现的按钮，特别适用于 Facebook 或别处

不同的建议对某些传播渠道的效果也会有差异。披露公共事务的节目适用于电视和广播，但不适用于网站。我会考察针对电视台的“强制转播”要求，然而对于互联网来说，这样的要求就很难有什么合法性——而且几乎可以肯定是违宪的。我会主张在互联网上创造性地使用链接，尽管我不建议也不相信政府应当（强制）要求任何链接。最重要的是，可以通过私人行动来实现审议的目标，这是（我反复强调的）目前为止的首选方法。

审议领域

如果在互联网能有一些广泛公开的审议领域，能够确保持有多样观点的人们有机会进行讨论，这是非常有价值的。

---

① “强制转播”（must-carry）政策也被称为“必载”原则，是指政府要求有线电视系统必须转播无线电视台的节目和广告，不构成侵权；而无线电视台不得收取任何版权费。

在第四章中，我们见识过了菲什金的审议意见民调，他试图将公众意见描述为异质性群体之间扩展对话的结果，而不是给别人家里打打电话得到的一些不假思索的回应。菲什金创建的网站已经有了大量有价值且引人入胜的文献材料。[2] 与许多其他人一道，菲什金一直在参与在互联网上创造审议机会的进程，在这个审议空间中，不同观点的人们可以相遇并交换理由，并且至少有机会理解那些反对其意见的人的观点。让我们期待审议空间可以促成公民的参与、互相理解和更佳的思考。

在现实生活和网络空间，我们可以展望这一主题的许多变体。请设想一个新网站，deliberativedemocracy. com——或者，如果你乐意用 deliberativedemocracy. org 也可以（我核查过，这两个域名都没被注册）。私营机构可以轻松地创建这一网站。当你来到这个网站时，你会看到一个关于目标和内容的总体说明。人人都会明白，这是一个邀请意见不同的人来倾听和发言的地方。而一旦你访问该网站，便可以通过点击指示图标的方式来阅读并参与（如果你愿意的话）你所选择的主题讨论，例如国家安全、相应的战争、环境、失业问题、外国事务、贫困问题、股票市场、儿童、控枪、工会等等，不胜枚举。这些话题里不少还有更小的副标题图标——在环境的主题图标下，可能会有全球变暖、基因工程食品、水污染和危险废物场所等讨论。

每一个标题及副标题都提供了关于一致同意的事实和竞争性观点的简要描述，作为供讨论的引言和框架。就用户而言，私人的创造力无疑会将事物推向无限的、出乎意料的方向。此类网站的私人运营者会有他们自己关于人们应该如何相互交流的规范；例如，deliberativedemocracy. com 可能会鼓励审议的礼仪规范。

当下，许多审议式民主决策的实验正在进行，这些实验有时是自觉的，有时是通过电子邮件和电子邮件列表自发形成的。在这里，“审议式民主决策联合会”（Deliberative Democracy Consortium）值得我们关注。它提供了一系列的参考文献、链接和材料。[3] 出于很明显的原因，少数特别突出的审议网站会带来许多益处。如果情况属实，例如 deliberativedemocracy. org 等网站，它们能提供数十万人乃至数百万人参与其中的论坛，对很多公民都会有特别显著的作用，哪怕只是偶尔浏览一下，也会为许多公民带来非凡的益处。不过，即使有大量的审议性网站出现并相互竞争，我们也没有必要恐慌，这只是对即将发生之事的合理描述。

关于礼仪的极简备忘录

说到礼仪，就值得仔细考虑一下所谓的“拉波波特法则”（Rapoport rules）了，其内容如下：[4]

1. （在反驳对方观点之前）你应该试着清晰、生动且公允地复述对方的立场，对方听了以后会说："谢谢，我刚才要是能像你这么表达就好了。"

2. 你应该列举对方观点中你认同的所有内容（特别是当它们不是普遍的或广为人知的共识时）。

3. 你应该提及你从对方观点中所学到的内容。

4. 只有完成上述三个步骤之后，你才能够发表反对或批判的意见。

在社交媒体或一般性政治讨论中，拉波波特法则还没有得到很好的重视。其中一个原因是，人生短暂，做完前三个步骤会耗费不少时间，你希望提高效率。另一个原因在于，在气愤和激动的状态下，你或许不能以最佳的精神状态和一种感激之情来重述对手的立场。在 Facebook 和 Twitter 上，讨论对象通常会做出合理的反应，坚持说："我从没有说过那样的话！"而且他们的确没说过。拉波波特法则是有一些琐碎，然而如果人们能在发表他们立场时多用一点这些法则，效果会很好。

阳光是最好的消毒剂

过去几十年，一种简单的监管方法取得了惊人的发展：要求人们主动披露他们正在做的事情。在环境领域，这已成为一种特别有效的策略。一个最为引人注目的例子可能是《应急计划及社区知情权法案》（EPCRA）。根据该法案，公司和个人必须向州政府和地方政府报告存储或排放到环境中的潜在有害化学品的剂量。这个范例的成功既令人惊喜又出乎意料。仅仅是披露或者披露的威慑力，就已经导致了自愿、低成本地减少了有毒物质排放。[5]

基于这一基本理念，环境保护局也创建了一个温室气体排放的公开清单，希望并期待信息披露会产生有益的效果。就在其公开的网页上，职业安全与健康管理局（Occupational Safety and Health Administration）重点披露了美国境内每次工伤事故的死亡，并在事故发生后立刻点名雇主，希望以此通过公开提高安全性（没有雇主想在这个网站上以这种方式被点名）。[6] 此类做法还有很多很多。数十个国家加入了“开放型政府伙伴组织”（Open Government Partnership），旨在将公开作为提高政府绩效的动力（尤其是在减少腐败方面）。[7]

信息披露成为一种解决污染问题的流行方法，这并不奇怪。当污染者被要求披露他们的行为时，无须任何实际的政府强制，政治或市场压力会促使污染减少，理想情况下不需要强加任何要求。人们会进行自我披露的部分原因在于公众对相关信息的需求。在传播领域，自愿披露应该优先被考虑。值得赞扬的是，一些领先的信息技术公司发布了透明度报告。举例来说，Twitter 披露了政府对信息的请求数、对内容删除的请求等。[8] 与其他同行相比，Verizon 和 WhatsApp 等公司披露的信息似乎更少。[9] 就传播公司不乐于提供重要信息的现状而言，信息披露的要求值得考虑。

考虑一下电视的情况。例如，假设特定节目可能对儿童有害，而其他特定节目可能有益于社会。除了直接管控言论以外，还有没有办法能够阻止有害节目并促进有益节目？至少如果在有可能明确要求披露内容的情况下，披露政策提出了一种有希望的做法。因而，一种作用于节目过滤的芯片“童锁”（V-chip）允许家长们锁定那些他们希望从家中排除的电视频道；人们设想，“童锁”应当与评级系统携手合作，为不同年龄段的儿童提供合适的节目信息。

类似地，1996 年《电信法》（Telecommunications Act）的一个条款规定了三项相关披露要求。第一，电视制造商必须使用能够读取节目评级机制的技术。第二，如果该行业在一年内没有创制一种可接受的评级计划，联邦通信委员会必须制定一套评级方法。第三，如果相关节目经过了评级，广播电视公司必须将评级结果封装在信号中。评级系统已经建立许多年了，并且至少看上去已经取得了一定的成功，使得家长们能够更简单、更容易地监控孩子们所看的内容。

披露政策的主要优点在于其相对灵活。更重要的是，它们允许观众按照自己的意愿行事。如果观众提前了解节目的性质，他们可以通过多看或少看来营造市场压力，广播电视公司有责任回应这些压力。人们也通过向电台或民意代表投诉来营造政治压力，这同样可以引发变革。从民主的角度来看，信息披露也具有实质性的优点。一个运转良好的审议式民主决策体系需要一定程度的信息，以便公民承担监督和审议任务。让公民们得以监督私人或公共行为的一个好方法是告知他们私人和公共活动，以此来评估是否需要更少、更多或不同的监管。公众能够全面监督这一事实，也会鞭策提供电视和广播节目的那些人做出更好的选择。

信息披露有很多不同的方式，以适用于不同的传播媒介。例如，电视和广播电台、有线电视台、信息技术公司和社交媒体公司可以自愿地适用各种各样的披露政策。这个观念与布兰代斯大法官相关，即“阳光是最好的消毒剂”。而如果这些政策不是自愿被采纳的，或许可以考虑适度的法律规定。这样做的目的是确保任何人从事可能损害他人或弊大于利的事时，都必须向公众披露这一事实。[10]信息披露可能会，也可能不会改变行为。如果信息披露没有改变行为，那么我们便有理由认为公众不是很关心它。如果行为确实有所改变，那么很有可能是公众提出了充分的要求使之改变。

举个例子，考虑一个简单的建议：**应当要求电视和广播电台按季度详细披露它们所有的公共服务和公共利益活动**。披露内容可以包括向政治候选人提供一定的免费直播时间、为那些讨论公共议题者提供发言的机会和回应权、教育节目、慈善活动、为贫困群体提供的节目、为听障人士提供 CC 字幕[①]、本地节目以及公共服务公告信息。

令人惊讶的是，尽管美国广播电视协会已经做了一些信息收集工作，但多数广播电视公司还没有向公众披露这些信息。通过与环境法类似的做法，我们可以希望，信息披露的要求能通过创造竞争来引发更好的效果，并以改进为目标施加各种社会压力，从而增进绩效。

我曾多次提及旧有的公正准则，这一原则要求广播电视台报道公共议题，并保证发表相反观点的权利。我们已经看到，这一原则已被废止了，主要是因为它会在一开始导致对公共议题的“寒蝉效应”（chilling effect）。我们还看到，尽管废止该原则是合情合理的，但是其负面影响却是增加了碎片化，从而导致极化。但是，不论在我们看来旧有的公正准则是否合理，信息披露的要求——结合公共议题报道和观点的多样性——都将在实现这一原则所吁求目标的同时，将侵犯性压缩到最低。此类要求也会创造出一些社会运动，使公共话题得到更多的报道，并且更多关注不同的观点，甚至可能有助于解决本章开头提出的三个问题。

---

① CC 字幕（closed captioning）即隐藏式字幕，是电视节目或碟片中为听障人士提供的字幕。除了对白以外，还有一些解释性语言，如场景音乐和配乐等信息。CC 字幕通常情况下是隐藏的，需要专门设置或者用专业设备才能够看到。

此外也存在一种可能，即信息披露的要求根本不会带来任何变化。但是请注意，人们并没有预料到环境保护局的废物排放清单本身会减少有毒物质的排放，正如它所强调的那样。为了实现自愿的改进，信息披露的要求必须伴有某种形式的经济或政治压力，这些压力可能来自外部监督，或者至少来自生产者的良知。如果存在外部监督者，并且这些监督可以让那些记录不良的人付出代价的话，信息披露很可能会产生好的效果。

外部监督者或许包括那些试图“羞辱”表现不佳的广播电视台的公益团体；或许包括试图以表现更好的形式营造一种“力争上游”效果的竞赛对手；或许包括新闻记者和网站。如果能够将喜欢某些节目的公益团体和观众动员起来，与某些大众媒体合作，我们或许可以期待实质性的改进。信息披露的要求甚至可能创造出属于它自己的监督者。鉴于信息披露要求规定的相对非干扰性以及任何私人都能予以响应的灵活性来看，这种方法当然值得一试。

即使在最糟糕的情况下，信息披露的要求也不会带来什么损失。多数情况是会有一些收获，很可能是更优质的节目，以及更多关于广播电视行业实际表现的信息。根据大部分观众的期望，信息披露可能的结果是：以促进一个运转良好的审议式民主决策为目标，提高教育和公民节目的质量和数量。

我在这里的论述重点是信息披露要求在电视和广播上的

应用。我并不建议对网站施加这类要求。从网站的广泛性和多样性角度来看，信息披露的要求对网站毫无意义。Amazon. com、startrek. com，foxsports. com，columbia. edu 或是 republic. com 这些网站能披露些什么呢？当然，有些信息披露或警告可能是网站自愿提供的。例如，许多网站已经会告知人们存在不适合儿童的内容。其他信息披露的做法无疑能帮助消费者和公民。然而就我的关注点而言，不应该对网站强制推行信息披露的要求。

主动自我监管与最佳方案

一个比信息披露更具雄心的监管方法，还包括由信息渠道的主动自我监管（voluntary self-regulation）。在传播环境内外，过去二十年间最值得一提的趋势，就一直沿着这种旨在保护一系列社会目标的自我监管的方向。[11]在职业安全领域，许多雇主遵从商定的“最佳方案”，旨在减少事故和疾病的发生。环境领域也有类似做法。出于民主的目的，同样的想法或许也可能很容易被采纳。例如，电视及广播电台或许会通过某种行为准则，尝试就公共议题提供广泛的观点，以确保听众接收的内容不仅是他们已有想法的加强版。

主动自我监管背后的一个动机是，虽然生产者之间的竞争通常很精彩，但从公众整体的角度来看有时可能是有害的。[12]无休止地努力获取人们的注意力，或许会造成长远的损害。人人都知道，主流报纸和广播电台日益看重丑闻事件和轰动效应，"小报化"（tabloidization）的趋势越来越明显。这一趋势早于互联网，却似乎已经被互联网加速了。新闻报道经常完全不涉及什么新闻点。有时候，这些新闻报道看上去就像是虚构作品的延续，因为其开头会详细讨论虚构作品中所对应的"现实生活事件"。许多新闻工作者都担心这个问题。罗伯特·弗兰克（Robert Frank）和菲利普·库克（Phillip Cook）对市场动力提出了警告：

> 日益贫乏的政治辩论是我们当前文化演变轨迹的又一代价。复杂的现代社会催生了复杂的经济和社会问题，即便在最好的环境之下，选择最好的发展路径仍然困难重重。迄今为止，随着深度分析和评论让位于相互竞争的记者和政府官员们冷酷无情的互相残杀，我们变成了越发孤陋寡闻也越发脾气暴躁的选民。[13]

然而，生产者之间的协议可以结束（或遏制）这种恶性竞争，并且发挥一些有价值的法律功能——而不必让法律强行介入管控言论。

关于电视，可以考虑通过自愿的方式实现民主目标的可能性，例如通过美国广播电视协会或更广泛的为公众制作电视节目的生产者们发布和推广一种行为准则。事实上，美国广播电视协会在几十年前的确实施过这样的准则。它这样做一部分是为了（通过提高广告价格）促进其经济利益，一部分是为了（通过证明行业开展了有益自律，使得政府干预变得没有必要）规避监管，还有一部分原因是为了履行广播电台自己的道德承诺。值得注意的是，主动自我监管在媒体政策的许多领域中发挥了作用，例如香烟广告、儿童广告、合家观赏、烈酒广告和新闻报道的公平性等。

20 世纪 80 年代，国会对于电视暴力的关注催生了一部有趣的新法律，该法律为电视网、广播电台、有线电视运营商和节目编排者以及行业协会创建反垄断豁免条款，正是为了允许它们制定标准，以减少电视暴力节目的数量。如我们所见，电视分级体系现在已经落实，它应该可以作为主动自我监管的有益例证——或许还没有取得完全成功，但至少让父母们对节目的适当性有了一个总体认识。

即使所有这类准则并不适用于社交媒体或网站（就社交媒体和网站的性质及其多样性而言，它们当然也不应适用），但它或许能应对目前为止讨论到的相关问题。鉴于强大的市场压力，它或许只是空中楼阁，但达成协议的各方可以同意以一种严肃的方式报道实质性议题，避免以危言耸听的方式对待政治问题，扩展公共议题的报道范围，并允许听取不同的声音。事实上，在1979年广播电视公司主动自我监管准则被废弃之前，这些观念在电视行业发挥着长期的影响。鉴于广播电视的选择范围越来越广，而它的中心地位日趋衰落，顺着这条道路能继续做的工作无疑是有限的。但是在许多情境中，这种主动自我监管已经带来了可观的益处，他们能够给公众提供一种质量保证。

如果说正式的行为准则不可行（而且它们可能确实行不通），那么我们可以设想一些不那么正式的、创建并遵循"最佳方案"的做法。对于电视和广播运营商来说，此类做法可能涉及儿童节目、紧急情况，或许还有选举报道。为了保护儿童、保护隐私并促进对于不同观点的关注，我们也可以设想一些网站之间达成的非正式协议。如果市场力量产生严重的问题，我们便有充分的理由鼓励这种创新性思维。

补贴

另一种可能性将涉及政府补贴，它同样历史悠久。在电视和广播方面，包括美国在内的许多国家都依赖私营资金与公共资金的结合。在美国，公共广播公司旨在提供一些（被认为是）无法从私营领域内获得足够资金的节目，包括儿童教育在内。有趣的是，与普遍看法恰恰相反，公共广播公司的大部分资金来自私营部门，尽管政府机构的确提供了关键的帮助。这是一种真正的公私合作关系。而在许多领域中，纳税人的资金被用来资助那些创作各种艺术、文化及历史作品的人。

电视和互联网上的公共议题讨论和儿童教育节目的激增，以及其他许多选项的增加，弱化了独立公共广播网络的传统根基。这不是说这一根基已经不复存在，数以千万计的美国人依然依赖无线广播电视，其中许多人受益并依赖于公共广播公司。我也不是说，从各个方面看，当下的情况都要比选项范围小得多的时代更好。在一个只有四个频道的系统中，公共广播公司拥有其现在所缺乏的显著优势，但这丝毫不意味着，拥有几十或几百个可选频道的当下环境，对于所有的孩子或成年人在各方面都是一种进步。公共广播继续提供重要的服务。然而，由于许多私营机构都在做同样的事情，当前状况下，公共广播公司的根基明显被削弱了。

如果可能的话，还能做些什么？一种可能性是使用适度的纳税人资金资助非营利、非政府性互联网空间中的高质量工作。这些互联网空间正在激增，它们对我们的文化贡献颇丰。当然，纳税人的资金是有限的，而且还有其他更需要政府资源的地方。我唯一的观点是，公共广播公司模式值得重新思考。在新的传播环境中，是时候思考更具意义的新举措了。

强制转播：宪法辩论

言论法方面一些最有意思的发展，与“准入权”或者强制转播有关。事实上，公共论坛原则为街道和公园创造了一种强制转播规则。这些地点必须对言论开放。你我皆有权进入这些地点。那么，电视或广播还有适用强制转播的必要吗？或者这整个想法只是过去的残念？

要回答这些问题，就必须对法律背景有所了解。在20世纪70年代，最高法院认为，政府有权以旧有的公正准则向电视和广播电台施以强制转播要求，要求其关注公共议题，并为不同的观点提供发声的机会。[14]与此同时，法院坚决否认私人报纸可被视为公共论坛，且必须遵从强制转播规则的观点。[15]在法院看来，政府不能强迫报纸向那些试图对抗相反观点或事实的人提供一种“回应权”。广播电视和报纸之间的明显差异（即使在70年代也是很脆弱，今天更是到了崩溃的边缘）在于，前者的“稀缺”更适合受到政府的管控，这主要是由于技术原因。

既然稀缺性的理论基础如此薄弱，那么继续实行公正准则的可行性就非常令人怀疑了。如果联邦通讯委员会试图恢复这个原则，那么法院很有可能会推翻它。尽管如此，法院已经支持了对有线电视运营商实施强制转播要求的立法。[16]

相关立法（现在依然有效）要求有线电视运营商为“地方商业电视台”和“非商业教育电视台”留出一些频道。国会为这些要求辩护，认为这是确保广播电视公司经济生存能力的一种方式，数百万美国人依然依赖着广播电视公司。法院在论证强制转播要求的合宪性时指出：“确保公众可以接触多样化的信息源是一种最高等级的政府目标，因为它促进了第一修正案的核心价值。”法院同时强调，存在“私人权力滥用传播主干道的可能性”，并强调宪法“并未禁止政府采取措施，通过对关键传播途径的实际控制、信息和思想的自由流通，来确保私人利益不受限制。”[17]

如此说来，法院是在恢复布兰代斯大法官针对第一修正案所强调的共和主义理念。事实上，史蒂芬·布雷耶（Stephen Breyer）大法官在本案另一份意见中明确提到了判决与布兰代斯大法官的关联：该法令的“政策反过来试图促进公共讨论和知情审议，是民主政府的设想，也是第一修正案试图实现之事，诚如布兰代斯大法官在许多年前指出的那样”。[18]

因此，这是对以下观点的明确认可，即政府有权监管通讯传播技术，以促进与审议式民主相关的目标。值得注意的是，布雷耶大法官对宪法的总体态度就是如此：他是从审议式民主的角度，将宪法视作一个整体。[19]

到目前为止，一切都好。然而对那些有兴趣思考法庭判决深意的人们来说，还存在许多问题。假设政府对 cbs. com、

cnn. com 或 foxnews. com 实施强制转播——主张这些网站中的一个或另一个必须确保足够的观点多样性，或者涵盖地方社区的重要议题。那么，法院推定有线电视运营商控制了有线电视台的接入，这一点有多重要？

我们或许能想象出一部法律，要求 foxnews. com 更多地关注“自由派”立场——或者要求 cnn. com 保证当纽约人点击其网站时，能看到与纽约特别相关的故事。我希望每个人都能对此达成共识：这样的规定不够合理，如果它们得以实施，也应当（立刻）因为违宪而被废除。互联网上丰富多彩的观点不允许有选择性地挑出 foxnews. com 来承担特定义务，而将一个普遍规定施加给所有网站又太过于强制，欠缺正当理由。覆盖地方议题很重要，可选项的大量增加意味着这种覆盖很容易实现。或许只需几秒钟就能找到它，但这是一个严重的问题吗？

在互联网上，“强制转播”没有合法地位。然而，包括 cnn. com 和 foxnews. com 在内的网络运营商，它们如果能对多种观点给予同情和实质性关注，而不只是提供一种观点，它们会做到最好。

稀缺商品：注意力

我强调过，最重要的商品之一是人们的注意力。公司们正在试图通过无止境的竞争获取人们的注意力。那些对利益和其他商品感兴趣的人在互联网上的诸多行为，只是为了引发更多关注，哪怕只有片刻。如果一个公司，或者是一位政治候选人可以在短短两秒之内获得30万人的关注，那便会获利颇丰。

几乎所有人都注意到，许多网站都没有也不需要向用户收费。你不用花一分钱便可获得许多杂志和报纸的内容。这种现象并不仅限于杂志和报纸。如果你想了解癌症，你可以从海量的信息资源中获取大量内容，这完全是免费的。Google无偿提供搜索服务。为什么会这样？在大部分情况下，广告商愿意买单。广告商购买的是访问量，通常是吸引人眼球的访问量，即一小段时间的注意力。

此处，我们再次看到，那些使用网站的人也是商品，至少和消费者没区别。他们是网站向广告商有偿出售的商品，有时甚至会卖上一笔大价钱。广告商们开始精确地获知：有多少人、有哪些人会通过哪些广告来访问哪些网站，锁定用户与定制化在这里发挥了主要作用。

当然，广告不能保证销售量。大多数看到Bloomingdales、Amazon或Netflix图标的人都会忽略它。但有些人不会，他们会好奇并点进去看看。或者他们会把这些图标存进脑海，以备将来使用。如果把对于准入权和强制转播的理解与对注意力重要作用的认识结合起来，我们或许可以利用广告商的做法来为公共利益服务。换言之，知道注意力之宝贵、富有公共精神的行动者们，或许能想办法吸引人的注意力，激发人们对那些可能产生个体和社会益处的内容的兴趣，而不是强人所难。网站之间的相互链接显然是这样的策略，我关注的是自愿点击链接，而不是政府命令。

从这个角度考虑一个建议：特定立场的内容供应商也可以提供观点完全不同的网站链接。以中左翼观点为特色的《国家》（*Nation*）杂志或许愿意在自己的网站上为保守派杂志《旗帜周刊》放置一个图标，以换取《旗帜周刊》的非正式协议，也为其提供一个图标。图标本身不需要任何人阅读任何内容。它只是为浏览者提供一个信号，告诉他们网上存在一个可以查阅不同观点的地方。

对于成百上千万选择浏览任何特定网站的人们而言，无疑只有少部分人会有足够的兴趣进一步阅读更多内容。最重要的是，这种形式的“转载”（carriage）会再造公共街道和公共媒介的许多特质。它会提醒人们，除了他们通常阅读的题材之外，还有其他内容的存在。我们发现一些网站已经开始做这样的事了，但问题在于这样的做法仍然不多见。

我们甚至可以预见一种情形，许多党派性网站提供链接，含蓄表明：“我们有一种明确的观点，并且我们也希望有更多人相信我们所做之事。然而我们也在致力于与想法不同的人们进行民主辩论和讨论。出于这一目的，我们提供其他网站的链接，以便呈现关于这些议题的真正辩论。”如果有许多网站同意这样做，碎片化的问题将会减少。

在当前的情况下，对组织或机构的文本引用通常是超链接的形式，如此一来，当例如《国家评论》这样的杂志提到世界自然基金会（WWF）或者美国环保协会（EDF）时，它也允许读者们即时访问它们的网站。与图标相比，超链接方法的优点在于，它为网站所有者带来的麻烦更少，对所有者特权的侵犯也更少——事实上，这几乎算不上侵犯。

出于类似的想法，具备公共精神的博主们也可以提供那些观点与他们明显不同的人的链接。自由派博客可以更频繁地链接到保守派博客上，反之亦然。许多博主提供“博客链接”，在上面列出他们喜欢或试图宣传的其他博客。结果证明，在博客链接上，自由派博客主要或仅仅列出自由派的博客，而保守派博客也同样如此。如果自由派和保守派都至少列出那些观点相异的人的高质量博客，这一标准就会展现出更大的多样性。我们能够很容易地想象持有竞争性观点的博主之间明确或隐含的“协议”，提供互相的链接。这样的安排会增加人们接触不同观点的可能性，它们也反映出互相尊重的健康程度。

我当然不是要建议或确信政府应当做出任何此类规定。一些宪法问题很难有明确答案，但这个问题倒很简单：任何此类规定都会违反第一修正案。如果网站所有者和博主不想提供其他网站或博客的图标或链接，他们完全有权拒绝这样做。最为重要的是，不难想象，图标和链接是一种能够同时促进消费者和公民目标的标准方式，而这样做也不会累及作者或网站所有者的合法利益。

对立观点与意外发现按钮

社交媒体在不断变化，今天重要之事或许转眼就时过境迁。一些去中心化的迹象业已发生，比如年轻人将自己归类于不同的媒体。尽管如此，Facebook 的确扮演了一个特殊的角色，不仅在美国，在全世界范围内都是如此。截至 2016 年，它拥有 16 亿活跃用户——在全世界 74 亿人口中占有相当高的比例。我已经说了一些信息流的负面性，但是就像 16 亿人中的大部分人一样，我真心喜欢 Facebook。它在人与人以及人与新闻的连接方面发挥了独特的功能。如果它自己“核心价值”的概念不完全正确，那么至少它会因为专注于核心价值议题而广受赞誉。Facebook 要如何才能做得更好呢？

在一篇非常有趣的文章中，杰弗里·富勒（Geoffrey Fowler）认为，Facebook 应当加入一个“对立观点按钮”，允许人们点击这些按钮，并获取与自己不相投契的观点。富勒指出：“假设你能在 Facebook 上轻击一个转换开关，它将你看到的所有保守派观点变成自由派观点，或者相反。你会意识到你看到的新闻与你友邻看到的新闻完全不同。”他补充说，“在这一特殊的分裂时刻，我看到的是技术错失了一个打破壁垒的机会。随着在线上接触比先前更多的信息，其他观点又怎会如此陌生？”[20]这真是个绝妙的问题。

对立观点按钮的好处在于，它不会强迫任何人做任何事情。如果你喜欢，你就可以点击，但并不是非那样做不可。许多人无疑会拒绝。然而，这样的选项是有吸引力的——它们也可以塑造人们对于社交媒体和信息来源的观念。有了对立观点按钮，Facebook 或其他任何网络服务商都可以表明，**除此之外还有其他观点，想看看吗？**许多人会表示想看。

我们可以进一步设想这一想法的变体。作为“对立观点按钮”的替代，Facebook 或许会提供“意外发现按钮”，让人们在他们的信息流上接触到意料之外、未经拣选的材料。或许这些材料摘自著名媒体的新闻内容，例如《纽约时报》和《华尔街日报》。在随机的基础上，它们或许还可以提供与其他国家事件相关的材料。有了“意外发现按钮”，Facebook 用户可能会想，我来这里很大程度上是为了学习，我能发现什么呢？

我们能够想象许多不同形式的“意外发现按钮”。在这里实验就是我们的座右铭。一个激进的想法是，用户在默认情况下会接收到意外发现或对立的观点，但他有选择退出的权利。有了这样一种系统，你的信息流上会充满各种惊喜。

的确，你会从你的朋友们那里看到一些东西，但你也会看到其他东西。你的信息流将会有点像是一个大城市或一份真正的报纸。的确，一些用户不喜欢那样，而 Facebook 也可能不喜欢那样——但是人们可以轻松退出。我们很容易就能想象出一种同样也有机会退出的默认的对立观点体系。Facebook 或许不认为这是最好的经营模式，但是也许有人愿意尝试这样的模式（算我一个）。

安于现状的暴政

安于现状的暴政（The tyranny of the status quo）有许多成因。有时，它是基于对始料未及后果的恐惧，正如经济学家们所呼吁的那样，“完美是良好的敌人”——这是一个放弃抵抗的咒语，我们应该与杜威一起回应：“更好则是更好的敌人。”有时，它是基于一种普遍存在但显然错误的信念，即认为事情不会更好，跟现在相比不会有何两样。（但昨日去者不同，明日来者亦将不同。）有时候，被提议的变革似乎是无望的乌托邦，太过遥远以致不够真实。这样的变革看上去微小而渐进，甚至可以说是愚蠢，对于解决潜在问题来说像是没什么大意义。

我这里提出的建议是适度且渐进式的。这些建议的目的是让人们看到一些可能性，并且或多或少做一些有益之事。

其中一些建议仅仅是基于现有的实践。在当前时期尤为重要的是，我们要记住我们评价它们的标准。对于那些对本章所概述的想法心存怀疑的人们来说，以下问题很有意义：如果我们想要利用现有技术来服务于民主理想，那么何种做法会更好？

第十章

恐怖主义网站

2001 年 9 月 11 日的恐怖袭击之后，美国、欧洲及其他地方的许多人都在关注一个简单的问题：**他们为什么恨我们**？基于本书到目前为止的讨论内容，我们现在可以得知，答案不在于任何特定的宗教问题，甚至无关奥萨马·本·拉登或极端恐怖组织的花言巧语，而是在于社会动力（social dynamics），特别是群体极化的进程。并且，事实上恐怖组织的领导者们为我们展示了一种群体极化的实践知识。他们试图隔离他们的“新兵”，希望新兵们主要与那些已经倾向于选定方向的人们交谈。他们知道信息和心理学对他们的目标来说至关重要。他们试图控制信息环境。对于那些试图扰乱他们计划并保护人们安全的人来说，信息和心理学同样至关重要。

哪怕是在最贫穷国家最不满的人们中间，也不存在恐怖主义的自然倾向。社会动力——而非贫穷、缺乏教育以及其他不利条件——扮演着关键的角色。[1] 包括使用社交媒体在内的网络行为，是那些动力的重要组成部分。

"再造美国"

互联网上有一个讨论组。两年前，大约有十几位政治活动家发起了这场运动，他们担心控枪方面日益增长的公众压力，以及针对第二修正案（在该组织看来，该修正案明确禁止几乎所有政府对枪支售卖的限制）的否决。但是这一群体也因政府（特别是联邦政府）对普通人生活日益增长的权威感到困扰；也忧心于不可控的移民、恐怖主义、激进教派以及变性"积极分子"日益增加的社会力量对我们的"欧洲遗产"及"传统道德价值"构成威胁。该组织的成员们担心共和党和民主党已经变成了意志薄弱的"双生子"，不能也不愿意巡查国家边境线，或者是打败那些威胁要"拿走我们的宪法自由"的"特殊利益"。该讨论组自称为"再造美国"（Reclaim America）。

"再造美国"的成员数量现已超过了 4000 人，他们经常交换事实和观点，并互相分享相关材料。对大部分的参与者而言，讨论组提供了他们判断政治议题的大部分依据。

过去两年间，"再造美国"所关切的东西已经大大增加。近七成的成员持有枪支——其中一些人受到了讨论组对话的影响。他们在三个州的州府策划、组织并实施了小规模但相当激烈的抗议活动。一场在首都华盛顿的游行正在筹备中。近期的讨论偶尔会转向对非法移民、恐怖分子和国家进行"自我保护"的必要性，通过公民不服从及选择性地"打击"公共和私营部门的某些目标来实现"自我保护"。这场讨论的动机来自一种广泛传播的观点，即认为"联邦调查局，可能还有中央情报局"正要着手一步步地"肢解"这个讨论组。一位成员已经给"再造美国"的所有成员发送了制作炸弹的说明书。目前为止，尚未发生暴力事件。但是毫无疑问，事情正在朝着那个方向发展。

好吧，据我目前所知，"再造美国"并不存在。上面这个故事并不是真的，但也不完全是假的。它是一个基于线上行为的混合体，有时不那么极端，但常常相当极端。只着眼于美国本土，这类讨论组和网站也由来已久。数年之前，《恐怖分子手册》（*Terrorist's Handbook*）在互联网上公布，内含关于如何制作炸弹的说明书（碰巧，同类型的炸弹出现在1995年俄克拉荷马城的炸弹袭击中，炸死了许多联邦雇员。）在全美步枪协会的"布告板"（Bullet'N'Board）上，有一块区域专门用于讨论人们共同关心的问题，某位自称"战争大师"（Warmaster）的仁兄曾解释如何利用普通的家居材料制造炸弹。"战争大师"称："虽然任何人（包括未成年人）都可以轻松获得所有的材料，但人们还不十分熟悉这些简单而杀伤力大的炸弹。”在俄克拉荷马城炸弹袭击之后，有人在新闻组（一种用于讨论的论坛系统）上向许多人（而不是一两个人）发送了匿名帖子，列举了俄克拉荷马城炸弹的所有材料，并且还探讨了未来炸弹的改进方式。

线上恐怖主义

恐怖分子和仇恨群体早已实现了线上交流，他们有时会讨论阴谋行动和制作炸弹的配方（这不足为奇）。他们通常会使用暗网的加密技术，暗网是指互联网无法搜索到且经常需要密码验证的部分。此类群体的成员倾向于大体或基本只进行相互交流，以满足自身各种各样的嗜好。事实上，1999年在科罗拉多里特城（Littleton）发起袭击的两名学生就曾浏览过一个发布过如何制作炸弹细节的网站。据报道，2016年制造美国历史上最恶劣的大规模枪击案的恐怖分子马尔·迈丁（Omar Mateen），在袭击前便用社交媒体发布了恐怖主义相关的内容，并在奥兰多一家夜总会挟持人质时宣誓效忠极端组织。

恐怖组织使用社交媒体招募成员，并传播仇恨情绪。想一想基地组织作战能力下降后的情况，它迁移至“线上，在那里它有策略地从支持集中合作式袭击转向支持受鼓舞的个人（其线上刊物被命名为《鼓舞》）”。[2] 恐怖分子群体经常接收并传播谣言，其中许多是虚假的，甚至是妄想。事实上，传播谎言是他们线上的日常活动之一。不论政府如何权衡安全、言论自由和隐私，毫无疑问，互联网正被恐怖分子当作一种互相交流的手段。一位专家抓住了这一点，指出“线上文化所独有的社会关联新模式，已经在现代网络恐怖主义的传播中发挥了作用”。[3] 恐怖主义研究专家乔恩·科尔（Jon Cole）和本杰明·科尔（Benjamin Cole）强调：

> 互联网在恐怖主义全球化中的作用主要在于维持了这种（在自我激进化个体与跨国恐怖网络之间的）关系的核心，因为它允许广泛的跨国恐怖主义者群体相互保持联系……互联网也为获取激进媒介宣传以及如何实施恐怖主义行为的技术提供了通路。[4]

美国、英国、德国、法国以及其他的民主政府完全意识到了这一点。[5] 在打击恐怖主义和暴力极端主义时，他们试图干扰自我激进化的基层组织，更为重要的是，他们努力将其数量减至最少。他们通过与不友好地区中的盟友和朋友合作，反击谎言和洗脑宣传来做到这一点。他们非常清楚我们在这里论及的社会动力，以及这些动力对人们生活造成严重威胁的程度。

他们已经尝试了多种多样的策略，包括恐怖主义终将灭亡的说法，以及暗示恐怖分子是盲从者的斯纳克式讽刺标语（snark-sarcastic remarks）。最近，他们正“使用 Facebook 视频，Instagram 广告以及其他社交媒体，试图说服年轻的男男女女们，加入好战分子们的战斗意味着令他们的母亲心碎，让他们家破人亡，徒留他们的爱人虚度年华。”[6] 他们也已经意识到了“信使”的重要性。负责公共外交及公共事务的副国务卿理查德·斯坦格尔（Richard Stengel）说，“我们不是我们信息的最有效的信使。美国国务院的推文没有说服一个年轻人放弃加入极端组织”。[7] 从这一角度看，“不要带有美国印记”可能是最有效的措施。

他们为什么恨我们？

恐怖组织的领导人充当了极化创业者（polarization entrepreneurs）的角色。他们创建了志同道合者的飞地。他们扼杀异见，并试图确保内部的高度团结。留意下面一段叙述：

> 恐怖分子甚至不认为他们是错的，或者别人的观点有什么价值……他们认为任何他们群体之外的人都具有邪恶动机。……心理驱动型恐怖分子的普遍特征是对于归属于一个群体的明确需求……此类

个体会根据群体接受度来界定他们的社会地位。……带有强烈内部驱动性的恐怖主义群体认为，有必要持续不断地证明群体的存在是合理的。一个恐怖群体必须采取恐怖手段。至少，为了维持自我价值感和正当性，它必须实施暴力行动。因而，恐怖分子有时会发动对他们宣称的目标来说客观上无效，甚至适得其反的袭击。[8]

事实上，为了加速朝着极端方向前进，恐怖组织会施加心理压力。因此：

心理动机的另一效果是恐怖分子之间的群体动力得以增强。他们强烈要求全体一致，无法容忍不同意见。敌我分明，恶毒无比，增加行动频率和强度的压力就在眼前。群体归属的需求阻止了成员的退出，而对妥协的恐惧则不允许他们接受建议。恐怖主义群体拒绝妥协，并倾向于最高纲领主义者的立场。……在人们根据群体成员身份（家庭、宗族、部落）来获得自我认同的社会中，产生出一种其他地方鲜见的自我牺牲意愿。[9]

在恐怖组织的特定案例中，存在着一种将全球各地的成员联合在一起的普遍努力，尤其是通过强调一种包含某些人并排除其他人的共同身份。奥萨马·本·拉登试图诉诸“一种在伊斯兰国家中弥漫的屈辱和无力感。在波斯尼亚、索马里、巴勒斯坦、车臣和沙特阿拉伯各地，遍布着受害者。……他为那些在其他方面非常迷惑的人们打造了一个简单的世界，并且赋予他们一种使命感。”[10]于是教化工作便有了邪教崇拜的特质：“［基地组织营地中的］军事训练伴随着强烈的宗教教化，新兵被灌输了一股反西方宣传，并且被不间断地提醒他们肩负着履行圣战的职责。”[11]

更有甚者，基地组织的恐怖分子被教育着去相信他们——

> 并不孤独……只是作为他们信奉的具有更大好处的更大群体的一部分而牺牲他们自己。［人们］在青少年时期被招募进来，而自尊心和与家庭分离对青少年来说是成长的重大议题。［教化］不仅包括关于武器装备的课程，［还］有数月之久的、几乎像邪教崇拜一样的洗脑活动。在穆斯林中间，统治方法包括延长祷告时间和对《古兰经》的歪曲。[12]

毫无疑问，我在本书已经考察过的社会动力推动了恐怖主义——尤其是群体极化和流瀑效应的发展。这些动力还有可能走得更远。许多网站和一些传播渠道就是为促进恐怖主义而量身定做的，或者至少以一种同情的语调描绘恐怖分子。我们已经看到，恐怖组织的领导人自己也使用社交媒体来促进想法相似者之间的交流，并招募“新兵”。

重要的是，要看到恐怖分子和极端主义者经常遭受政治科学家罗素·哈丁（Russell Hardin）所说的“残缺的认识论”（crippled epistemology）的折磨。[13]他们并不愚蠢，他们的教育状况不差，他们也没有罹患精神疾病。问题出在他们所知道的东西上。实际上他们知之甚少，而且大部分都是虚假的信息。他们所知道的内容主要来自那些引发并放大他们固有倾向的人。他们听到的是他们自己声音更大的回声。那可是通往暴力的诀窍。

社交媒体在这里发挥了主要的作用。据联邦调查局称：

> 极端恐怖组织一直使用互联网进行交流。从本土的角度来看，最令人担忧的是极端恐怖组织通过互联网和社交媒体的广泛传播，而极端恐怖组织也挑衅式地利用这项技术来施展其邪恶策略，融合了传统媒体平台、精美照片、深度文章，以及可在数秒内病毒式传播的社交媒体活动。不论采取何种形式，激进主义信息的传播速度都比我们数年前想象的要快。

> 作为一种传播媒介，社交媒体是恐怖组织可资利用的重要工具。……伴随着社交媒体广泛的横向分布，恐怖分子们可以在美国识别出所有年龄段的弱势个体——发现、评估、招募并使其激进化——或进行旅行或发动一场本土袭击。外国恐怖分子现在可以径直接入美国，这是前所未有的。[14]

在针对美国本土的几次恐怖袭击中，袭击者在社交媒体上向极端恐怖组织宣誓效忠。2015 年 5 月，两名枪手在得克萨斯达拉斯郊区加兰市的一个漫画比赛场外开火。就在发动袭击前，一个枪手还发了 twitter。[15]2015 年 12 月，一对夫妇在加利福尼亚圣伯纳迪诺（San Bernardino）的一场办公室节日聚会上开火，杀死了 14 人。赛义德·利兹万·法努克（Siyed Rizwan Farook）和塔什芬·马利克（Tashfeen Malik）事先相互交换了私信，恐怖袭击之后，马利克代表自己和丈夫在 Facebook 上发帖，向极端恐怖组织的一位领导人阿卜·巴克尔·巴格达迪（Abu Bakr al-Baghdadi）宣誓效忠。[16]

虽然罕见，但“独狼”式恐怖袭击的确发生过，而线上平台则为激进主义者提供给了协助，包括潜在和实际袭击者。[17]一项研究发现，美国“9·11 事件”之后，线上社交网络在激进化过程中扮演了主要角色。[18]该研究的结论是：

> 这项变革的根源是技术。随着互联网聊天室、阴谋论网站、Facebook 和 Twitter 的兴起，线上活动家得以联系那些事事担忧的分散个人，他们担心的东西从无人机袭击到单一世界政府，再到美国即将实施军事监管法，等等。线上活动家告诉他们，他们的忧心忡忡并非孤立无援。此外，**线上同情者们的抱团取暖**（affinity with online sympathizers）也经常制造激进化。[19]

极端恐怖组织还试图招募人员奔赴它自己宣称的圣地。截至 2015 年 9 月，约有 250 名美国人动身或试图动身，约有 150 人成功抵达。[20] 2014 年到 2015 年期间，平均每个月有约 10 名美国人成功抵达［根据时任联邦调查局局长詹姆斯·科米（James Comey）的说法，2016 年 5 月，这一数字锐减到每月约 1 人］。[21] 尽管人数不多，但是这些人的共同特点是，他们都是网络恐怖组织圈里的积极分子，并都是社交媒体上的发帖能手。[22]

让我们来看一则新闻报道，这是关于极端恐怖组织如何在 Twitter、电子邮件和 Skype 上锁定一位孤独的 23 岁美国女性的故事。[23] 极端恐怖组织的招募者试图将她从其他线上观点和生活社区中孤立出来，招募者一边礼貌地回答她的问题，一边慢慢灌输并将她推向更为极端的观点。在线上交流中，招募者建议这位女性不要去当地的一个宗教场所，并告诉她那里已经被政府渗透。这种孤立是故意的。诚如一位先前的极端主义者所表示的，“我们寻找孤立的人，”他说，“如果他们还没有被孤立，那么我们就来孤立他们。”这些策略遵循基地组织编写的一份招募手册：与潜在的新兵保持日常联系，与他们的情感产生共鸣（“认真倾听他的话”，并且“与他悲喜与共”），传授基本知识，只有到了后来才介绍圣战的概念。[24]招募者邀请这位年轻女性和她的弟弟前往圣地。如果没有家庭的干预以及之后联邦调查局的介入，这场招募或许已经成功了。

简而言之，在虚拟论坛上，在弱势的孤立者中间，互联网和社交媒体在全世界范围内促进了恐怖主义者的招募活动。诚如美国国务院前任反恐协调员丹尼尔·本杰明（Daniel Benjamin）指出的，“如果你看看恐怖主义的历史，互联网可能是继甘油炸药之后最重要的技术革新了，（与过去相比）想要处理好各个方面，简直是难上加难。”[25]

Twitter 恐怖分子

极端恐怖组织在多大程度上使用 Twitter，封停账户能有效限制他们在 Twitter 上的活动吗？从 2016 年底开始，封停极端恐怖组织成员的账户已成为通用规则，并且似乎已经有所成效。然而，尽管 Twitter 公司持续且不乏积极努力，与恐怖主义有关的其他人仍在使用 Twitter。

数年前，研究者 J. M. 伯杰（J. M. Berger）和乔纳森·摩根（Jonathan Morgan）在 Twitter 上创建了一个“极端恐怖组织支持者”的快照。[26]从 2014 年 9 月到 12 月，他们提供了一个保守估计：极端恐怖组织支持者至少使用了 4.6 万个 Twitter 账户。其中，五分之一的使用者选择英语作为第一语言，平均粉丝数量是 1000 人（这远高于普通 Twitter 用户）。研究期间，Twitter 公司开始封停大量的极端恐怖组织支持者的账户。研究者发现，极端恐怖组织以多种方式适应了这些封停，例如他们会暂时转移至其他社交平台；创建小号来“躲避侦查”，并且在文件共享网站上传视频，以便传播得更广；并利用强大的隐私设置来重组一些账户，允许已知的支持者小群体关注倡议者的推文。

我们有理由认为 Twitter 公司应该尽可能多地封停支持极端恐怖组织的账户。毕竟，这样做可以减少极端恐怖组织的影响范围，包括其对于“独狼”的影响。这种做法是正确的，Twitter 公司也是这么做的。然而，伯杰和摩根指出了这种做法潜在的负面效果：嘈杂而激进化的回音室。几轮关停账户之后，伯格和摩根试图重新划定一个类似规模的网络进行研究，然而“新生账户的订阅中存在大量重合，即便是粉丝的平均数量有所增长，这也说明存在一种更为向内聚焦的网络”。伯杰和摩根注意到，封停账户可能会隔离极端恐怖组织的支持者，这可以使这些影响缓和或去激进化——也就是说，它能关闭潜在的匝道出口。但它也创建了一种更为偏狭的内部网络，该网络甚至成了一种更为激进化的力量：“日益单调刺耳的内容会使网络的某些新成员打消逗留的念头。对其他人来说，存在一种风险，即更为聚焦且更有凝聚力的群体动力能够加速且加剧激进化的进程。”[27]研究者们得出结论，这些风险应当与干扰极端恐怖组织试图通过社交媒体鼓励独狼攻击的潜在收益相互权衡。我认为，收益远远超过风险——但仍然存在风险。

在随后的一项研究中，伯杰和另一位合著者希瑟·佩雷斯（Heather Perez）研究了2015年6月至10月间极端恐怖组织的英语支持者的Twitter账户。他们发现仅存有约1000个这样的可识别Twitter账户，平均有三至四百个粉丝。研究期间，Twitter每天约封停这些用户中的1.8%。重要的是，伯杰和佩雷斯发现封停账户可以有效限制恐怖主义网络的规模和影响范围。有针对性的封停账户也摧毁了重复创建新账户的个体用户；此类封停“往往对反复触犯者有显著不利的影响，同时缩减了他们网络规模和活动速度”。尽管伯杰和佩雷斯没有直接测试这些封停账户行为如何影响回音室，但第二项研究表明，极端恐怖组织的英语社交网络极度偏狭，这意味着用户们主要是互相关注和互相交流。”[28]

诚如上文所示，作为封停账户的结果，极端恐怖组织似乎基本撤离了 Twitter。2015 年中至 2016 年末，Twitter 封停了 36 万个被认为与恐怖主义有关联的账户。[29] 为了识别这些账户，Twitter 使用了自己的技术，包括反垃圾邮件的专门工具，加上用户的投诉报告。据报道，YouTube 和 Facebook 已经采用自动化系统来拦截或移除他们网页上的极端主义内容。

为了反击 Twitter 的封停账户行为，极端恐怖组织的策略之一是使用标签作为招募工具和传播宣传的手段。但是那些包括民主政府在内的极端恐怖组织反对者，可以通过使用相同的标签来传达完全不同的多样化信息，以反制该策略。在社交媒体中，Telegram 或许是极端恐怖组织余下的选择之一，但通过那种方式接触大量受众并不容易。然而，其他恐怖主义组织还在继续尝试使用 Twitter，给那些试图击败它们的人带来了持续的挑战。

在社交媒体上对抗恐怖主义

恐怖分子使用互联网和社交媒体进行人员招募、鼓舞士气和激进主义活动，给私营机构和政府施加的压力与日俱增，因而政府也在努力瓦解他们的线上活动。如上所述，美国政府正致力于许多此类工作，通常是通过与那些成为宣传目标的人群所信任的人们一起合作，试图使恐怖分子的宣传（很明显含有谎言和阴谋论）受到质疑。对于对抗有害信息和名誉流瀑来说，这些努力极为重要。

2016年，以色列指控Facebook是巴勒斯坦袭击以色列公民的共谋。[30]在2015年10月至2016年6月期间，一系列暴力活动致使30多名以色列人和200多名巴勒斯坦人死亡。以色列政府的高级官员抗议说，Facebook上的帖子鼓舞并美化了巴勒斯坦人对以色列人的独狼式袭击，然而Facebook并没有撤下此类具有煽动性的帖子。基于同一批暴力行动浪潮，约2万名以色列人在纽约州一个法庭提起集体诉讼，主张Facebook是这些袭击的共谋。[31]不管怎样，必须要强调的是，Facebook一直非常积极地应对，并且在大部分情况下成功删除了恐怖组织的网页和帖子。

2016年1月，奥巴马政府的国家安全高级官员访问硅谷，拜访了苹果、Facebook、Twitter以及其他科技公司的高管，寻求他们的支持来打击使用社交媒体的恐怖分子。[32]在这些会谈之后，奥巴马政府宣布新成立一个由国土安全部领导的跨部门特别工作组，负责制定反激进主义和干预战略。2016年2月，国土安全部宣称要扩展其使用社交媒体的范围，包括监控申请各种移民福利的人以及从叙利亚寻求避难的人。[33]

美国国会议员已经注意到了这些隐忧。2015年12月，众议院通过了一项法案，旨在打击使用社交媒体的恐怖分子。[34]参议院也采取了一项类似的措施。[35]其他法案还规定社交媒体公司要向执法当局报告其平台上恐怖分子的活动（与要求报告线上儿童色情作品的法律类似）。[36]然而，到目前为止，国会还尚未颁布任何此类议案。

其他民主国家也已经颁布了法律，控制对宣传恐怖主义的线上内容的访问。例如，根据法国法律，政府可以关闭煽动恐怖袭击或公开美化恐怖袭击的网站。[37]作为2016年6月反恐怖主义法案颁布的结果之一，任何蓄意妨碍该法实施的人都面临刑罚——五年监禁和7.5万欧元罚款。[38]根据另一项规定，互联网普通用户"习惯性查阅"煽动或美化恐袭的信息、图像或提议显然会面临两年监禁及3万欧元罚款的惩罚（浏览恐怖主义内容用以学术或科学研究，或实施犯罪调查者例外）。[39]除此之外，法国刑法典的一项一般性规定禁止任何人直接煽动或美化恐怖主义，对那些实施此类线上行为的人判以更重的刑罚——七年监禁及罚款10万欧元。[40]在法国，恐怖分子利用互联网和社交媒体一事引起了激烈的辩论和反思。2015年11月13日巴黎恐怖袭击事件之后，一个调查委员会呼吁反思媒体和社交媒体在恐袭事件中的角色和责任。[41]

毫无疑问，恐怖分子对社交媒体的利用将继续适应和发展，并危及人类的生命安全。政府官员将继续打击这些行为。包括科技公司在内的私营机构通常会对此提供帮助。一些相关行动并没有引发言论自由问题。至少根据美国宪法，私营部门的行动不会引发宪法问题，通常涉及的是用反制性言论对抗危险言论、修正记录或将人们引向新道路。[42]当政府使用反制性言论时，不会产生宪法问题。然而，国际社会日益关注恐怖主义，特别是极端恐怖组织，这给美国对言论自由理论与实践最突出的贡献——“明显而即刻的危险”原则带来了全新的挑战。至少，在美国和欧洲，这一原则是否到了需要重新考虑的时候，这是值得探讨的。

明显而即刻的危险

在20世纪的头几十年里，由最高法院大法官霍姆斯和布兰代斯创制的“明显而即刻的危险”原则禁止政府管控政治性言论，除非危险既“明显”（clear）且“即刻”（present）。如果有人说，“应该推翻美国政府”“恐怖袭击越多越好”，除非这些说法可能会导致迫在眉睫的不法行动，否则他便不会被惩罚。

如大家通常所理解的那样，“明显而即刻的危险”原则保护了很多危险言论，包括为恐怖主义服务的多种招募形式和宣传。霍姆斯本人也承认这一点，并针对“试图审查我们厌恶并认为是充满死亡威胁的意见表达”发出了严厉警告（“充满死亡威胁”这几个字值得回味）。这是一个很好的警告。通常，对政府认为危险或实际存在危险的言论，最好的回应是更多的言论，而不是审查（正如布兰代斯所强调的）。

但重要的是要明白，“明显而即刻的危险”原则并非一直是我们所赞同的东西。恰恰相反，该原则直到最近才被接受。在他们的年代，霍姆斯和布兰代斯是持不同意见的失败者；直到 1969 年，最高法院才完全接受了他们的观点。在第一次世界大战期间及之后，人们普遍理解的言论自由原则是允许政府惩罚存在“不良倾向”（bad tendency），即存在产生危害倾向的言论。危险言论是可以被管控的，言论自由原则并没有像今天这般健全稳固。

最高法院在 1925 年的判决认为，“其自然趋势和可能的影响会导致立法机关所禁止的实质性恶行”的言论不受法律保护。[43]根据该原则，恐怖分子的招募活动当然不受保护。这同样也适用于许多政治异见——这意味着这一原则没有也不会完全保护言论。直到 1951 年，哪怕面对既不明显也不即刻的危险，最高法院仍允许管控言论。在“丹尼斯诉合众国”（*Dennis V. United States*）一案中，法院维持了对试图推翻美国政府的人的定罪。[44]法官们拒绝将“明显而即刻的危险”原则理解为“在政府行动前，它必须等到政变即将发生，计划已经在实施，且导火索正要被引燃”。

在恐怖分子招募和宣传活动的语境中，我们可以轻易地重复听到这些话，法院认为革命分子想要“在他们认为时机成熟时发动袭击”就已经足够了。面对“在一场又一场世界危机的背景下，设计并致力于推翻政府的一个组织”，当公众安全面临严重威胁时，哪怕是（严格说来）既不明显也非即刻的危险，政府一样应当采取行动，阻止可怕的伤害。其核心思想在于，随着危害程度的增加，不必证明危险可能是明显而即刻的。在日常生活中，这一想法很有意义。如果某项行动有 5%的可能性会使你在一年后失去所有的金钱、你的孩子或你的生命，你很可能不会采取这项行动，并且你还会做大量工作来确保它不会发生。在监管的一般语境下也是如此：如果一项活动在十年内有 10%的可能性杀死 10 万人，我们依然有充分的理由认为应当禁止这项活动，即使危险并不明显也不即刻。言论应当被区别对待，这难道不是显而易见的吗？不是一直如此吗？在使用社交媒体导致的恐怖主义危险的背景下有什么不同吗？至少，没有人应该反对社交媒体运营商们主动撤掉恐怖组织发的帖子。

勒纳德·汉德是美国历史上最伟大且最具影响力的法官之一，拥有一个美妙的名字①。他出于另一个原因反对“明显而即刻的危险”原则。他认为言论自由原则根本不应该保护明显或直接煽动暴力的言论，哪怕没有即刻产生伤害。他认为他的方法为言论自由留下了合适的空间：如果你只是鼓励变革，政府就不能起诉你，你绝对受到保护。但是如果你明确地煽动人们实施谋杀，你就不受宪法保护了。与他认为经不起推敲

① 即 Learned Hand，“博学多闻之士”，有时尤指“精通法律之士”。

（squishy）的“明显而即刻的危险”原则相比，汉德更推崇他自己的方法。与之相反，他为自己的理论辩护，将之定义为一个“坚不可摧的、依照惯例的、难以回避的定性公式”。[45]根据汉德的方法，应当根据言论的性质——言词的实际内容——而不是根据其后果来回答是否保护言论的问题。根据这一新方法，汉德拒绝了霍姆斯和布兰代斯认可的测试标准。

几十年来，最高法院对汉德公式毫无兴趣。大部分人都将丹尼斯案的判决看成是天大的错误，是红色恐慌时代的产物，在自由社会中不值一提。布兰代斯提供了最佳理由：“如果有时间通过讨论来揭露错误和谬论，通过教育的方式来避免邪恶，那么要采取的补救措施是更多的言论，而不是强制保持沉默。”在他看来，“只有紧急情况才能为镇压言论提供辩护理由。”[46]这是一个很有吸引力的想法，而且通常是正确的。但是，如果把这个想法用在恐怖分子的人员招募和宣传工作上，是否令人信服呢？他们在社交媒体上的活动会急剧扩大某一处的言论能力，在不确定的时间引发另一处的暴力，这个想法还有说服力吗？如果更多的言论无济于事（通常也不会起作用），导致数十人、成百人或数千人被杀，那该怎么办呢？

诚然，甚至是最极端和最具仇恨意味的言论也有价值：至少，人们会了解其他人所相信的事，这很重要。然而，如果这些形式的言论真的有引发大量死亡的风险，那么把这些言论的好处与其代价相互比较衡量一下，就十分合理了。汉德本人认为他对煽动的狭义限定避免了主观和过火，并且政府不能用该限定来压制异见者的言论和不受欢迎的事业。根据汉德公式，某些形式的恐怖分子招募越界太远，因此不受法律保护。

为了尽量减少言论自由的危害，一种可能是将汉德的方法与比较衡量结合起来：当（且仅当）人们通过清晰地表达来明确地煽动暴力，当（且仅当）他们的言论对公共安全产生了严重威胁时，不论是否是即刻的危险，或许他们的言论都不值得保护。又或许应该拓宽对现实性这一想法的理解，因而不要求言论危险在一天、一周甚或一个月内实际发生。该方法可以基本保留现在给予政治性言论和各种异见的高度保护。在美国，这或许会稍稍偏离当前的法律规定。确实，我们还不明确这是否为最佳方法。与汉德不同，一些人或许会反对说，如果言论是真正危险的，哪怕其中没有包含明确的煽动话语，也不应该受到保护。另一些人或许主张“明显而即刻的危险”原则真的是最好的方法，即便潜在的言论“充满死亡威胁”。问题在于，这个结论在当今时代是否有意义——以及它是否真的意味着有人会死去。

在自由社会里，惩罚言论几乎是不正确的。但是最起码，围绕“明显而即刻的危险”原则所产生的争论已不像过去那样清楚了——而且可能也不太适合当下。

第十一章

标签共和国

我这里谈及的多数内容都见于两位自由和民主理论家——穆勒和杜威的一些篇章之中。再引用一次穆勒的话：

在现今人类进步程度不高的境况下，让人们接触与自己不同的人，接触他们不熟悉的思想和行为方式，其意义之大，简直无法估量。……这种交流一直是人类进步的主要源泉之一，在当今时代尤其如此。[1]

然后是杜威的话：

仅仅因为曾经通行的法律限制已经消失，所以思想及其沟通现正变得自由这一想法是无比荒谬的。这种想法的流传使得社会认知的婴儿期一直持续下去。因为它模糊了我们对拥有概念的核心需求的认识，这些概念作为工具用于定向调查，并在实际运用中不断得到检验、纠正和发展。任何一个人，任何一种思想，都不可能仅仅靠放任自流而获得解放。[2]

鉴于这些想法，我已经强调了，自我隔离的做法可能会给个人和社会两者带来的严重问题——因为我们中的许多人已经将自己隔绝于同胞的关注和意见之外。那种由 Facebook 核心价值及想象中的完全个性化的乌托邦愿景所呈现出来的、看似完美的消费者主权思想，将会冲蚀民主理想。与其说“我的日报”是一种乌托邦式的愿景，倒不如说它更像是一场噩梦，与科幻小说无异，承载了大量被忽视的民主自治要求的教训。“标签共和国”可能也是那样的噩梦——也可能是穆勒和杜威所说情况的例证。

飞地内外

一个由数不清的利基组成的、完全个性化的言论市场会使自治变得不那么奏效。在许多重要方面，它会减少而非增加参与个体的自由。它会导致社会极度的碎片化。它会传播谎言，其中一些谎言甚为危险。它会使得个体和群体之间的互相理解变得越发困难。人们以此种方式使用互联网是在伤害他们自己，同时也是在伤害他们的同胞。

我不是说这就是普遍情况，也没说这就是大部分人正在做的事情。许多人心怀好奇，并且上网浏览范围广泛的议题和观点。公共媒介也继续扮演着重要的角色。互联网的公共领域是相互联系的。尽管如此，集群现象依然普遍，对政治来说，哪怕只有一小部分人选择与那些和他们想法相似的人交谈，群体极化都会成为重要的威胁。一个自由的社会得益于公共领域所提供的广泛议题和立场。

这些主张与以下观点不谋而合，即自由社会为选择自由以及想法相似的个体组成的协商飞地创造了空间。我们已经无须再强调选择自由对个体和公益的好处了。再者，协商飞地还确保了那些在其他情形下保持沉默或被压制的观点能有发展机会。此类群体中的个体成员有时很难将其观点传递给更广泛的社会成员。而且，如果群体成员彼此间能够进行交谈，他们也能够学到很多，并且最终会在与其他人的谈话中贡献更多。

回想一下“二阶多样性”——一种当社会从许多带有各自鲜明的做法和立场的群体中受益时所产生的多样性——的重要性。[3] 如果一个国家允许多种组织的存在，并且如果每一个组织都大致相当，国家很可能从因此产生的范围甚广的观点中获益。Facebook 主页和 Twitter 账号当然能够促进二阶多样性。与此同时也要注意，许多人都会有些不太对外表达的关怀、反对、伤感和恐惧，除非他们知道其他人也有类似的想法，否则他们或许不会说出来，甚至不会将这些想法在脑海里组织成形。他们或许会遭遇一种“认知不公”，即他们的认识能力受到伤害，不被严肃地当成认知者。[4] 他们无法为自己的经验争取到倾听的机会。社交媒体则能抵消这种不公。

尽管我已经表明，群体极化和虚拟流瀑带来了严重的危险，但这两者在那些已经具有且值得获得广泛认可的运动中发挥了不容置疑的作用。举几个例子，想想支持同性婚姻权益运动、对南非种族隔离政策的抨击、美国的民权运动，以及对奴隶制本身的鞭挞等。群体极化助长了这一切。群体极化和信息流瀑也不仅仅是历史问题。例如，考虑一下集权国家中的政治异见者、癌症患者、科幻爱好者、关注传染病的人、有生理或心理缺陷的儿童的家长、穷住客以及宗教少数派成员之间的私人对话。就社交媒体使拥有相同经历和烦恼的人们更易于创建交流飞地而言，它们既是一种恩惠，也是一种危险。在人们感到孤立无援，并且错误地认为自己的情况是独有且罕见的，或无论如何都没有希望时，探讨共同困境就变得容易许多。从这一意义上来说，飞地协商对于相关人员和整个社会都是非常可取的。

如今，飞地协商的危险对我们而言已经不再陌生。它们的成员会偏向于一种缺乏价值的立场，这种立场是由志同道合的人士讨论所产生的影响而导致的必然结果（关于如何治疗癌症的无凭无据甚至非常疯狂的观点即是例证）。在一些极端的情况下，飞地协商甚至会危及社会稳定（有时会更好，但通常更糟）。恐怖主义本身就是想法相似者之间协商的产物，而使用社交媒体招募恐怖分子则向言论自由原则发起了严峻的挑战。我们已经看到，极端主义者们经常受制于“跛脚认知论”（crippled epistemology），他们只能接触到一小部分相关信息，而且这些信息又主要源自其他极端主义者。[5]

然而不难想象另一番景象——与“我的日报”完全相反。假如大部分人普遍认为，获取多种多样的观点并且了解各种各样的话题是非常重要的。假设当代技术带来的非凡机会通常被用作实现公民权的工具——常常是国家公民权，有时甚至是世界公民权，人们借此不断拓宽自己的眼界，常常用了解到的不同观点检测他们自己的观点。我们可以很容易想象这样一种普遍的社会实践，甚至是一种文化的转变，一个人们广泛接受以这种方式使用互联网的社会。今天，在一些地方，这种转向正在发生。

我们也能想象一种私人和公共机构鼓励而非削弱此种愿望的文化。在这样的文化中，网站往往会帮助人们了解到他们渴望获得的其他观点——甚至是那些与网站建立者截然不同的观点。在这样的文化中，提供范围广泛观点的网址链接稀松平常。也是在这样的文化中，政府会试着——或许仅仅是通过道德劝告——保证传播系统成为民主自治的助力，而不是一种阻碍。

消费者与公民

许多人都认为应当根据是否尊重个人选择来评价一个传播系统。根据这种观点，依照惯例，唯一能对言论自由构成真正威胁的便是审查。言论仅仅是另一种商品，消费者们遵从供需关系的力量而做出选择。考虑到一般的消费产品，似乎可以自然而然地认为，有越多的人能够将他们喜好的产品“自定义”或个性化，情况就会变得更好。

一个运作良好的烤面包机、汽车、巧克力、书籍、电影和计算机等市场，如果能为个体选择提供更大的空间，那么它会运作得更好——如此一来我就不会和你拥有一模一样的物件，除非是我个人想要的。对传播而言，就像对汽车、巧克力一样，一个型号不能满足所有人的口味。利基营销正在兴起，而许多人似乎认为，利基越多越好。不论如何，只要互联网能够增加消费者的选择，它对消费者而言就不是有利无弊的。消费循环意味着对于许多产品而言，人们购买更多更好产品将使他们的花费增多，并且可能是大大增多，但是却没有真正地使他们更快乐，也没有提高他们的生活水平。

然而更为根本的问题在于，根本不应该完全从消费者和消费方面来看待一个自由表达体系。在一个自由国家中，设计出这样的体系是为了维持民主自治的环境——是为了服务于公民，而不仅仅是服务消费者。因此，公共论坛原则会保证街道和公园向演说者开放，即使我们中的许多人在多数时间里和事实发生之前，根本不愿意听到我们的同胞们所说之言。

20 世纪初，当公共论坛原则被提出时，街道和公园要比今天更难以回避，所以公共论坛原则具有巨大的实践重要性。然而现在这种重要性正逐渐减少，人们完全有可能不花什么时间来关注公共论坛。20 世纪中晚期出现的公共媒介——那些经营报纸、杂志和广播电台的人们——十分偶然地完成了传统的街道和公园的大部分历史性的工作。他们促使人们接触话题和观点，否则这些话题和观点就会脱离人们的注意，在事实发生前也不会被选择。与此同时，它们保障了一种异质性社会里的经验共通性。

在自由社会里，人们当然可以规避公共媒介，没有政府的专门机构会强迫成年人阅读或收看。“老大哥”没有在看着你，他也没有在关注你看的东西。尽管如此，一个核心的民主目标在于，至少保证某种程度的社会整合——不仅仅是宗教和种族群体，还要跨越多重界线，以一种拓宽人类共情并丰富人们生活的方式进行整合。一个具有公共媒介的社会，就像一个具有一系列健全公共论坛的社会，在促进共享经验的同时，也让数不清的人接触到他们事先未想获取的信息和意见。当个人将他们的通信包个性化之时，可能会损害一个运转良好的自由表达体制的性能——如果他们以一种缩小眼界的方式实现个性化时，情况必然如此。

生产者制造过滤的能力，使得自我选择问题变得多样且复杂，基于此，人们就可以得到他们很有可能会喜欢的东西，即使他们没有做出那样的选择。算法越来越能产生精确的过滤，并且每天都在改善。正如自我选择的情况一样，算法也是如此：它们使生活变得更容易也更方便。如果你只对篮球方面的书感兴趣，就不应该向你发送关于行为经济学方面的图书广告。然而，也正因如此，视野会变得狭窄，而人们则会变得更加渺小。

我自始至终都在强调，一个好的民主制度会涵盖一些制度设计，旨在保障一定程度的反思和辩论——而不是对人们在任何特定时刻说出的欲求都做出即时反应。正是如此，最初的美国宪法是基于对一系列特殊“过滤”的承诺——这种过滤将增加政府协商的可能性。大多数民主国家中都能找到同样的承诺，这种承诺确保国家不会对民众压力做出本能性反应。就现有技术而言，它们使得人们更容易提出短视观点，并诱使政府做出回应，它们带来的是风险，而不是承诺。然而，只要这些技术使得人们更易于彼此协商并交换意见，它们便是在推进某种自由表达体制的、令人鼓舞的理想。

我们也已经看到，就互联网和其他传播技术而言，“无监管”并不是未来的发展道路，它无济于事且不合情理。任何保护财产权的制度都需要政府发挥积极作用，作用的形式就是监管，尤其是允许“财产所有者”们根据相关的法律地位将其他人排除在外。如果网站所有者和运营商想要受到保护，免于网络恐怖主义和其他侵犯其财产权的行为，政府和法律（更不要说纳税人了）就会发挥核心作用。问题不在于我们是否需要监管，而在于我们需要何种监管。

言论自由并不是绝对真理。每一种民主制度都会管控某些形式的言论，除了创造财产权以外，还会管控多种多样的表达，例如伪证、贿赂、恐吓、儿童色情文学以及欺诈性商业广告（更不要说通过电子邮件发送的电脑病毒了）。问题在于，我们如何在促进与言论自由体系有关的价值观的同时监管某些类型的言论，尤其是促进民主自治方面。

我也已经强调了表达自由与许多重要社会目标之间的关系。当人们可以不受限制地获取信息时，专制没有得以维持自身运转的可能性。正因如此，互联网是民主自治名副其实的发动机。社交媒体在这一方面的价值尤为突出。借鉴阿玛蒂亚·森的研究，并特别是论及当代技术，我已经表明，恰恰因为表达自由可对政府施压，所以它对社会安宁来说至关重要。言论自由的功用在于，可保障政府为其人民的利益服务，而不是相反。这可以被视为支持社交媒体民主功能的一大优势。

超越悲观、怀旧与预言

我已经提出了三个更为特别的观点。第一，个体拥有无限权利来定制和过滤的传播系统有造成过量碎片化的风险。如果由人口、宗教、政治或其他方面界定的不同个体和群体选择那些符合他们偏好的材料和观点，同时排除不合其偏好的议题和观点的话，这种情况就会发生。这无疑会促成——并且已经在促成——一个更为四分五裂的社会。（每年都会有其例证，对比一下#黑命贵和#全命贵。）危险程度又因群体极化现象而大幅提高，在群体极化现象中，审议群体朝着他们协商前判断的同一更为极端的观点前进。事实上，仅仅因为互联网使得志同道合之人能够轻而易举地彼此交谈，便带来了群体极化的巨大风险——最终倒向极端，有时甚至是暴力的立场。

很多时候，那些最需要倾听自己回声之外声音的人，却最不可能探究别样的观点。结果可能是产生一种极其不受欢迎的虚拟流瀑，将错误的信息传播给了数千甚至数百万人。我们已经通过恐怖组织获得了这一影响的生动例证，然而问题远不止于此。大体上，可以想一想雅各布斯那非凡的散文诗，《美国大城市的死与生》，庆祝意外发现、惊喜及未经选择的邂逅。社交媒体也会像巴黎、柏林和旧金山一样吗？可能不会。但它们当然在朝着那个方向发展。

第二，一个不受限制的过滤系统可能对共享信息和经验见效甚微。当许多或大多数人关注同一话题时，至少在某些时间段里，我们会从某种社会黏合剂中获益。重点在于，信息是一种公共物品这一事实越发重要——信息作为一种物品，其益处极有可能传播至超越个别接收者的范围之外。在这一点上，公共媒介具备许多优势，原因很简单，我们多数人获得了我们传播给他人的信息，而他们也从中获益。

第三，同时从个体自我发展的角度和民主的观点来理解，一个不受限制的过滤系统也可能会危及自由。对于公民们来说，自由需要接触一系列异质性的议题和观点。我不建议也不相信应该迫使人们阅读和浏览那些他们厌恶的材料。但是我的确相信，一个通过民主机关发挥作用的民主政体，不能仅仅凭借尊重消费者主权来促进自由，而是要靠创造一个传播系统来促进对各种问题和观点的了解。

我所说的不应被理解为一种对未来几十年乃至更长时间内个体可能选择的经验之谈。我们中的大部分人都会乐于或者至少是满足于查阅不带意识形态的信息来源，它们是我们寻找新闻的地方。我们中的许多人都非常有好奇心（一种被忽视的公民美德），并且乐于看到那些挑战我们的材料，而不仅仅是强化我们现有的品味和判断。这样的情况每天都在上演，尤其是互联网上各种五花八门的网站层出不穷。我已经强调过，公共媒介持续扮演着重要的角色，它们中的许多都在线上运转得极好。没人知道在遥远的将来，传播系统会是什么样子。

我所图之事不是为怀旧或普遍悲观寻找理由，更不是预测未来（在当前语境下，这尤其徒劳无功），而是要去探究现有技术与民主自治体制的核心义务之间的关系。我们不应因悲观、怀旧和投机而分散精力，而是应当超越这三者，以便更为清晰地认识我们的理想，并且去思考能做些什么来实现那些理想。

富兰克林的挑战

回想当大众询问制宪者们到底为公众“带来”了什么的时候，富兰克林的回答：“一个共和国，如果你们能坚守得住的话。”富兰克林的回答传达了一种希望，同时也是一种持续性的责任，甚至是一种挑战。他的暗示在于，任何做出共和自治承诺的文件之有效性，并不是由缔造者决定的，更不是由对文本、权威和祖先的崇拜决定的，而是随着时间的推移由其公民的行动和承诺决定的。在关注由“惰性民族”引发的危机这一问题上，布兰代斯大法官仅仅是弘扬了富兰克林的主旋律。

我在本书中最为一般性的论题与维持一个共和国的先决条件有关。我们已经看到，其中最核心的要素在于一个运转良好的自由表达体制——用麦迪逊的话来讲，是“其他一切权利唯一有效的保护”。诚然，此种体系有赖于禁止官方对有争议思想和意见的审查，然而它所依赖的远不止于此。

它也有赖于某种公共领域的存在，在其中，范围广泛的发言者得以接触到各种各样的公众——也得以触及那些他们试图反对的个别制度及做法。它不仅需要自由表达的法律，也需要自由表达的文化，在此种文化中，人们渴望听取同胞们不得不说的话。或许最重要的是，一个共和国，或者至少是一个异质性的共和国，需要拥一个“舞台”，各种各样的经验、视野及对是非对错持有不同观点的公民们，能够在这里彼此相遇并且相互协商。

在这里，很难说现有技术是一个敌人。它们带来的希望远大于风险。事实上，从共和的观点来看，现代技术带来了巨大的希望，尤其是它们使得普通人了解到数不尽的议题，使他们的政府负责任，并孜孜不倦地探究异质观点。然而如果人们正在使用社交媒体制造回音室，并将自我与他们希望回避的议题和观点隔离开来，那么现有技术则正在带来严重的危险。如果我们相信，一个自由表达的体系要求个体消费者拥有不受限制的选择，那么我们甚至不会明白其中的危险。

此类危险是否会成为现实，最终将取决于我们对自由和民主的渴望，我们以这种渴望为依据来评估我们的做法。我在本书中试图树立的观点是，在一个自由的共和国中，公民们渴望拥有一个体系，这一体系可以提供关于人、议题和思想的广泛经验，而这些经验并没有经过人们事先特别的选择。

致谢

每一本书都有自己的祖先；本书有一位父亲和一位祖父。祖父是出版于 2001 年的《网络共和国》（*Republic. com*）。那本书很快便过时了，随后是于 2007 年出版的《网络共和国 2. 0》（*Republic. com* 2. 0）。近十年又发生了许多变化，尤其是社交媒体的兴起——因此有了本书。

我从这几本书中受益匪浅，这些书的痕迹呈现于此，清晰可见。我尤其要感谢我的初版编辑托马斯·勒本（Thomas LeBien）；也要感谢八位出色的同事兼好友：杰克·古德史密斯（Jack Goldsmith）、史蒂文·霍姆斯（Stephen Holmes）、玛莎·努斯鲍姆（Martha Nussbaum）、埃里克·波斯纳（Eric Posner）、理查德·波斯纳（Richard Posner）、杰弗里·斯通（Geoffrey Stone）、大卫·施特劳斯（David Strauss）及已故的埃里克·厄尔曼-玛格利特（Edna Ullmann-Margalit），感谢他们贡献了无价的讨论。

就本书而言，我对普林斯顿大学出版社的埃里克·克拉汉（Eric Crahan）和彼得·多尔蒂（Peter Dougherty）提供的绝妙建议及指导心存感激，对丹尼尔·西弗森（Daniel Severson）提供的卓越研究援助表示谢意，他的工作包含了许多实质性的思考。我也要真心真意地感谢了不起的哈佛大学伯克曼中心（Berkman Center）里的许多人，他们贡献了各种各样有创意的想法；我将桑德拉·科特西（Sandra Cortesi）、布里格斯·都兰（Briggs DeLoach）、罗伯·法里斯（Rob Faris）及厄尔·加塞（Urs Gasser）单独列出，感谢他们提供的多种多样的帮助。多谢杰克·古德史密斯，一位“祖父”[①]和“孙子”的双料读者，为提高原稿质量提供了极为高妙的建议。我也对玛莎·米诺（Martha Minow）心存感激，她提供了许多帮助，特别是来自哈佛法学院行为经济学与公共政策计划的帮助。

更多的感谢要归于数不清的人们，经年累月，他们或是也和我一道忧心于回音室带来的风险，或是与我的观点相左，认为完全没有理由担心这些。前一批人里包括许多时任奥巴马政府的朋友和同事——这真的是一个大家庭——他们对政治极化表示忧虑。我从乔恩·法夫罗（Jon Favreau）、丹·法伊弗（Dan Pfeiffer）、珍·帕莎其（Jen Psaki）、本·罗兹（Ben Rhodes）及大卫·西马斯（David Simas）身上学到了不

① 指作者前文提到的《网络共和国》。

少东西。在就任总统之前及之后，贝拉克·奥巴马自己也极为关注这一问题，我最后很荣幸地向这位前芝加哥大学同事兼白宫老板致谢，感谢他多年来贡献的颇具启发性的讨论。

最后要感谢我的夫人，萨曼莎·鲍尔（Samantha Power），是她构建了“我们的日报”，她比我所认识的任何人都更抗拒回音室，并且坚持去接触意料之外的、未经选择的经验和想法。

注释

前言

1. Aldous Huxley, *Brave New World* (New York: Harper and Brothers, 1932), 163.

2. John Stuart Mill, *Principles of Political Economy with Some of Their Applications to Social Philosophy*, 7th ed. (1848; repr., London: Longmans, Green and Co., 1909), bk. 3, ch. 17, para. 14. See also http://www.econlib.org/library/Mill/mlP.html (accessed August 23, 2016).

第一章　我的日报

1. 参见 Nicholas Negroponte, *Being Digital* (New York: Vintage Books, 1995), 153.对于"网络巴尔干化"(cyberbalkinization)的极富预见性的讨论，可见 Robert D. Putnam, *Bowling Alone: The Collapse and Revival of American Community*(New York: Simon and Schuster, 2000), 177–79, 它引用了一篇有启发性的早期论文: Marshall Van Alstyne and Erik Brynjolfsson, "Electronic Communities: Global Village or Cyberbalkans?" (working paper, MIT Sloan School, Cam-

bridge, MA, 1996), http://web.mit.edu/marshall/www/papers/CyberBalkans.pdf (accessed August 23, 2016).

2. 在2011年出版的一本颇具争议的书中，伊莱·帕里泽（Eli Pariser）普及了一种“过滤气泡”（filter bubbles）理论，他在理论中假设，由于算法过滤的影响，互联网用户很可能会获得符合他们现有兴趣的信息，并受其影响与不同观点相隔绝。关于这一现象，一直有新的证据支持，见 Eli Pariser, *The Filter Bubble: How the New Personalized Web Is Changing What We Read and How We Think* (New York: Penguin Press, 2011)。一篇2013年的论文衡量了搜索谷歌个性化搜索的影响，结论是11.7%的谷歌搜索结果因个性化而在用户之间有所不同——这一发现被作者描述为“特定个性化”(significant personalization)，参见 Aniko Hannak, Balachander Krishnamurthy, Piotr Sapiezyński, David Lazer, Christo Wilson, Arash Molavi Kakhki, and Alan Mislove, “Measuring Personalization of Web Search,” *Proceedings of the Twenty-Second International Conference World Wide Web* (New York: Association for Computing Machinery, 2013), 527, 528, http://dl.acm.org/citation.cfm?doid=2488388.2488435 (accessed August 23, 2016)。2015年的一篇论文朝着谷歌和必应搜索中过滤气泡的显现迈出了第一步，发现这两个搜索引擎确实会产生过滤气泡；不过，作者指出，过滤气泡在某些主题（如搜索工作职位的结果）中似乎比在其他主题（如搜索哮喘的结果）中更强。见 Tawanna R. Dillahunt, Christopher A. Brooks, and Samarth Gulati, “Detecting and Visualizing Filter Bubblesin Google and Bing,” *Proceedings of the Thirty-Third Annual ACM Conference: Extended Abstracts on Human Factors in Computing Systems* (New York: Association for Computing Machinery, 2015), 1851-56, http://dl.acm.org/citation.cfm?doid=2702613.2732850 (accessed August 23, 2016)。

3. See Dan M. Kahan, Asheley R. Landrum, Katie Carpenter, Laura Helft, and

Kathleen Hall Jamieson, "Science Curiosity and Political Information Processing," *Advances in Political Psychology* 38 (forthcoming) http://papers.ssrn.com/sol3/papers.cfm?abstract-id=2816803 (accessed August 29, 2016); Andrew M. Guess, *Media Choice and Moderation: Evidence from Online Tracking Data* (2016), https://dl.dropboxusercontent.com/u/663930/GuessJMP.pdf (accessed August 29, 2016).

4. See Cass R. Sunstein, *Infotopia: How Many Minds Produce Knowledge* (Oxford: Oxford University Press, 2006).

5. Shanto Iyengar, Gaurav Sood, and Yphtach Lelkes, "Affect, Not Ideology: A Social Identity Perspective on Polarization," *Public Opinion Quarterly* 76, no. 3 (2012): 405, http://pcl.stanford.edu/research/2012/iyengar-poq-affect-not-ideology.pdf (accessed August 29, 2016).

6. Ibid.

7. See Shanto Iyengar and Sean J. Westwood, "Fear and Loathing across Party Lines: New Evidence on Group Polarization," *American Journal of Political Science* 59, no. 3 (2015): 690.

8. Jane Jacobs, *The Death and Life of Great American Cities* (1961; repr., New York: Random House, 1993).

9. Ibid., 81, 95.

10. Putnam, *Bowling Alone*, 178.

11. See Robert Glenn Howard, "Sustainability and Narrative Plasticity in Online Apocalyptic Discourse after September 11, 2001," *Journal of Media and Religion* 5, no. 1 (2006): 25.

12. Adam Mosseri, "Building a Better News Feed for You," Facebook Newsroom, June 29, 2016, https://newsroom.fb.com/news/2016/06/building-a-better-news-feed-for-you/ (accessed August 29, 2016).

13. Adam D. I. Kramer, Jamie E. Guillory, and Jeffrey T. Hancock, "Experimental Evidence of Massive-Scale Emotional Contagion through Social Networks," *Proceedings of the National Academy of Sciences* 111, no. 24 (2015): 8788, http://www.pnas.org/content/111/24/8788.full (accessed August 29, 2016).

14. 安德鲁·夏皮罗(Andrew Shapiro)强调了这一点，参见他的 *The Control Revolution: How the Internet Is Putting Individuals in Charge and Changing the World We Know*(New York: Public Affairs, 1999)，我从这本书里获益良多，他所关注的很多现象我也有同感，包括碎片化和自我隔离。

15. Helen Margetts, Peter John, Scott Hale, and Taha Yasseri, *Political Turbulence: How Social Media Shape Collective Action*(Princeton, NJ: Princeton University Press, 2016), 5.

16. See Yochai Benkler, *The Wealth of Networks: How Social Production TransformsMarkets and Freedom* (New Haven, CT: Yale University Press, 2006).

17. See Sunstein, *Infotopia*.

18. 一个有价值的一般性讨论可见 C. Edwin Baker, *Advertising and a Democratic Press* (Princeton, NJ: Princeton University Press, 1997).

19. See Lawrence Lessig, *Free Culture: The Nature and Future of Creativity* (New York: Penguin Books, 2004); Benkler, *Wealth of Networks*.

第二章　类推和理想

1. Quoted in Alfred C. Sikes, *Fast Forward: America's Leading Experts Reveal How the Internet Is Changing Your Life*(New York: William Morrow, 2000), 210.

2. 在某些方面，这些发展与其他重要的社会变革是完全连贯的。例如，汽车曾被批评为“极度非社会性”，尤其是与铁路交通相比，“铁路往往会聚集……所有与货物或乘客进出城市有任何关系的活动”。参见 George

F. Kennan, *Around the Cragged Hill: A Personal and Political Philosophy* (New York: W. W. Norton and Company, 1993), 161, 160。在这方面，更重要的可能是主导20世纪的技术：电视，用政治学家罗伯特·普特南的话，“电视革命最重要的一个结果就是让我们回家。”普特南补充说，生活向家庭方向转变的结果是，用于“集体活动，如参加公共集会或在地方组织中发挥领导作用”的活动就大幅减少了——可能高达40%。见 Robert D. Putnam, *Bowling Alone: The Collapse and Revival of American Community* (New York: Simon and Schuster, 2000), 221, 229。

3. Elizabeth Dwoskin, “Pandora Thinks It Knows If You Are a Republican,” *Wall Street Journal*, February 13, 2014, http://www.wsj.com/articles/SB10001424052702304315004579381393567130078 (accessed August 31, 2016).

4. Quoting Alvin Toffer in Sikes, *Fast Forward*, 208.

5. Hague v. Committee for Industrial Organization, 307 U.S. 496 (1939). 由于篇幅所限,没有必要在这里详细讨论公共论坛原则,有兴趣的读者可以参考 Geoffrey R. Stone, Robert H. Seidman, Cass R. Sunstein, Mark Tushnet, and Pamela Karlan, *The First Amendment*, 4th ed. (New York: Wolters Kluwer Law and Business, 2012), 286–330.

6. See International Society for Krishna Consciousness v. Lee, 505 U.S. 672 (1992).

7. See Denver Area Educational Telecommunications Consortium, Inc. v. FCC, 518 U.S. 727, 803 (1996) (Justice Kennedy, dissenting).

8. 参见 Noah D. Zatz 的精彩讨论，“Sidewalks in Cyberspace: Making Space for Public Forums in the Electronic Environment,” *Harvard Journal of Law and Technology* 12, no. 1 (1998): 149–240.

9. See Merouan Mekouar, *Protest and Mass Mobilization: Authoritarian*

Collapse and Political Change in North Afica (Abingdon, UK: Routledge, 2016). 也可以参见一个经典的讨论, Timur Kuran, *Public Truths, Private Lies: Te Social Consequences of Preference Falsifcation* (Cambridge, MA: Harvard University Press, 1997).

10. See Columbia Broadcasting System, Inc. v. Democratic National Committee, 412 U. S. 94 (1973).

11. 对于共和主义理念特别有启发性的阐述, 可见 Phillip Pettit, *Republicanism: A Theory of Freedom and Government* (Oxford: Oxford University Press, 1999).

12. See Gordon Wood, *The Radicalism of the American Revolution*(New York: Vintage Books, 1991).

13. 从美国历史角度对审议性民主最好的讨论, 可见 William Bessette, *The Mild Voice of Reason: Deliberative Democracy and American National Government* (Chicago: University of Chicago Press, 1984).作为一种政治理念的审议性民主有很多种方式, 可见 Amy Gutmann and Dennis Tompson, *Democracy and Disagreement*(Cambridge, MA: Belknap Press, 1998); Jürgen Habermas, *Between Facts and Norms*(Cambridge, MA: MIT Press, 1997); Jon Elster, ed., *Deliberative Democracy* (New York: Cambridge University Press, 1998).

14. Aristotle, *Politics*, trans. Ernest Barker (Oxford: Oxford University Press, 1972), 123.

15. John Rawls, *A Theory of Justice* (Cambridge, MA: Harvard University Press, 1971), 358-59.

16. See Habermas, *Between Facts and Norms*, 940.

17. 有关于商谈的前提条件的讨论, 见 Jürgen Habermas, "What Is Universal Pragmatics?" in *Communication and the Evolution of Society*, trans.

Thomas McCarthy (Boston: Beacon Press, 1979), 1, 2-4, 32.

18. 举个例子, 许多城市都开设了网站让市民报告路面的凹坑, 比如密尔沃基市, "How to Report Potholes," http://city. milwaukee. gov/commoncouncil/District7/How- to - Report - Potholes. htm #. V2lKlY7VxBU (accessed July 5, 2016).另外, 旧金山有一个 311-Twitter 服务号, 见 Susan Gunelius, "3 Smart Ways Governments Use Twitter and Facebook," Sprout Social, December 30, 2011, http://sproutsocial. com/insights/governments-twitter-facebook/ (accessed July 5, 2016).

19. 毫无疑问, 上个世纪的一个中心趋势一直是减少宪法设计的审议特征, 而倾向于增加民众控制。比如一个典型的例子——直选、倡议和公民投票, 旨在动员选民的利益集团战略和民意测验, 每一项都或多或少削弱了代表的审议职能, 增加了特定时刻对公众舆论的问责。当然, 对这些变化的评价都需要详细的讨论。

20. Charles Louis de Secondat Baron de Montesquieu, *The Spirit of Laws* (1748; repr., New York: Cosimo Classics, 2011), bk. 8, ch. 16.

21. Quoted in Herbert J. Storing, ed., *The Complete Anti-Federalist* 2: 369 (Chicago: University of Chicago Press, 1980).

22. Quoted in Joseph Gales, ed., *Annals of Congress*(1834), 1:763-64.

23. Marvin Meyers, ed., *The Mind of the Founder: Sources of the Political Thought of James Madison* (Hanover, NH: University Press of New England, 1981), 151-60.

24. Bill Gates, *The Road Ahead*(New York: Penguin Books, 1995), 167-68.

25. EW Staff, "Bill Gates Predicted the Future in January 2000," *Entertainment Weekly*, October 28, 2015, http://www. ew. com/article/2015/10/28/bill-

gates-birthday-predicted-future (accessed September 1, 2016).

26. Quoted in Holman W. Jenkins Jr., "Google and the Search for the Future," *Wall Street Journal*, August 14, 2010, http://www.wsj.com/articles/SB10001424052748704901104575423294099527212 (accessed September 1, 2016).

27. John Dewey, *The Public and Its Problems: An Essay in Political Inquiry* (1927; repr., University Park: Pennsylvania State University Press, 2012), 154-55.

28. Abrams v. United States, 250 U.S. 616, 635 (Justice Holmes, dissenting).

29. Whitney v. California, 274 U.S. 357, 372 (1927) (Justice Brandeis, concurring).

30. See Cass R. Sunstein and Edna Ullmann-Margalit, "Solidarity Goods," *Journal of Political Philosophy* 9, no. 2 (2001): 129-49. 文章是联合署名的，但其核心理念归功于埃德娜·乌尔曼-马格利特。

第三章　极化

1. Quoted in Alfred C. Sikes, *Fast Forward: America's Leading Experts Reveal How the Internet Is Changing Your Life* (New York: William Morrow, 2000), 13-14.

2. Gregory J. Martin and Ali Yurukoglu, "Bias in Cable News: Persuasion and Polarization" (working paper no. 20798, National Bureau of Economic Research, Cambridge, MA, December 2014), http://www.nber.org/papers/w20798.pdf (accessed September 2, 2016).

3. See Shanto Iyengar and Richard Morin, "Red Media, Blue Media,"

Washington Post, May 3, 2006, http://www.washingtonpost.com/wp-dyn/content/article/2006/05/03/AR2006050300865.html (accessed September 2, 2016).

4. Marshall Van Alstyne and Erik Brynjolfsson, "Electronic Communities: Global Village or Cyberbalkans?" (working paper, MIT Sloan School, Cambridge, MA, 1996), http://web.mit.edu/marshall/www/papers/CyberBalkans.pdf (accessed September 2, 2016).

5. 对此有一段非常引人入胜的讨论,参见 Ronald Jacobs, *Race, Media, and the Crisis of Civil Society: From Watts to Rodney King*(Cambridge: Cambridge University Press, 2000).

6. David Schkade, Cass R. Sunstein, and Reid Hastie, "What Happened on Deliberation Day?" *California Law Review* 95, no. 3 (2007): 915–40.

7. 这些国家包括美国、加拿大、印度、孟加拉国、新西兰、德国和法国,见 Roger Brown, *Social Psychology*, 2nd ed. (New York: Free Press, 1986), 222.关于德国,可见 Johannes A. Zuber, Helmut W. Crott, and Joachim Werner, "Choice Shift and Group Polarization," *Journal of Personality and Social Psychology* 62, no. 1 (1992): 50-61.关于新西兰,可见 Dominic Abrams, Margaret Wetherell, Sandra Cochrane, Michael A. Hogg, and John C. Turner, "Knowing What to Think by Knowing Who You Are: Self-Categorization and the Nature of Norm Formation, Conformity, and Group Polarization," *British Journal of Social Psychology* 29, no. 2 (1990): 97–119.

8. See David G. Myers, "Discussion-Induced Attitude Polarization," *Human Relations* 28, no. 8 (1975): 699–714.

9. Brown, *Social Psychology*, 224.

10. David G. Myers and George D. Bishop, "The Enhancement of Dominant

Attitudes in Group Discussion," *Journal of Personality and Social Psychology* 20, no. 3 (1976): 286.

11. Ibid.

12. See Cass R. Sunstein, David Schkade, Lisa M. Ellman, and Andres Sawicki, *Are Judges Political? An Empirical Analysis of the Federal Judiciary* (Washington, DC: Brookings Institution, 2006).

13. See Elisabeth Noell-Neumann, *Spriral of Silence: Public Opinion—Our Social Skin*(Chicago: University of Chicago Press, 1984). See also Timur Kuran, *Private Truths, Public Lies: The Social Consequences of Preference Falsification* (Cambridge, MA: Harvard University Press, 1997).

14. 有关确证是如何增强人的信心和极端性的，参见 Robert S. Baron, Sieg I. Hoppe, Chuan Feng Kao, Bethany Brunsman, Barbara Linneweh, and Diane Rogers, "Social Corroboration and Opinion Extremity," *Journal of Experimental Social Psychology* 32, no. 6 (1996): 537, 157-59n85.

15. 有关确证对于极端性观点作用的结论，参见上注，541, 546-47, 557.

16. See Russell Spears, Martin Lea, and Stephen Lee, "De-individuation and Group Polarization in Computer-Mediated Communication," *British Journal of Social Psychology* 29, no. 2 (1990): 121-34; Abrams et al., "Knowing What to Think by Knowing Who You Are," 97, 112; Patricia Wallace, *The Psychology of the Internet*(Cambridge: Cambridge University Press, 1999), 73-76.

17. See John C. Turner, Michael A. Hogg, Penelope J. Oakes, Stephen D. Reicher, and Margaret S. Wetherell, *Rediscovering the Social Group: A Self-Categorization Theory*(New York: Basil Blackwell, 1987), 142.

18. Spears, Lea, and Lee, "De-individuation and Group Polarization."

19. See Wallace, *Psychology of the Internet*.

20. See Ross Hightower and Lutfus Sayeed, "The Impact of Computer-Mediated Communication Systems on Biased Group Discussion," *Computers in Human Behavior* 11, no. 1 (1995): 33-44.

21. Wallace, *Psychology of the Internet*, 82.

22. Chris Messina, "Groups for Twitter; or a Proposal for Twitter Tag Channels," Factory Joe, August 25, 2007, http://factoryjoe.com/2007/08/25/groups-for-twitter-or-a-proposal-for-twitter-tag-channels/ (accessed September 3, 2016).

23. 关于标签的不同功能，参见 Alice R. Daer, Rebecca F. Hoffman, and Seth Goodman, "Rhetorical Functions of Hashtag Forms across Social Media Applications," *Communication Design Quarterly Review*3, no.1 (2014): 12, 16.

24. Deen Freelon, Charlton D. McIlwain, and Meredith D. Clark, *Beyond the Hashtags: #Ferguson, #BlackLivesMatter, and the Online Struggle for Offline Justice* (Washington, DC: Center for Media and Social Impact, 2016), http://archive.cmsimpact.org/sites/default/files/beyond_the_hashtags_2016.pdf (accessed September 3, 2016).

25. Quoted in ibid., 2.

26. Ryan J. Gallagher, Andrew J. Reagan, Christopher M. Danforth, and Peter Sheridan Dodds, "Divergent Discourse between Protests and Counter-Protests: #BlackLivesMatter and #AllLivesMatter" (unpublished manuscript, July 29, 2016), http://arxiv.org/pdf/1606.06820.pdf (accessed September 3, 2016).

27. Ibid., 13.

28. Sarita Yardi and Dana Boyd, "Dynamic Debates: An Analysis of Group Polarization over Time on Twitter," *Bulletin of Science, Technology, and Society* 30, no. 5 (2010): 316.

29. Libby Hemphill, Aron Culotta, and Matthew Heston, "Framing in Social Media: How the US Congress Uses Twitter Hashtags to Frame Political Issues" (unpublished manuscript, August 28, 2013), http://cs. iit. edu/~culotta/pubs/hemphill13framing.pdf (accessed September 3, 2016).

30. Soumitra Dutta and Matthew Fraser, "Barack Obama and the Facebook E-lection," *U. S. News and World Report*, November 19, 2008, http://www. usnews. com/opinion/articles/2008/11/19/barack-obama-and-the-facebook-election (accessed September 3, 2016).

31. Victoria Chang, "Obama and the Power of Social Media and Technology", *European Business Review*, May-June 2010, 16-21.

32. "Sweet to Tweet," Economist, May 6, 2010, http://www. economist. com/node/16056612 (accessed September 3, 2016).

33. Dutta and Fraser, "Barack Obama and the Facebook Election."

34. Pamela Rutledge, "How Obama Won the Social Media Battle in the 2012 Presidential Campaign," Media Psychology Blog, January 25, 2013, January 25, 2013, http://mprcenter. org/blog/2013/01/how-obama-won-the-social-media-battle-in-the-2012-presidential-campaign/ (accessed September 3, 2016).

35. *Donald J. Trump for President*, YouTube, http://www. YouTube. com/Donaldtrump/about (accessed July 12, 2016).

36. 有关公正准则公正性的肯定性回答，参见 Thomas W. Hazlett and David W. Sosa, "Was the Fairness Doctrine a 'Chilling Effect'? Evidence from the Postderegulation Radio Market," *Journal of Legal Studies* 26, no. 1 (1997): 279-301.

37. See Heather Gerken, "Second-Order Diversity," *Harvard Law Review* 118, no. 4 (2005): 1101-96.

38. See Miranda Fricker, *Epistemic Injustice: Power and the Ethics of Knowing* (Oxford: Oxford University Press, 2008).

39. See Caryn Christenson and Ann Abbott, "Team Medical Decision Making," in *Decision Making in Health Care: Theory, Psychology, and Applications*, ed. Gretchen B. Chapman and Frank A. Sonnenberg (Cambridge: Cambridge University Press, 2000), 267, 273–76.

40. Ibid., 274.

41. See Sunstein et al., *Are Judges Political?*

42. See David Schkade, Cass R. Sunstein, and Daniel Kahneman, "Deliberating about Dollars: The Severity Shift," *Columbia Law Review* 100, no. 4 (2000): 1139–76.

43. Diana C. Mutz, *Hearing the Other Side: Deliberative versus Participatory Democracy*(New York: Cambridge University Press, 2006).

44. See ibid., 76–77.

45. Ibid., 85.

46. Ibid., 74–76.

47. Ibid., 75.

48. See Charles G. Lord, Lee Ross, and Mark R. Lepper, "Biased Assimilation and Attitude Polarization: The Effects of Prior Theories on Subsequently Considered Evidence," *Journal of Personality and Social Psychology* 37, no. 11 (1979): 2098–109; Geoffrey D. Munro, Peter H. Ditto, Lisa K. Lockhart, Angela Fagerlin, Mitchell Gready, and Elizabeth Peterson, "Biased Assimilation of Sociopolitical Arguments: Evaluating the 1996 U.S. Presidential Debate," *Basic and Applied Social Psychology* 24, no. 1 (2002): 15–26; John W. McHoskey, "Case Closed? On the John F. Kennedy Assassination: Biased Assimilation of Evi-

dence and Attitude Polarization," *Basic and Applied Social Psychology* 17, no. 3 (1995): 395–409.

49. See Geoffrey D. Munro and Peter H. Ditto, "Biased Assimilation, Attitude Polarization, and Affect in Reactions to Stereotype-Relevant Scientific Information," *Personality and Social Psychology Bulletin* 23, no. 6 (1997): 636–53.

50. Lord, Ross, and Lepper, "Biased Assimilation and Attitude Polarization."

51. See ibid.

52. See ibid.

53. Brendan Nyhan and Jason Reifler, "When Corrections Fail: The Persistence of Political Misperceptions," *Journal of Political Behavior* 32, no. 2 (2010): 303–30.

54. Ibid.

55. Ibid.

56. Ibid.

57. See Dan M. Kahan, Paul Slovic, Donald Braman, John Gastil, and Geoffrey L. Cohen, "Affect, Values, and Nanotechnology Risk Perceptions: An Experimental Investigation" (GWU Legal Studies Research Paper No. 261, 2007), http://papers.ssrn.com/sol3/papers.cfm?abstract_id=968652 (accessed September 3, 2016).

第四章　虚拟流瀑

1. See, for example, Sushil Bikhchandani, David Hirshleifer, and Ivo Welch, "Learning from the Behavior of Others: Conformity, Fads, and Informational Cascades," *Journal of Economic Perspectives* 12, no. 3 (1998): 151–70; Andrew Daughety and Jennifer Reinganum, "Stampede to Judgment: Persuasive Influence

and Herding by Courts," *American Law and Economics Review* 1, no. 1 (1999): 158–89.

2. See Timur Kuran and Cass R. Sunstein, "Availability Cascades and Risk Regulation," *Stanford Law Review* 51, no. 4 (1998): 683–768.

3. David Hirshleifer, "The Blind Leading the Blind," in *The New Economics of Human Behavior*, ed. Mariano Tomassi and Kathryn Ierulli (Cambridge: Cambridge University Press, 1999), 188, 204.

4. John F. Burnham, "Medical Practice à la Mode: How Medical Fashions Determine Medical Care," *New England Journal of Medicine* 317, no. 19 (1987): 1220–21.

5. See Timur Kuran, *Private Truths, Public Lies: The Social Consequences of Preference Falsification*(Cambridge, MA: Harvard University Press, 1997).

6. See Matthew J. Salganik, Peter Sheridan Dodds, and Duncan J. Watts, "Experimental Study of Inequality and Unpredictability in an Artificial Cultural Market," *Science* 311 (2006): 854–56.

7. Ibid., 855.

8. Ibid., 856.

9. Helen Margetts, Peter John, Scott Hale, and Taha Yasseri, *Political Turbulence: How Social Media Shape Collective Action*(Princeton, NJ: Princeton University Press, 2016).

10. Ibid., 98.

11. Ibid., 102.

12. Ibid., 198–99.

13. See Merouan Makouar, *Protest and Mass Mobilization: Authoritarian Collapse and Political Change in North Africa*(Abingdon, UK: Routledge, 2016).

14. George Johnson, "Pierre, Is That a Masonic Flag on the Moon?" *New York Times*, November 24, 1996, http://www.nytimes.com/1996/11/24/weekinreview/pierre-is-that-a-masonic-flag-on-the-moon.html (accessed September 4, 2016).

15. See Mark Granovetter, "Threshold Models of Collective Behavior," *American Journal of Sociology* 83, no. 6 (1978): 1420-43. 有一个生动的讨论，见 Malcolm Gladwell, *The Tipping Point: How Little Things Can Make a Big Difference* (New York: Little, Brown and Company, 2000).

16. See Lisa Anderson and Charles Holt, "Information Cascades in the Laboratory," *American Economic Review* 87, no. 5 (1997): 847-62.

17. 对于这些例子的分析，见上注；以及 Granovetter, "Threshold Models," 1422 - 24.

18. Lev Muchnik, Sinan Aral, and Sean J. Taylor, "Social Influence Bias: A Randomized Experiment," *Science* 341, no. 6146 (2013): 647-51.

19. Ibid., 650.

20. See Jan Lorenz, Heiko Rauhut, Frank Schweitzer, and Dirk Helbing, "How Social Influences Can Undermine the Wisdom of Crowd Effect," *Proceedings of the National Academy of Sciences* 108, no. 22 (2011): 9020-25.

21. 见上注。然而，即使多样性减少，人群仍然比某一个体更加准确。这是一个“软”结果，这一结论取决于用于分析数据的统计数据，但总体而言，群体仍然比个人聪明，尽管并不总是能达到传统的统计学意义上的显著水平。

22. Ibid., 9024.

23. See R. Kelly Garret, "Echo Chambers Online? Politically Motivated Selective Exposure among Internet News Users," *Journal of Computer-Mediated Commu-*

nication 14, no. 2 (2009): 265-85. See also R. Kelly Garret and Natalie Jomini Stroud, "Partisan Paths to Exposure Diversity: Differences in Pro-and Counterattitudinal News Consumption, "*Journal of Communications* 64, no. 4 (2014): 680-701; R. Kelly Garrett, "Selective Exposure: New Methods and New Directions, "*Communication Methods and Measures* 7, no. 3-4 (2013): 247-56.

24. Garret, "Echo Chambers Online?" 267.

25. Ibid., 266, 279.

26. Ibid., 280.

27. Ibid.

28. Matthew Gentzkow and Jesse M. Shapiro, "Ideological Segregation Online and Offline," *Quarterly Journal of Economics* 126, no. 4 (2011): 1799-1839.

29. Ibid., 1800.

30. See Andrew M. Guess, *Media Choice and Moderation: Evidence from Online Tracking Data* (2016), http://dl.dropboxusercontent.com/u/663930/GuessJMP.pdf (accessed August 29, 2016).

31. Ibid., 19.

32. Ibid., 28.

33. See Brendan Nyhan, "Relatively Few Americans Live in Partisan Media Bubble, but They're Influential," *New York Times*, September 7, 2016, http://www.nytimes.com/2016/09/08/upshot/relatively-few-people-are-partisan-news-consumers-but-theyre-influential.html (accessed August 29, 2016).

34. 有一系列的研究，参见 Itai Himelboim, Stephen McCreery, and Marc Smith, "Birds of a Feather Tweet Together: Integrating Network and Content Analyses to Examine Cross-Ideology Exposure on Twitter," *Journal of Computer-Mediated Communication*18, no. 2 (2013): 40-60; Elanor Colleoni, Alessandro

Rozza, and Adam Arvidsson, "Echo Chambers or Public Sphere? Predicting Political Orientation and Measuring Political Homophily in Twitter Using Big Data," *Journal of Communication* 64, no. 2 (2014): 317－32; Jae Kook Lee, Jihyang Choi, Cheonsoo Kim, and Yonghwan Kim, "Social Media, Network Heterogeneity, and Opinion Polarization," *Journal of Communication* 64, no. 4 (2014): 702–22; Yonghwan Kim, Shih-Hsien Hsu, and Homero Gil de Zúñiga, "Influence of Social Media Use on Discussion Network Heterogeneity and Civic Engagement: The Moderating Role of Personality Traits," *Journal of Communication* 63, no. 3 (2013): 498–516; Bernhard Rieder, "The Refraction Chamber: Twitter as Sphere and Network," *First Monday* 17, no. 11 (2012): 170–86; Itai Himelboim, Marc Smith, and Ben Shneiderman, "Tweeting Apart: Applying Network Analysis to Detect Selective Exposure Clusters in Twitter," *Communication Methods and Measures* 7, no. 3–4 (2013): 195–223.

35. Miller McPherson, Lynn Smith-Lovin, and James M. Cook, "Birds of a Feather: Homophily in Social Networks," *Annual Review of Sociology* 27 (2001): 415–44.

36. Gueorgi Kossinets and Duncan Watts, "Origins of Homophily in an Evolving Social Network," *American Journal of Sociology* 115 (2009): 405–50.

37. Himelboim, McCreery, and Smith, "Birds of a Feather Tweet Together."

38. M. D. Conover, Jacob Ratkiewicz, Matthew Francisco, Bruno Goncalves, Filippo Menczer, and Alessandro Flammini, "Political Polarization on Twitter," *Proceedings of the Fifth International Association for the Advancement of Artificial Intelligence Conference on Weblogs and Social Media* (2011): 89－96, http://www.aaai.org/ocs/index.php/ICWSM/ICWSM11/paper/viewFile/2847/3275 (accessed September 6, 2016).

39. Ibid.

40. Yosh Haberstam and Brian Knight, "Homophily, Group Size, and Diffusion of Political Information in Social Networks: Evidence from Twitter" (working paper no. 20681, National Bureau of Economic Research, Cambridge, MA, 2014).

41. 不过，请注意，研究人员从样本中排除了关注的民主党和共和党候选人为偶数的 Twitter 用户。

42. Haberstam and Knight, "Homophily, Group Size, and Diffusion of Political Information," 17.

43. Ibid., 17-18.

44. Colleoni, Rozza, and Arvidsson, "Echo Chamber or Public Sphere?"

45. Eytan Bakshy, Solomon Messing, and Lada Adamic, "Exposure to Diverse Information on Facebook," Research at Facebook, May 7, 2015, http://research.facebook.com/blog/exposure-to-diverse-information-on-facebook/ (accessed September 6, 2016).

46. Ibid., 1132.

47. Eytan Bakeshy, Solomon Messing, and Lada Adamic, "Exposure to Diverse Information on Facebook," Research at Facebook, May 7, 2015, http://research.facebook.com/blog/exposure-to-diverse-information-on-facebook/ (accessed September 6, 2016).

48. Quoted in Eli Pariser, *The Filter Bubble: How the New Personalized Web Is Changing What We Read and How We Think* (New York: Penguin Press, 2011), 1.

49. Quoted in Eli Pariser, The Filter Bubble: How the New Personalized Web Is Changing What We Read and How We Think (New York: Penguin Press,

2011), 1.

50. Moshe Blank and Jie Xu, "News Feed FYI: More Articles You Want to Spend Time Viewing," Facebook Newsroom, April 21, 2016, http://newsroom.fb.com/news/2016/04/news-feed-fyi-more-articles-you-want-to-spend-time-viewing// (accessed September 6, 2016).

51. See, for example, Alessandro Bessi, Fabiana Zollo, Michela Del Vicario, Antonio Scala, Guido Caldarelli, and Walter Quattrociocchi, "Trend of Narratives in the Age of Misinformation," *PLOS ONE* 10, no. 8 (2015): 1-16, http://journals.plos.org/plosone/article/asset?id = 10.1371%2Fjournal.pone.0134641.pdf (accessed September 6, 2016).

52. Michela Del Vicario, Alessandro Bessi, Fabiana Zollo, Fabio Petroni, Antonio Scala, Guido Caldarelli, H. Eugene Stanley, and Walter Quattrociocchi, "Echo Chambers in the Age of Misinformation" (unpublished manuscript, December 22, 2015), http://arxiv.org/pdf/1509.00189.pdf (accessed September 6, 2016).

53. Michela Del Vicario, Alessandro Bessi, Fabiana Zollo, Fabio Petroni, Antonio Scala, Guido Caldarelli, H. Eugene Stanley, and Walter Quattrociocchi, "The Spreading of Misinformation Online," *Proceedings of the National Academy of Sciences* 113, no. 3 (2016): 558.

54. Ibid., 554.

55. Ibid., 554-58.

56. Jeffrey Gottfried and Elisa Shearer, "News Use across Social Media Platforms," Pew Research Center, May 26, 2016, http://www.journalism.org/2016/05/26/news-use-across-social-media-platforms-2016/ (accessed September 6, 2016).

57. Amy Mitchell, Jefferey Gottfried, and Katerina Eva Matsa, "Facebook Top Source for News among Millennials," Pew Research Center, June 1, 2015, http://www.journalism.org/2015/06/01/facebook-top-source-for-political-news-among-millennials/ (accessed September 6, 2016). 58.

58. Allie VanNest, "Yahoo! Tops Twitter as Traffic Referral Source for Digital Publishers," Parse.ly, April 26, 2016, http://blog.parsely.com/post/3476/yahoo-tops-twitter-traffic-referral-source-digital-publishers/ (accessed September 6, 2016).

59. See Cass R. Sunstein, Sebastian Bobadilla-Suarez, Stephanie C. Lazzaro, and Tali Sharot, "How People Update Beliefs about Climate Change: Good News and Bad News," *Cornell Law Review* (forthcoming 2017), http://papers.ssrn.com/sol3/papers.cfm?abstract_id=2821919 (accessed September 28, 2016).

60. Dan M. Kahan, Hank Jenkins-Smith, and Donald Braman, "Cultural Cognition of Scientific Consensus," *Journal of Risk Research* 14 (2011): 147-74.

61. See Donald Braman, Dan M. Kahan, Ellen Peters, Maggie Wittlin, Paul Slovic, Lisa Larrimore Ouellette, and Gregory N. Mandel, "The Polarizing Impact of Science Literacy and Numeracy on Perceived Climate Change Risks," *Nature Climate Change*2 (2012): 732.

62. See James S. Fishkin, *The Voice of the People: Public Opinion and Democracy*(New Haven, CT: Yale University Press, 1995).

63. 可参见一个非常有用的概述, "What Is Deliberative Polling®?" Center for Deliberative Democracy, http://cdd.stanford.edu/polls/docs/summary/ (accessed September 6, 2016).

64. Fishkin, *Voice of the People*, 206-7.

65. Ibid.

66. James S. Fishkin and Robert Luskin, "Bringing Deliberation to the Democratic Dialogue," in *The Poll with a Human Face: The National Issues Convention Experiment in Political Communication*, ed. Maxwell McCombs and Amy Reynolds (Mahwah, NJ: Lawrence Erlbaum Associates, 1999), 23.

67. 见上注，22-23。这些发现显示：在减少赤字的支持率方面，以1到4打分，是从3.51上升到3.58；在增大教育投入的支持率方面，以1到3打分，是从2.71上升到2.85；在帮助美国海外商业利益的支持率上，以1到3打分，是从1.95上升到2.16。

68. 见上注，22-23。这些发现显示：在资助外国的支持率方面，以1到3打分，是从1.40上升到1.59；当然也有减少的情况，在社会安全投入的支持率上，以1到3打分，是从2.38降至2.27。

69. 关于一个早期做法，见 Bruce Murray, "Promoting Deliberative Public Discourse on the Web," in *A Communications Cornucopia: Markle Foundation Essays on Information Policy*, ed. Roger G. Noll and Monroe E. Price (Washington, DC: Brookings Institution Press, 1998), 243.

70. Paul Matteucci, quoted in Alfred C. Sikes, *Fast Forward: America's Leading Experts Reveal How the Internet Is Changing Your Life* (New York: William Morrow, 2000), 15.

第五章　社会黏合剂和信息传播

1. See Amartya Sen, *Poverty and Famines: An Essay on Entitlement and Deprivation (Oxford: Oxford University Press,* 1981).

2. See Amartya Sen, *Development as Freedom* (New York: Anchor Books, 1999).

3. Maeve Shearlaw, "Egypt Five Years On: Was It Ever a 'Social Media Revolution,'" *Guardian*, January 25, 2016, https://www.theguardian.com/world/2016/jan/25/egypt-5-years-on-was-it-ever-a-social-media -revolution (accessed September 7, 2016).

4. Elihu Katz, "And Deliver Us from Segmentation," in *A Communications Cornucopia: Markle Foundation Essays on Information Policy*, ed. Roger G. Nolland Monroe E. Price (Washington, DC: Brookings Institution Press, 1998), 99, 105.

5. *Ibid.*

6. *Ibid.*

7. Cass R. Sunstein and Edna Ullmann-Margalit, "Solidarity Goods," *Journal of Political Philosophy* 9 (2001): 129-49. 这是一篇合著的文章,但其核心理念归功于埃德娜・乌尔曼-马格利特。

8. See Robert D. Putnam, *Bowling Alone: The Collapse and Revival of American Community* (New York: Simon and Schuster, (2000), 18-24.

9. See Chris Anderson, *The Long Tail: Why the Future of Business Is Selling Less of More*(New York: Hyperion, 2006).

10. Yochai Benkler, *The Wealth of Networks: How Social Production Transforms Markets and Freedom* (New Haven, CT: Yale University Press, 2006), 241-61.

11. *Ibid.*, 242.

12. *Ibid.*, 215.

13. *Ibid.*, 247.

14. *Ibid.*, 253, 257.

15. 一个展现不同国家(特别是埃及、突尼斯和巴林)互联网公共领域的复杂性和多样性的有价值的讨论，参见 Robert Faris, John Kelly, Helmi Noman, and Dalia Othman, "Structure and Discourse: Mapping the Networked Public Sphere in the Arab Region," 2016, http://www.arabnps.org/files/2016/03/ArabNPS.pdf(accessed September 7, 2016).简言之，"在埃及，我们可以在 Twitter 上看到极化的论辩，政治活跃用户可以区分为三个截然不同的、基本上互不关联的群体。在巴林，政府与反对派的对立竞争在 Twitter 上呈现两极化网络结构，他们的论辩以宗教语言为框架，似乎有意加深彼此的政治分歧。相比之下，突尼斯的 Twitter 网络似乎更加整体化，政治对手之间话语也不那么充满敌意，尽管他们彼此存在政治竞争。" Ibid., 2.

第六章　公民

1. Robert H. Frank and Philip J. Cook, *The Winner-Take-All Society: Why the Fewat the Top Get So Much More Than the Rest of Us*(New York: Penguin Books, 1995), 201.

2. Alexis de Tocqueville, *Democracy in America*(1835; repr., New York: Alfred A. Knopf, 1987), 317.【中译参考：托克维尔，《论美国的民主》（上），董果良译，商务印书馆 1991 年版，第 370 页。】

3. John Dewey, "The Future of Liberalism," in *Dewey and His Critics, ed. Sidney Morgenbesser*(New York: Journal of Philosophy, 1977), 695, 697.

4. See Frank and Cook, *The Winner-Take-All Society*, 19.

5. See Albert O. Hirschmann, *The Passions and the Interests: Political Arguments for Capitalism before Its Triumph*(Princeton, NJ: Princeton University Press, 1967).

6. See Jon Elster, *Sour Grapes: Studies in the Subversion of Rationality* (Cambridge: Cambridge University Press, 1983).

7. Verisign, *The Domain Name Industry Brief* 13, no. 1 (2016), http://www.verisign.com/assets/domain-name-report-april2016.pdf (accessed September 8, 2016).

8. 有一个很好的讨论, 参见 Robert H. Frank, *Luxury Fever: Weighing the Cost of Excess*(Princeton, NJ: Princeton University Press, 1998).

9. See ibid.

10. See ibid.

第七章　什么是监管?一种辩护

1. John Perry Barlow, "A Declaration of the Independence of Cyberspace," Electronic Frontier Foundation, February 8, 1996, http://homes.eff.org/~barlow/Declaration-Final.html (accessed July 31, 2016).

2. Richard Posner, *Catastrophe: Risk and Response*(Oxford: Oxford University Press, 2003), 85.

3. See *Internet Security Threat Report* 21 (2016), https://www.symantec.com/content/dam/symantec/docs/reports/istr-21-2016-en.pdf (accessed September 8, 2016).

4. Elinor Ostrom, *Governing the Commons: The Evolution of Institutions for Collective Action*(Cambridge: Cambridge University Press, 1990); Robert C. Ellickson, *Order without Law: How Neighbors Settle Disputes* (Cambridge, MA: Harvard University Press, 1991).

5. Friedrich Hayek, *The Road to Serfdom* (Chicago: University of Chicago Press, 1944), 38-39.

第八章　言论自由

1. Virginia State Board of Pharmacy v. Virginia Citizens Consumer Council,

435 U. S. 748 (1976).

2. See 44 Liquormart v. Rhode Island, 517 U. S. 484 (1996) (Justice Thomas, concurring).

3. Citizens United v. Federal Election Commission, 558 U. S. 310 (2010).

4. See Buckley v. Valeo, 424 U. S. 1 (1979).

5. See, for example, Randall v. Sorrell, 126 S. Ct. 2479 (2006); McConnell v. Federal Election Commission, 540 U. S. 93

6. See, for example, Thomas Krattenmaker and L. A. Powe, "Converging First Amendment Principles for Converging Communications Media," *Yale Law Journal* 104, (1995): 1719, 1725.

7. For discussions, see Lawrence Lessig, *Free Culture: The Nature and Future of Creativity*(New York: Penguin Books, 2004); Yochai Benkler, *The Wealth of Networks: How Social Production Transforms Markets and Freedom* (New Haven, CT: Yale University Press, 2006).

8. 先前允许政府行为的案例是 Red Lion Broadcasting v. Federal Communications Commission, 395 U. S. 367 (1969).

9. 例如 Denver Area Educational Telecommunications Consortium v. Federal Communications Commission, 518 U. S. 727 (1996).对法院谨慎性的辩护, 参见 Cass R. Sunstein, *One Case at a Time: Judicial Minimalism on the Supreme Court* (Cambridge, MA: Harvard University Press, 1999).

10. See Lochner v. New York, 198 U. S. 45 (1905).

11. See Lessig, *Free Culture*; Benkler, *Wealth of Networks*.

12. 有关这方面的努力, 参见 Cass R. Sunstein, *Democracy and the Problem of Free Speech*(New York: Free Press, 1995).

13. 这方面的概览可参见上注, 77-81.

14. James Madison, “Report on the Virginia Resolution, January 1800,” in *Writings of James Madison*, ed. Gaillard Hunt (New York: G. P. Putnam and Sons, 1906), 6: 385-401.

15. Ibid.

16. Ibid.

17. 这里的观点可参见 Sunstein, *Democracy and the Problem of Free Speech*, 132-36.

18. Pruneyard Shopping Center v. Robins, 447 U. S. 74 (1980).

19. 一个尝试性的解答，可参见 Sunstein, *Democracy and the Problem of Free Speech*, 121-65.

20. 关于这方面最好的讨论，可参见 Geoffrey Stone, “Content Regulation and the First Amendment,” *William and Mary Law Review* 25, no. 2 (1983): 189-252.

21. 参见“拉姆斯菲尔德诉学术和机构权利论坛”【Rumsfeld v. Forum for Academic and Institutional Rights, 126 S. Ct. 1297 (2006)】一案。

22. 在“拉姆斯菲尔德诉学术和机构权利论坛”一案中，法院的裁决显示了现行法律的晦涩之处.法院一致支持了“所罗门修正案”(这一法令规定，对于那些拒绝接纳军方招募人员的高等院校，政府有权取消对其的联邦经费补助).而在“全国艺术基金会诉芬利”【National Endowment for the Arts v. Finley, 524U. S. 569 (1998)】一案的裁决中，出现严重意见分歧的最高法院支持了一项法令，这项法令指示全国艺术基金会在作出资助决定时，要考虑“普遍的正派标准和对美国公众不同信仰和价值观的尊重”，在这一案件中，法院认为，如果这一法令是基于观点的歧视，法院会作出不同裁决。

第九章　建议

1. 一个极富价值的讨论可参见 R. Kelly Garrett and Paul Resnick, "Resis-

ting Political Fragmentation on the Internet," *Daedalus* 104, no. 4 (2009): 108–20.

2. See Center for Deliberative Democracy, http://cdd.stanford.edu/ (accessed September 10, 2016).

3. See Deliberative Democracy Consortium, http://www.deliberative-democracy.net/ (accessed September 10, 2016).

4. 这些法则的讨论可见于 Daniel C. Dennett, *Intuition Pumps and Other Tools for Thinking* (New York: Norton, 2013), 31–35.

5. See James T. Hamilton, *Regulation through Revelation: The Origin, Politics, and Impacts of the Toxic Release Inventory Program* (Cambridge: Cambridge University Press, 2005).

6. See Occupational Safety and Health Administration, https://osha.gov (accessed September 10, 2016).

7. See Open Government Partnership, www.opengovpartnership.org (accessed September 10, 2016).

8. See "Transparency Report," Twitter, https://transparency.twitter.com/ (accessed September 10, 2016).

9. See Nate Cardozo, Kurt Opsahl, and Rainey Reitman, *Who Has Your Back? Protecting Your Data from Government Requests*, Electronic Frontier Foundation, June 17, 2015, https://www.eff.org/files/2015/06/18/who_has_your_back_2015_protecting_your_data_from_government_requests_20150618.pdf (accessed September 9, 2016).

10. 一个很好的讨论可参见 James T. Hamilton, *Channeling Violence* (Princeton, NJ: Princeton University Press, 1998).

11. See Neil Gunningham and Peter N. Grabosky, *Smart Regulation: Desig-*

ning Environmental Policy(Oxford: Clarendon Press, 1999) .

12. See David M. Messick and Ann E. Tenbrunsel, eds. , *Codes of Conduct: Behavioral Research into Business Ethics* (New York: Russell Sage Foundation, 1997) .

13. See Robert H. Frank and Philip J. Cook, *The Winner-Take-All Society: Why the Few at the Top Get So Much More Than the Rest of Us* (New York: Penguin Books, 1995) .

14. Red Lion Broadcasting Co. v. Federal Communications Commission, 395 U. S. 367 (1969) .

15. Miami Herald Publishing Co. v. Tornillo, 418 U. S. 241 (1974) .

16. Turner Broadcasting Co. v. Federal Communications Commission, 520 U. S. 180 (1997) .

17. Ibid.

18. Ibid. , 227 (Justice Breyer, concurring) .

19. See Stephen Breyer, *Active Liberty: Interpreting Our Democratic Constitution* (New York: Vintage Books, 2005) .

20. Geoffrey A. Fowler, " What If Facebook Gave Us an Opposing - Viewpoints Button?" *Wall Street Journal*, May 18, 2016, http: //www. wsj. com/articles/what-if-facebook-gave-us-an-opposing-viewpoints-button-1463573101 (accessed September 9, 2016) .

第十章　恐怖主义网站

1. See Alan B. Krueger and Jitka Maleckova, "Education, Poverty, and Terrorism: Is There a Causal Connection?" *Journal of Economic Perspectives* 17, no. 4 (2003) : 119-44; Alan B. Krueger, *What Makes a Terrorist? Economics and the*

Roots of Terrorism (Princeton, NJ: Princeton University Press, 2008).

2. David Stevens and Kieron O'Hara, *The Devil's Long Tail: Religious and Other Radicals in the Internet Marketplace* (London: Hurst, 2015), 11.

3. Ibid., 49.

4. Jon Cole and Benjamin Cole, *Martyrdom: Radicalisation and Terrorist Violence among British Muslims* (London: Pennant Books, 2009), 269.

5. See Helene Cooper, "U. S. Drops Snark in Favor of Emotion to Undercut Extremists," *New York Times*, July 28, 2016, http://www.nytimes.com/2016/07/29/world/middleeast/isis-recruiting.html?hp&action=click&pgtype=Homepage&clickSource=story-heading&module=second-column-region&region=top-news&WT.nav=top-news (accessed September 11, 2016).

6. Ibid.

7. Quoted in ibid.

8. Quoting from "an essay from the US Army's Command & General Staff College in Fort Leavenworth, Kansas," see "The Basics: Combatting Terrorism," Terrorism Research Center, December 15, 2001, http://web.archive.org/web/20011215003235/www.terrorism.com/terrorism/basics.shtml (accessed July 31, 2016).

9. Ibid.

10. Jeffery Bartholet, "Method to the Madness," *Newsweek*, October 22, 2001, http://europe.newsweek.com/method-madness-154003?rm=eu (accessed September 9. 2016).

11. Stephen Grey and Dipesh Gadher, "Inside Bin Laden's Academies of Terror," *Sunday Times* (London), October 7, 2001.

12. Margery Eagan, "It Could Be the Terrorist Next Door: Zealot Hides

Behind His Benign Face," *Boston Herald*, September 13, 2001, http://bostonherald.com (accessed September 11, 2016).

13. See Russell Hardin, "The Crippled Epistemology of Extremism," in *Political Extremism and Rationality*, ed. Albert Breton, Gianluigi Galeotti, Pierre Salmon, and Ronald Wintrobe (Cambridge: Cambridge University Press, 2002), 3, 16.

14. "Social Media," FBI, https://www.fbi.gov/about-us/nsb-social-media (accessed July 4, 2016).

15. Holly Yan, "ISIS Claims Responsibility for Texas Shooting but Offers No Proof," CNN, May 5, 2015, http://www.cnn.com/2015/05/05/us/garland-texas-prophet-mohammed-contest-shooting/ (accessed September 11, 2016).

16. Jerry Markon, "Homeland Security to Amp Up Social Media Screening to Stop Terrorism, Johnson Says," *Washington Post*, February 11, 2016, https://www.washingtonpost.com/news/federal-eye/wp/2016/02/11/homeland-secuirty-to-amp-up-social-media-screening-to-stop-terrorism-johnson-says/ (accessed September 11, 2016).

17. See Georgetown University, Security Studies Program, National Security Program Critical Issue Task Force, "Report: Lone Wolf Terrorism," June 27, 2015, http://georgetownsecuritystudiesreview.org/wp-content/uploads/2015/08/NCITF-Final-Paper.pdf (accessed September 11, 2016).

18. Mark Hamm and Ramon Spaaij, "Lone Wolf Terrorism in America: Using Knowledge of Radicalization Pathways to Forge Prevention Strategies," February 2015, 7, https://www.ncjrs.gov/pdffiles1/nij/grants/248691.pdf (accessed September 11, 2016).

19. Ibid., 11.

20. Soufan Group, "Foreign Fighters: An Updated Assessment of the Flow of Foreign Fighters into Syria and Iraq," December 2015, 19, http://soufangroup.com/wp-content/uploads/2015/12/TSG_ForeignFightersUpdate3.pdf (accessed September 11, 2016).

21. See Del Quentin Wilber, "FBI Says Fewer Americans Now Try to Join Islamic States," *Los Angeles Times*, May 11, 2016, http://www.latimes.com/nation/la-na-comey-fbi-20160511-snap-story.html (accessed September 11, 2016).

22. See Jihad 2.0: Social Media in the Next Evolution of Terrorist Recruitment: Hearing Before the Senate Committee on Homeland Security and Governmental Affairs, 114 th Cong., 2015.

23. Rukmini Callimachi, "ISIS and the Lonely Young American," *New York Times*, June 27, 2015, http://www.nytimes.com/2015/06/28/world/americas/isis-online-recruiting-american.html?_r=0 (accessed September 11, 2016).

24. Ibid.

25. Testimony of Ambassador Daniel Benjamin, US Government Efforts to Counter Violent Extremism: Hearing Before the Senate Subcommittee on Emerging Threats and Capabilities of the Senate Committee on Armed Services, 111th Cong. 822, 2010, https://www.gpo.gov/fdsys/pkg/CHRG-111shrg63687/html/CHRG-111shrg63687.htm (accessed September 11, 2016).

26. J. M. Berger and Jonathan Morgan, "The ISIS Twitter Census: Defining and Describing the Population of ISIS Supporters on Twitter" (analysis paper no. 20, Brookings Project on U.S. Relations with the Islamic World, 2015), http://www.brookings.edu/~/media/research/files/papers/2015/03/isis-twitter-census-berger-morgan/isis_twitter_census_berger_morgan.pdf (accessed

September 11, 2016).

27. Ibid., 58.

28. J. M. Berger and Heather Perez, "The Islamic State's Diminishing Returns on Twitter: How Suspensions Are Limiting the Social Networks of English-Speaking ISIS Supporters" (occasional paper, Program on Extremism, George Washington University, 2016), http://cchs.gwu.edu/sites/cchs.gwu.edu/files/downloads/Berger_Occational%20Paper.pdf (accessed September 11, 2016), 9, 4.

29. Richard Adhikari, "Twitter Steps Up Counterterrorism Efforts," August 24, 2016, http://www.technewsworld.com/story/83832.html (accessed September 28, 2016).

30. See David Wainer, "Israel Accuses Facebook of Complicity in West Bank Violence," *Bloomberg*, July 3, 2016, http://www.bloomberg.com/news/articles/2016-07-03/israel-accuses-facebook-of-contributing-west-bank-violence (accessed September 11, 2016).

31. See Michael E. Miller, "Does Facebook Share Responsibility for an American Peace Activist's Brutal Murder in Israel?" *Washington Post*, October 30, 2015, https://www.washingtonpost.com/news/morning-mix/wp/2015/10/30/does-facebook-share-responsibility-for-an-american-peace-activists-brutal-murder-in-israel/ (accessed September 11, 2016). See also Harriet Salem, "Facebook Is Being Sued by 20, 000 Israelis for Inciting Palestinian Terror," *Vice News*, October 27, 2015, https://news.vice.com/article/facebook-is-being-sued-by-20000-israelis-for-inciting-palestinian-terror (accessed September 11, 2016).

32. See Greg Miller and Karen DeYoung, "Obama Administration Plans

Shake-up in Propaganda War against ISIS," *Washington Post*, January 8, 2016, https://washingtonpost.com/world/national-security/obama-administration-plans-shake-up-in-propaganda-war-against-the-islamic-state/2016/01/08/d482255c-b585-11e5-a842-0feb51d1d124_story.html (accessed September 11, 2016).

33. Markon, "Homeland Security to Amp Up Social Media Screening."

34. H. R. 3654: Combat Terrorist Use of Social Media Act of 2015, 114th Cong., 2015, https://www.govtrack.us/congress/bills/114/hr3654/text (accessed September 11, 2016).

35. S. 2517: Combat Terrorist Use of Social Media Act of 2016, 114th Cong., 2016, https://www.govtrack.us/congress/bills/114/s2517/text (accessed September 11, 2016).

36. S. 2572, 114th Cong., 2015, http://www.feinstein.senate.gov/public/index.cfm?a=files.serve&File_id=9BDFE0CA-FB12-4BEB-B64D-DC9239D93070. See also H. R. 4628: Requiring Reporting of Online Terrorist Activity Act, 114th Cong., 2016, https://www.congress.gov/bill/114th-congress/house-bill/4628/text (accessed September 11, 2016).

37. See Daniel Severson, "Encryption Legislation Advances in France," Lawfare, April 14, 2016, https://www.lawfareblog.com/encryption-legislation-advances-france (accessed September 11, 2016).

38. Code pénal, Article 421-2-5-1 (Fr.), https://www.legifrance.gouv.fr/affichCodeArticle.do;jsessionid=13656F1B72B860E871B8F8C57C2E53D9.tpdila20v_2?idArticle=LEGIARTI000032633494&cidTexte=LEGITEXT000006070719&dateTexte=20160711&categorieLien=id&oldAction=&nbResultRech= (accessed September 11, 2016).

39. Code pénal, Article 421-2-5-2 (Fr.), http://www.legifrance.gouv.fr/affichCodeArticle.do; jsessionid = 13656F1B72B860E871B8C57C2E53D9.tpdila20v _ 2?idArticle = LEGIARTI000029755573&cidTexte = LEGITEXT000006070719&dateTexte = 20160711&categorieLien=id&oldAction= (accessed September11, 2016).

40. Code pénal, Article 421-2-5 (Fr.), https://www.legifrance.gouv.fr/affichCodeArticle.do;jsessionid=1365F1B860E871B8F8C57C2E53D9.tpdila20v_2?idArticle=LEGIARTI000029755573&cidTexte=LEGITEXT000006070719&dateTexte=20160711 & categorieLien=id&oldAction= (accessed September 11, 2016).

41. See "Adoption et publication du rapport," Assemblée Nationale, http://www2.assemblee-nationale.fr/14/autres-commissions/commissions-d-enquete/moyens-pour-lutter-contre-le-terrorisme/a-la-une/adoption-du-rapport (accessed July 11, 2015).

42. 一个纪实性的报道可参见 Cooper, "U.S. Drops Snark".

43. Gitlow v. New York, 268 U.S. 652, 671 (1925).

44. Dennis v. United States, 341 U.S. 494 (1951).

45. Letter from Learned Hand to Zechariah Chafee Jr., January 2, 1921, reprinted in Gerald Gunther, "Learned Hand and the Origins of Modern First Amendment Doctrine—Some Fragments of History," *Stanford Law Review* 27 (1975): 719, 770.

46. Whitney v. California, 274 U.S. 357 (1927).

第十一章　标签共和国

1. John Stuart Mill, *Principles of Political Economy with Some of Their Applications to Social Philosophy*, 7th ed. (1848; repr., London: Longmans, Green and Co. 1909), bk. 3, ch. 17, para. 14. See also http://www.econlib.org/library/

Mill/mlP. html (accessed September 11, 2016).

2. John Dewey, *The Public and Its Problems: An Essay in Political Inquiry* (1927; repr., University Park: Pennsylvania State University Press, 2012), 168.

3. See Heather K. Gerken, "Second-Order Diversity," *Harvard Law Review* 118, no. 4 (2005): 1101-96.

4. See Miranda Fricker, *Epistemic Injustice: Power and the Ethics of Knowing* (Oxford: Oxford University Press, 2008).

5. See Russell Hardin, "The Crippled Epistemology of Extremism," in *Political Extremism and Rationality*, ed. Albeit Breton, Gianluigi Galeotti, Pierre Salmon, and Ronald Wintrobe (Cambridge: Cambridge University Press, 2002), 3 16.

图书在版编目（CIP）数据

标签：社交媒体时代的众声喧哗/（美）凯斯·桑斯坦（Cass R. Sunstein）著；陈颀，孙竞超译. —北京：中国民主法制出版社，2021. 1

书名原文：REPUBLIC：Divided Democracy in theAge of Social Media

ISBN 978－7－5162－2290－4

Ⅰ. ①标… Ⅱ. ①凯… ②陈… ③孙… Ⅲ. ①互联网络-传播媒介-研究 Ⅳ. ①G206. 2

中国版本图书馆 CIP 数据核字（2021）第 024488 号

本书中文简体版经过版权所有人授权北京麦读文化有限责任公司，由中国民主法制出版社出版。

著作权合同登记号：01-2020-6693

图书出品人：刘海涛
出 版 统 筹：乔先彪
图 书 策 划：曾　健
责 任 编 辑：逯卫光　柳承旭
特 约 编 辑：周佳勋
装 帧 设 计：组配の匠

书名/标签：社交媒体时代的众声喧哗
作者/[美] 凯斯·桑斯坦（**Cass R. Sunstein**）　著
陈　颀　孙竞超　译

出版·发行/中国民主法制出版社
地址/北京市丰台区右安门外玉林里 7 号（100069）
电话/（010）63055259（总编室）　63057714（发行部）
传真/（010）63056975　63056983
http：//www. npcpub. com
E-mail：mzfz@ npcpub. com
经销/新华书店
开本/32 开　880 毫米×1230 毫米
印张/12　**字数**/216 千字
版本/2021 年 1 月第 1 版　2023 年 6 月第 2 次印刷
印刷/北京天宇万达印刷有限公司

书号/ISBN 978-7-5162-2290-4
定价/59. 00 元